表現の自由　理論と解釈

橋本 基弘 著

日本比較法研究所
研究叢書
98

中央大学出版部

装幀　道吉　剛

はしがき

　本書は、私が20年の間に執筆した論文のうち、表現の自由に関するものからピックアップしてまとめたものである。この20年の間、憲法研究者の数は増加の一途をたどり、その層も厚みを増している。その中で、過去に書かれたものを一つに編んで世の中に送り出すことには、いささかの躊躇を覚える。ただ、一研究者のたどった道を振り返るという意味においては、少しばかりの意義が認められなくもない。

　第Ⅰ部においては、表現の自由における「理論」の役割について述べた。表現の自由の領域では、他の自由権に比べて、「理論」の果たしてきた役割が大きい。そこでは、判例が理論を呼び起こし、理論が判例を先導するという関係が働いてきた。本書第Ⅰ部では、このような関係を振り返りつつ、表現の自由における二大理論潮流（「自己統治理論」と「自己実現理論」）が表現の自由をめぐる解釈問題にどのような影響を与えているのかを祖述した。

　第Ⅱ部においては、営利的言論に関する論考を掲げた。営利的言論は、表現の自由の価値体系においてはマージナルな位置づけしか与えられてこなかった。しかし、営利的言論の処遇をめぐる判例や理論の発展は、表現の自由の意義や機能、価値に対する根本的な問題を投げかけてきたのである。今日、アメリカ合衆国憲法において営利的言論が占める地位は、政治的言論とほとんど変わるところがない。ここでは、営利的言論法理の発展や現状を明らかにすることによって、表現の自由理論の現状を示したいと考える。

　第Ⅲ部では、規制類型論の現状に関する論文を掲載している。「時間・場所・方法に関する規制」や「付随的規制」、より広く「内容規制・内容中立的規制二分論」は、いかに形成され、解釈上どのような意義や限界をもっている

のか。これまでに公にした二つの論文には、20年近い間隔があるにせよ、このテーマについて扱ったものである。今日、表現の自由規制のメインテーマは、内容中立的規制に置かれている。

第Ⅳ部では、集会規制に関する論文を3編掲げることにした。一つは、公共施設管理権に関する論考であり、他は、広島市暴走族追放条例に関する論考である。このうち、後者は、同条例に関する刑事裁判において、広島地方裁判所に提出した意見書をベースにしている。今から10年以上前の執筆にかかるものではあるが、問題意識に変化はない。また、同条例にかかる最高裁判決を分析した論考を掲げた。

中央大学法学部に赴任して間もなく、行政職に就くこととなった。とくに2009年11月から2013年10月まで、2期にわたり法学部長を務めた。その間、研究に割ける時間は少なく、学問的には停滞の時期であった。しかし、これらの経験から、大学という制度、組織が憲法上の自由の担い手であることを身をもって実感することができた。大学の自治は、国家であれ、私的な権力であれ、一切の外部圧力を排除することでのみ成立することもまた学ぶことができた。

本書が形をなすにあたっては、日本比較法研究所の加藤裕子事務室長、関口夏絵副課長、そして、中央大学出版部の柴崎郁子さんに多大なお力添えを賜った。ここに感謝申し上げたい。最後に、私事にわたることではあるが、本書を父と母の思い出に捧げたい。

2014年4月30日

橋 本 基 弘

表現の自由　理論と解釈

目　　次

はしがき ……………………………………………………………… i

第Ⅰ部　表現の自由における「理論」の役割

第1章　表現の自由における「理論」の役割
　1．はじめに ………………………………………………………… 3
　2．表現の自由はなぜ「理論」を必要とするのか ……………… 4
　3．民主主義と表現の自由——表現の自由理論の誕生 ………… 7
　4．表現の自由と個人の自律 ……………………………………… 21
　5．表現の自由理論と解釈論への投影 …………………………… 32
　6．おわりに ………………………………………………………… 45

第Ⅱ部　営利的言論理論の展開

第2章　営利的言論
　1．序　　論 ………………………………………………………… 51
　2．営利的言論法理の現状 ………………………………………… 56
　3．営利的言論をめぐる学説の現況 ……………………………… 74
　4．消費社会における情報の意味 ………………………………… 94
　5．結　　論 ………………………………………………………… 107

第3章　営利的言論法理の現在
　1．はじめに ………………………………………………………… 109
　2．営利的言論法理の現在 ………………………………………… 110

3．営利的言論とは何か ……………………………………… *125*
　　　4．おわりに …………………………………………………… *141*

第4章　医師広告規制と表現の自由
　　　1．問題の所在 ………………………………………………… *143*
　　　2．医師広告の規制と広告活動の自由 ……………………… *145*
　　　3．アメリカ合衆国における広告活動の自由とその制限 ……… *153*
　　　4．医療広告規制のあり方について ………………………… *159*
　　　5．結　　論 …………………………………………………… *163*

第Ⅲ部　表現内容規制・内容中立規制二分論をめぐって

第5章　時間・場所・方式規制に対する司法審査
　　　1．序 …………………………………………………………… *169*
　　　2．時間・場所・方式規制の意義 …………………………… *171*
　　　3．時間・場所・方式規制に対する司法審査基準 ………… *176*
　　　4．時間・場所・方式規制論の正当化──その問題点と可能性 ……… *196*
　　　5．結　　び …………………………………………………… *208*

第6章　表現内容規制・内容中立規制二分論
　　　1．はじめに …………………………………………………… *209*
　　　2．表現内容規制・内容中立規制二分論の思考方法 ……… *212*
　　　3．合衆国最高裁判所における二分論の展開 ……………… *219*
　　　4．おわりに …………………………………………………… *248*

第Ⅳ部　集会規制と司法審査

第7章　公共施設管理権と集会規制
1. 序 …………………………………………………………………… *253*
2. 公共施設管理権の性質と実態 ……………………………………… *253*
3. 公共施設管理権と集会の自由に関する判例理論 ………………… *261*
4. 公共施設管理権と手続的保障 ……………………………………… *270*
5. 結　　び …………………………………………………………… *272*
6. 補遺——上尾市福祉会館最高裁判決の意義 ……………………… *273*

第8章　広島市暴走族追放条例事件
1. 序　　論 …………………………………………………………… *277*
2. 集会の自由と規制をめぐる問題 …………………………………… *283*
3. 構成要件の不明確さをめぐる問題 ………………………………… *291*
4. 広島市条例における事前抑制の問題 ……………………………… *295*
5. 服装に対する規制と憲法13条 ……………………………………… *302*
6. 結　　論 …………………………………………………………… *308*

第9章　合憲限定解釈の限界
1. はじめに …………………………………………………………… *311*
2. 最高裁における合憲限定解釈の展開 ……………………………… *312*
3. 合憲限定解釈の限界 ………………………………………………… *331*
4. 結　　び …………………………………………………………… *339*
5. 追　　記 …………………………………………………………… *339*

初出一覧 ……………………………………………………………………… *341*

第 I 部

表現の自由における「理論」の役割

第 1 章

表現の自由における「理論」の役割

1．はじめに

　表現の自由に関する理論は多い。デュープロセスの保障や経済活動の自由についても理論的考察は盛んであるが、その質量は表現の自由には及ばない。では、表現の自由に関して、このように多くの理論的考察が行われてきたのはなぜであろうか。本稿では、表現の自由の解釈において理論がどのように形成され、いかなる役割を演じてきたのかを振り返る。とりわけ、表現の自由に関する理論の二大潮流である、自己統治理論と個人の自律理論の形成と展開について祖述する[1]。

　表現の自由に関する解釈問題のほとんどは、この二つの理論の間で揺れ動いている。もちろん、様々な法律問題を二項対立的な図式に還元することは、現実的な問題がもつ豊かな多様性を捨象してしまう危険性を伴っている。しかし、この二大潮流は、少なくとも表現の自由に関する解釈問題を見るときに有効な視座を提供することは確かである。これら二つの立場の相克が、現在の表現の自由問題を形作ってきたとすらいえる。

　ところで、わが国においては、二重の基準論がほとんど陳腐化されたかたちで語られることが多くなってきた。学生の答案を採点すると、「表現の自由を中心とした精神的自由権は民主過程に密接に結びついている」とか、「精神的

---

[1]　この点に関する邦語文献は多い。比較的新しいものとして、山口いつ子『情報法の構造』（2010）、奥平康弘『なぜ「表現の自由」なのか』（1988）、毛利透『表現の自由』（2008）、阪本昌成『表現権理論』（2011）など参照。

自由権の規制は、投票箱の過程を通じて矯正し得ない」といったステレオタイプの記述が目立つ。また、いわゆる審査基準論の行き詰まりを指摘し、グローバルスタンダードとしての比例原則による違憲審査を提唱する学説が有力になりつつある。

一方で、判例においても、表現の自由の重要性を語りつつ、実際には、他の自由と同レベルの利益衡量で事案を解決する手法が確立しているかのように見える。このような状況の中で、表現の自由の優越的地位を基礎づけてきた表現の自由理論を振り返ることには意義があるものと考える。二重の基準を廃棄するにせよ、維持するにせよ、この考え方を支えてきた学説を顧みることは避けられない作業であるように思えるからである。

本稿では、まず、表現の自由の優越的地位を基礎づけてきた「自己統治理論」をスケッチし、この理論に対するオールタナティヴとしての「自己実現理論」が形成されてきたことを振り返る。そして、それぞれの限界を踏まえた上で、これら二つの理論の対立構造の中から、表現の自由をめぐる論点があぶり出されることを示したい。

2．表現の自由はなぜ「理論」を必要とするのか

（1） 表現の自由における理論の役割

1) 理論の役割

ここで理論とは、「対象となる事象の本質を理解するために構築される首尾一貫した説明」と、さしあたり定義しておく。そして、法の理論は、「抽象的な条文の意味を解明し、具体的な事例を整合的に整理した上で、将来的に生じる問題に対して一定の解決指針を与える説明」と定義しておこう。では、このような法理論がなぜ表現の自由の領域では盛んに構築されてきたのであろうか。

第一に、表現の自由は、多種多様な行為を含む概念である。その外延は人間の行為すべてに及ぶといってもよい。しかし、表現の自由は、これらすべての

行為を包含する概念とは考えにくい。憲法がとくに人権として保障しているものは何か。つまり、表現の自由の保護領域や保護の水準を確定するためには理論が必要となる。表現の自由の保護領域を確定するためには、表現の自由の価値や目的、機能や意義を解明する必要がある。表現の自由は何のためにあるのか、それはどのような価値に奉仕するのかを解明する作業である。

　第二に、これまでに判示されてきた裁判例を整合的に説明し、今後起こり得る事例に対して一定の指針を指し示すためには、紛争の個別性を捨象し、対立利益の構造やそれに対する価値判断のあり方を一般的なモデルとして示しておく必要がある。

　このうち、第一の意味での理論を「規範的（normative）な理論」、第二の意味での理論を「記述的（discriptive）な理論」と呼んでおこう。表現の自由においては、この二つの理論がとくに求められてきたのである[2]。

2）　表現の自由は特別か

　では、表現の自由がとくに理論を必要とした理由は何か。それは、表現の自由が特別である（べきだ）と考えられてきたからである。表現の自由理論は、表現の自由の特別さを探求する作業でもあった[3]。表現の自由が他の自由より高い保護を必要とし、慎重な違憲審査を求める理由は何か。表現の自由理論のすべてはこの目的のために捧げられてきた。表現の自由の特別さを解明するために、その自由の意義や価値、目的、機能が探求され、これまで判示されてきた裁判例を整合的に説明する体系が模索されてきたのである。

（2）　表現の自由理論の歩み

　Frederick Schauer によると、表現の自由理論の展開は二つの歴史区分に分

---

2) Frederick Schauer, Categories and the First Amendment : A Play in three Acts, 34 Vand. L. Rev. 265, 267-8. hereinafter cited as Schauer "Categories".

3) Frederick Schauer, Must Speech be Special, 78 Nw. U. L. Rev. 1284, 1293 (1983). hereinafter cietd as Schauer "Special".

けられるとされる[4]。第一は、1919年から1960年代半ばまで、第二は1960年代半ばから1970年代半ばにわたる（Schauer論文は1983年に書かれたものなので、1980年代以降の分類については明らかにされていない）。

　表現の自由理論の探求が必要であると認識されたのは、1910年代終わりのことであった。スパイ防止法（Espionage Act of 1917）の適用による表現の取り締まりが激化した時代において、表現の自由こそが民主主義の生命線であると主張した裁判官がいた。すなわち、Zechaliah Chafee や Learned Hand, Oliver Wendell Homes Jr. が表現の自由理論のさきがけとなった。

　Chafee は「1917年以前には、満足な表現の自由理論などなかった」と述べている[5]。「Holmes ですら、表現の自由理論を意識したことはなかったのではないか」とも述べている[6]。そのような意識が芽生えたのは、スパイ防止法の制定や適用、東西の冷戦、マッカーシズムといった社会状況による。表現規制に対する市民の異議が理論の必要性を認識させたともいえよう。

　Schauer によれば、第一の歴史区分は1917年スパイ防止法の制定から始まる。1919年には Schenck 事件の合衆国最高裁判決が判示されている。いずれも激しい意見の対立の中で表現の自由を保護すべきとする意見が輝きを放っている。法を執行する政府の規制権限が常に優先するわけではない。表現の自由は、そのような権限すら否定し、制限することがある。このような意見は、混乱した社会状況の中で異彩を放つものであったともいえよう。

　第二の歴史区分は、New York Times v.s Sullivan 事件を画期とする。「広く開かれた、強力な公論」は制限されてはならないとの説示が表現の自由に新たな展開をもたらした。

　ところで、この二つの歴史区分を貫くキーワードは「民主主義」である。表現の自由は民主主義にとって不可欠であるゆえに、特別な地位や役割、価値が認められるべきだという思考方法が表現の自由理論を展開させる推進力となっ

---

4) Schauer, Special at 1286.
5) Zechaliah Chafee, Free Speech in the United States, at 15 (1942).
6) Id.

た。これを先導したのは、哲学者 Alexander Meiklejohn であった[7]。

3．民主主義と表現の自由——表現の自由理論の誕生

(1) 自己統治理論の登場

1) 表現の自由理論の登場

　表現の自由とはいかなる自由なのか。憲法の解釈論として、この問題に初めて取り組んだのは、Learned Hand 判事であった[8]。Hand は、表現の自由の意味を統治システム全体の中で位置づける。表現の自由は個人的自由（personal liberty）というより、政府の統治に正当性を付与する権限（power）ととらえている。それは、プライバシーや契約の自由とは本質的に異なっている[9]。表現の自由が制限されるなら、それは同時に統治の正当性付与の機能も制限されることになる。表現の自由を制限することは、契約の自由を制限することとは異なる。

　同様な解釈は、1920 年に著された Chafee の論考にも見ることができる。Chafee は、次のように述べている。

　　「もし、修正 1 条が何かを意味しているならば、それは連邦憲法が政府に対して明示的に与えている権限を制限するものであるに違いない［……］。それは、自由な討論に介入する政府の活動にも適用されることは間違いない。言論の自由の真の意味は、［……］公衆の関心事にかかわる主題について真実を発見し、それを広めることであるように思える。これ

---

7) Alexander Meiklejohn, Free Speech and its Relation to Self-Government 2 (1948), hereinafer cited as Meiklejohn, Self-Government.

8) Vincent Blasi, Learned Hand and The Self-Government Theory of The First Amendment: Masses Publishing Co. v.s Patten, 61U. Colo. L. Rev. 1 (1990). Hand, Holmes, Chafee が現代の表現の自由理論の形成に果たした役割については、David Rabban, The Energence of Modern First Amendment Doctorine, 50 Chi. L. Rev. 1205 (1983) が詳しい。

9) Id. at 12.

は制限を受けない討論によってのみ可能である。」[10]

　HandもChafeeも表現の自由を単なる個人的自由と解釈しない。表現の自由は権限であり、統治の正当性にかかわる重要な要素なのである。Chafeeは、「修正1条は、言論の自由に二つの種類の利益を保障している」と述べる。それは各人が自由に話す、個人的利益と真実の発見にかかわる社会的利益である。Espionage Actによる言論規制は、言論が社会的利益をもっていることを見落としていると批判する[11]。

　言論の自由の意味を探求し、自己統治という政治理論に結びつけた上で、修正1条の保障範囲を確定する思考方法は、この二人の法律家によるところが大きい。そして、この思考方法を一歩進め、理論のレベルに昇華させたのがAlexander Meiklejohnであった。

2) Free Speech and its Relation to Self-Government

　Meiklejohnは、法学とは無縁な分野で活躍をした哲学者であり、教育者であった。それゆえ、自由や民主主義について巨視的な視点に立った考察が可能であったとも考えられている。合衆国憲法の人権規定を政治理論によって説明する手法は、その後の表現の自由理論を支配し続けている。

　Meiklejohnによると、憲法の人権条項には二つの種類があるという。規制に対して開かれている条項と規制を一切排除している条項である。修正1条表現の自由は、その規定の文言からして後者に分類される[12]。"Congress shall make no law abridging..." とは、表現の自由を規制するいかなる法律も制定してはならないとの意味であるとするのがMeiklejohnの基本的な姿勢である。

　Meiklejohnは、アメリカの政治制度が「自己統治（self-governance）」によって特徴づけられると考える。「自己統治」は「同意に基づく統治」を必要とする。自己統治は同意に基づく政府（government by consent）を意味する。政治的

---

10) Chafee supra note 5 at 31.
11) Id. at 32-4.
12) Meiklejohn, Self-Government, at 2.

自由とは、統制からの自由だけでなく、市民の参加を求めるものである。参加の結果はすべての市民を拘束する。国家権力の淵源は同意から発する。この同意 (compact) は権力の淵源であると同時に、権力抑制の根拠ともなる[13]。

しかし、政治に参加する市民には、あらかじめ精神の自由が備わっているわけではない。精神の自由を育てるのは教育の役割である。そのためには正確な情報や相互のコミュニケーションが不可欠である。政府は、各市民が精神の自由を育てることを阻害してはならない。そればかりでなく、言論の自由を促進するという意味で積極的な役割を担うのである[14]。修正1条の意味はこのように理解できる。

修正1条の書きぶり、そして以上のような政治理論から考えて、表現の自由は絶対的な (absolute) 保障を受けると Meiklejohn は主張する。表現の自由保障に例外はない。ここにおいて、Meiklejohn は表現の自由理論に absolutism を導入したのである。しかし、修正1条が保障するのは、言論の自由 (freedom of speech) であって、言論 (speech) ではない。修正1条が絶対的に保障するのは言論の自由であって、言論ではないのである[15]。すなわち、Meiklejohn は「言論の自由」というカテゴリーと「言論」というカテゴリーを区別して、修正1条の保障範囲を「言論の自由」に限定する。

言論の自由は自己統治にかかわる表現である。しかし、この自由はすべての人が等しく行使しなければならない自由ではない。誰もが同じように話す資格を認められるわけではない。そこにはタウンミーティングのルールに類似した秩序が求められる[16]。参加の目的は賢明な選択 (wise decision) に達することである。それは共同体の福祉 (the welfare of the community) にかなうものでなければならない[17]。

---

13) Meikelejon, Self-Government at 9-14.
14) Id. at 16-7.
15) Id. at 19.
16) Id. at 24.
17) Id. at 24.

3) Absolutism

Free Speech and its Relation to Self-Government は多くの議論を巻き起こした。その公刊から13年後、Meiklejohn は修正1条表現の自由の解釈について、より明確な立場を表明する[18]。そこでは、Meiklejohn 理論について、次の五つのポイントが提示されている。

① すべての統治権は人々に由来する。
② 人々は、立法、行政、司法という従属的な機関 (subordinate agents) を作った。
③ 人々は、その主権のすべてを委ねたわけではない。
④ 合衆国憲法権利章典第1章第2編は、自分自身で行使する権利について定めた。
⑤ 修正1条の革命的性格は、subordinate agents に対して、人々の選挙権の自由を侵害する権利を否定したところにある。

Meiklejohn にとって、表現の自由は主権行使に相当する。だが、その自由は、各人が「話す自由 (a freedom of speak) を保障しているわけではない。それによって、私たちが統治する思想やコミュニケーションの活動の自由を保障しているのである」[19]。その自由によって保障される言論とは、①教育、②哲学や科学の成果、③文学・芸術、④公の関心事についての公の議論を包含する。これらリストが「自己統治にかかわる表現」である。これらリストに該当しない表現は修正1条の範囲外に置かれる。

「自己統治にかかわる表現」は絶対的に保障される。もちろん、表現の自由はすべての人々が等しく、思うがままに話す権利ではないから、秩序を乱す表現や規制を行う緊急の必要性の前では道を譲る。だが、「自己統治にかかわる表現」は、その内容によって区別されてはならない。文学作品についていえ

---

18) Alexander Meiklejohn, The first Amendment is an Abusolute, 1961 Sup. Ct. Rev. 245, hereinafter cited as Meiklejohn Absolute.

19) Id. at 235.

ば、良い小説と悪い小説を区別する政府権限は認められない[20]。

以上の解釈を「自己統治（Self-Government）理論（Hand-Chafee-Meiklejohn 理論）」と呼んでおこう。この「自己統治理論」こそが表現の自由理論の地平を切り開く役割を演じることになる。

4) Meiklejohn 理論の特質

Meiklejohn は、修正 1 条の条文の表現に着目する。すなわち、「連邦議会は、いかなる法律を制定することができない」との書きぶりに注目するのである。そして、この記述を憲法制定過程の議論と結びつけて、絶対的保障を導き出した。その上で「言論の自由（freedom of speech）」と「言論（speech）」を異なる概念として構成する。これは、一種の textualism と見ることもできよう。しかし、Meiklejohn の方法上の特徴は textualism にとどまらない。彼は、この書きぶりをアメリカにおける民主制の形の文脈に位置づけてみせるのである。

Meiklejohn の関心は、もちろん、当時の東西冷戦構造やマッカーシズムの中で表現の自由をいかに擁護するかに向けられていた。しかし、彼の理論的関心は、哲学者・教育者として、表現の自由の理解をアメリカ国民に啓発普及することに向けられていたと見るべきである。民主主義を発展させ、維持するためには、その担い手を育てる必要がある。そのためには、明快な説明と首尾一貫したストーリーが必要である。法律家を説得するのではなく、一般市民を啓発することにこそ、Meiklejohn 理論の関心があったというべきであろう。そして、その意味で、この理論は大きな成功を収めたと見ることができる[21]。

（2） Self-Government 理論の継承と展開

1) New York Times v Sullivan

自己統治理論は、言論の自由に関して、明確なストーリーを与え、特別な役割を与えることに成功した唯一の理論であるといってもよい。理論を評価する

---

20) Id. at 257.
21) Meiklejohn, Self Government, at 57-8.

物差しとして、首尾一貫性、明確性、包括性をあげるなら、自己統治理論ほど成功した表現の自由学説はいまだ存在しない[22]。

　自己統治理論は、その後いくつかの有力な学説によって継承された。とりわけ、判例においては、1964年の New York Times v.s Sullivan 判決にいう「公の議論は広く保障されるべきである」との説示は、Harry Kalven による判例解説によって、「自己統治理論」の適用として受容されることになった[23]。合衆国最高裁もまた、この理論に帰依したとみなされたのである。

　Harry Kalven は、言論の自由保障には中心点 (centrality) があると考える。公の問題について人々が自由に議論することを保障することこそ、言論の自由の中心的価値である。人種差別にかかわった公務員を糾弾する言論は、たとえそれが公務員の名誉を毀損するものであっても制裁を加えることはできない。公務員に関する批判は、言論の自由の中心的価値だからである。「自己統治理論」はこのように用いられた。

2) Richard Bork

　一方、特定の価値にかかわる判断は裁判所の権限外であるとする Richard Bork は、合衆国が採用する民主制の形、すなわち Madisonian Democracy に内在する機能として言論の自由をとらえ、「その主題が執行権であろうと、立法権、司法権、行政権のいずれであるかにかかわりなく、政府の行動、政策、人事にかかわる言論」は「政治的言論 (political speech)」であって、これのみが言論の自由の保障する言論であると解釈する[24]。すなわち、修正1条にいかなる価値が込められているかどうかにかかわりなく、民主制の形から政治的言論（のみ）の保障を導き出す。

---

22) See Schauer Special at 1292.
23) Harry Kalven, The New York Times Case : A Note on "The Central Meaning of The First Amendment, 1964 Sup. Ct. Rev. 191.
24) Richard Bork, Neutral Principles and Some First Amendment Problems, 47 Ind. L. J. 1, 27-8 (1971).

この点、Hand-Chafee-Meiklejohn は、言論の自由が自己統治という価値に奉仕する点から政治的言論の保障を導き出していたのと対照的である。Kalven もまた、centrality という概念を用いて、同じ結論に達していた。しかし、Bork はこのようなアプローチを一切受けつけない。価値ではなく、制度こそが Bork にとっては重要であった。Bork には言論の価値など法解釈の問題とはならない。それゆえ、価値の低い言論などという考え方は採用する余地もない[25]。

　Bork と同様な考え方に立つ者として、Lilian R. BeVier をあげることができる。BeVier は、価値に基づく議論を避け、原理（政治原理）に基づくアプローチを用いる。その政治理論とは、多数派民主主義と司法審査制度の調和を指す[26]。多数派から構成される議会（政治部門）の価値選択に対して、非民主的機関である裁判所が口出しをするには原理による正当化が必要である。憲法条文や歴史、統治の構造を検討したとき、多数派を形成するために必要な言論活動こそが保障される。これが BeVier が導き出した答えであった[27]。

　John Hart Ely もまた、Bork や BeVier と同様な系譜に属する。司法審査と民主主義の調和点を探る上で、民主的プロセスの概念が重要な役割を演じる。Ely は司法審査の正当性と政治部門の選択への介入を調和させるため、民主主義の過程とその帰結を区別するのであった[28]。

（3）　自己統治理論における表現の保護領域と水準

1)　**Political speech とは何か**

　代表民主制、Madison Democracy あるいは centrality と、その正当化に用いる概念は様々であるが、Self-Government 理論が保障するのは政治的言論であ

---

25)　Id. at 28.
26)　Lilian R. BeVier, The First Amendment and Political Speech : An Inquiry Into the Subsutance and Limits of Principle, 30 Stan. Rev. 299, 300 (1978).
27)　Id. at 308.
28)　John Hart Ely. Democracy and Distrust (1980).

る。では、政治的言論とは何を指し、その外延はどこまで及ぶのであろうか。この点、論者によって答えは区々である。

すでに述べたように、Meiklejohn は政治的言論の範囲を広くとらえている。すなわち、①教育、②哲学や科学の成果、③文芸・芸術、④公の事項についての公衆の議論がこれにあてはまる。これらは絶対的に保障される言論であるが、例外的に規制される場合も想定されていた。つまり、表現の態様や表現が行われる場面次第では、これら言論もまた制約に服するのである。だが、これら言論が絶対的に保障されるという意味は、いかなる対立利益があろうとも制約を排除する意味にとらえられなければならない。これは Meiklejohn 理論最大の難点として多くの論者が論難するポイントとなる。

Meiklejohn に対して、Political speech を最も狭く把握するのが Bork である。Bork は、Meiklejohn が保護領域に取り込んだ教育や文芸を修正１条から排除する。その結果、特定の政策を提案したり、批判する言論だけが保護の対象として理解されるのである[29]。政治的な言論以外の言論を保護することは裁判所の役割に反するとまで述べる[30]。しかし、Bork は、限定的にとらえた Political speech を絶対的に保障するとは考えない。Bork は absolutist ではない[31]。その結果、Bork 理論では、言論の自由の保護領域は狭く、その水準は低くとらえられることになる。

BeVier は、Meiklejohn と Bork の中間地点にいる。折衷的といってもよい。BeVier は、原理上言論の自由が保障するのは狭義の政治的な言論であるが、プラグマティックな理由によって、それ以外の言論も保障してよいと解釈している[32]。BeVier は言論の自由の基礎づけ議論と実際の保障範囲や水準には必然的関係はないと考えているので、原理上保障が限定される政治的言論でも絶対

---

29) Bork, supra note 24 at 29.
30) Id. at 20.
31) Id. at 21. Bork は、明白かつ現在の危険テストすら批判の対象とする。暴力による言論活動は、Madison Democracy の前提を否定するからである（at 31）。
32) BeVier, supra note 26 at 326.

的に保護されるとは考えていない[33]。言論の自由に対して与えられる保護の程度は利益衡量を経ずには決められないというのである。

2) 自己統治理論への批判

このように、自己統治理論に立つ論者の間でも、実際に問題に適用される保障の水準に合意があるわけではない。そして、この点が自己統治理論最大の難点と考えられてきたのである。Meiklejohn のように政治的言論を絶対的に保障することは不可能に近い。実際、Meiklejohn も限界事例における利益衡量を否定していない。しかも、Meiklejohn が考える政治的言論の範囲には限界がない。それでは、言論の自由の外延を見定め、保護の水準を確定するという理論の役割は意味をなくしてしまう。

Meiklejohn 理論の難点を回避するため、political speech の範囲を限定してとらえたとしても、具体的な事例における利益衡量を否定することはできない。ならば自己統治の観点から言論の自由を基礎づける意味などあるのだろうか。自己統治の概念だけから言論規制に対する違憲審査に指針を提供することなど不可能に近い。

より本質的な問題として、言論の自由の中心的価値、あるいは原理的な推論から考えて、自己統治にかかわる言論のみが言論の自由の保障領域に入ることは必然的であるとはいえない。むろん、自己統治が言論の自由の重要な目的、価値であることを否定する学説はない。問題は、それが唯一の目的、価値であると考えなければならない理由は何かにある。BeVier がいみじくも述べているように、範囲を限定しない限り保障水準は全体として低下し、保障の意味が希薄化するという、きわめてプラグマティックな理由をもち出す以外、その答えを見つけるのは難しい[34]。その意味で、この理論は、記述的にはともかく、規範的には多くの意味をもち得なかったと評することもできるであろう。

さらに、自己統治の主体がはっきりとしない。Meiklejohn は参加の主体が

---

33) Id. at 347.
34) Id. 312.

市民にあると述べながら、言論の自由の意味は、すべての市民が話す自由ではないと断言する。その理論構築にあたって、Meiklejohn が参照したのは townmeeting model であったことは、彼自身も繰り返し述べている。そこでは話す自由ではなく、話す秩序が要求される。Meiklejohn の言論の自由は、結果として、自己統治がもたらされるという利益に着目した理論であって、極端に結果指向 (consequentialist) な理論であったといわざるを得ない。したがって、この理論は、governance のダイナミズムを排除することによって成り立っている。言い換えると、参加「プロセス」という流動的な要素を理論の外に追いやることで成立しているのである。

1970 年代の終わり以降、自己統治理論は、自己実現を中心的価値に置く表現の自由理論からの激しい攻撃にさらされていく。この攻撃の内容については、後に詳しく述べる予定であるが、この理論が再度言論の自由理論の表舞台に立つには、Public Discourse 理論の登場を必要としたのである。

3) Public Discourse 理論による自己統治理論の再構築

1990 年代に入り、自己統治理論の隘路を克服し、言論の自由に関して一貫した理論を提供する試みが登場する。Robert Post や James Weinstein による Public Discourse 理論の提唱である[35]。

そもそも、言論の自由に理論が求められたのは、この自由が特別な意味をもち、特別な価値に奉仕し、特別な役割を担うことを論証する必要性からであった。この論証に成功しなければ、言論の自由の地位は他の自由の地位と同列に扱われることになってしまう。このような問題意識に立ち、自己統治理論を再構築するのが Robert C. Post であった。

Meiklejohn は townmeeting をモデルとして言論の自由を構想する。そこでは一定のルールとルールの運営者が必要とされる。タウンミーティングでは、誰もが自由に発言できるわけではない。Post はこの構想に異議を唱える。民

---

35) Richard C. Post, Constitutional Domains, (1995), hereinafter cited as Domains.

主主義とは、個人の意思決定と集団の意思決定が異なっていても、両者が調和できるという前提に立つが、それは、「政府の意思決定をコミュニケーションのプロセスに従わせ、参加や正当性、同一性の感覚を市民に植えつけることで」可能となるというのである[36]。この点、Meiklejohn は、自由な討論より秩序だったルールを重んじているように見える。だが、Public Discourse は自由であるべきであって、そこに外的な力が介入するならば、民主主義の正当性そのものが損なわれてしまう。

Post にとって重要なポイントは、各市民が Public Discourse のプロセスに自由に（強制も介入もなく）参加することである。それは、「市民が自由にその差異を認め合い、変動し続ける国民のアイデンティティを形成し、あるいは形成し直すアリーナ（arena）として概念化されなければならない」のである[37]。しかるに、Meiklejohn はアリーナへの介入を是認し、public discourse の実施にあたって moderator の権威を重視し、アジェンダセッティングすら委ねてしまう。

Public Discourse が行われる空間では強制は排除される。各人は、自発的で平等な資格において討論に参加する。それは Jürgen Harbermas のいう、「公共空間でのコミュニケーション」に他ならない。この空間の中では一切の強制が許されないから、Public Discourse に該当する言論は規制できない[38]。逆に、Public Discourse に該当しない言論に対しては、真実の言論のみを保障したり、一定の言論を強制することも可能となる[39]。つまり、Public Discourse のカテゴリーの内と外では支配する原理が異なるのである。

問題は、Public Discourse に該当する言論とは何かである。この点、Post は、「自己統治にかかわる言論」、すなわち「Public opinion の形成に必要とみなさ

---

36) Id. at 273.
37) Id.
38) Robert C. Post, Participatory Democracy and Free Speech, 97 Va. L. Rev. 477 (2011). hereinafter cited as Post, Participatory Democaracy.
39) Id. at 485.

れるすべてのコミュニケーション」が Public Discourse に該当すると述べている[40]。

このように、Post は、Meiklejohn の town meeting model を批判的に摂取しながら、自由で平等な言論空間としての Public Discourse を提示する。Public Discourse は、規範的には、規制や強制といった公権力の介入を排除する意義をもつ。これは言論の内容によってその処遇を変える機能を果たす。

4) Public Discourse 理論への批判
① Public Discourse とは何か

Public Discourse 理論は、公共空間におけるコミュニケーションを再興することによって、人々の参加による民主主義の活性化を目指した理論である[41]。この理論は、民主主義と言論の自由を結びつける点において、Self-Government 理論の正当な系譜の中に位置づけられる。Post は、言論の自由の規範理論として Public Discourse 理論を展開しているが、その射程は広く、アメリカにおける民主制の形にまで及んでいる。したがって、Post に対する批判は、言論の自由に対する個別問題の解釈から、彼らが依拠する民主制のビジョンにまで及ぶ。

まず、Public Discourse とは何かに関する批判は多い。この批判は、Public Discourse の及ぶ範囲（言論の自由の保護範囲）をめぐる批判から、多くの価値の中でなにゆえ Public Discourse だけが中心的価値に設定されるのかに関する批判まで多様である。たとえば、Vincent Blasi は、参加や Public Discourse を言論の自由の基礎づけに用いることには必然的な理由はないと述べている。「権力の監視（checking value）」を言論の自由の中心的価値に据える Blasi からすると、言論の自由は権力の形成より、権力の抑制にこそ用いられるべきだということになろう[42]。

---

40) Id. at 486.
41) Robert Post, Participatory Democracy at 482.
42) Vincent Blasi, Democratic Participation and the Freedom of Speech : A Response to

同様に、Steven H. Shiffrin も、自己統治によって言論の自由を基礎づけることの危険性を指摘する[43]。「すべてのアメリカ人が法の作成者（author）であるというのは悪いフィクション」であり、それはアメリカの民主主義の現実とあまりにかけ離れているという[44]。社会における様々な不正を摘発すること（dissent）こそが言論の自由の価値であるとする Shiffrin からすれば、参加を強調することによって、権力が正当化されることへの警戒は許しがたいものとなる。

さらに、C. Edwin Baker は、民主的正当化において自己統治のみをもち出すのは主権を強化することにつながり、立憲主義のもう一つの側面である、主権の制約をないがしろにすると論難する。立憲主義の究極の価値は、自己統治にかかわる諸個人の自律（autonomy）であるはずであって、重要なのは、Public Discourse ではなく、単なる Liberty の問題なのではないのかと述べるのである[45]。

Eugene Volokh は、Public Discourse の外延について疑問を投げかける。Post や Weinstein の理論では、Public Discourse を正確にとらえられないというのである。Public Discourse の概念は、言論の自由が保障する行為の範囲を確定する作用を営むはずであった。しかし、たとえば著作権を侵害するような Public Discourse は保護に値するのであろうか。これが規制できるとするならば、言論の自由の保護範囲は、個別の利益衡量によるしかなくなる。もし、個別の利益衡量によって Public Discourse の範囲が確定されるのなら、それは言論の自由の保護範囲を「説明する」ものではなく、「結果」を示すものでしかない[46]。

Post and Weinstein, 97 Va. L. Rev. 531 (2011).

43) Steven H. Shiffrin, Dissent, Democracy, participation, and First Amendment Metodology, 97 Va. L. Rev. 559 (2011).
44) Shiffrin, Id. at 562.
45) C. Edwin Baker, Is Democracy a Sound Basis for a Free Speech Principle? 97 Va. L. Rev. 515, 521 (2011).
46) Eugene Volokh, The Trouble with "Public Discourse" As A Limitation on Free

Volokhは、また、私的な会話でもPublic Discourseに分類されるものもあるはずだと述べる[47]。PostあるいはWeinsteinは、Self-governmentが公と私を分けることで成り立つと考えているが[48]、このような区別は実際には不可能であり、また現実的ではないというのである。

　これらの批判は、言論の自由を参加という観点から基礎づける議論そのものが、実はそれによって正当化される権力の基盤を強化し、少数意見や個々人の生き方を制約する危険性があることを危惧するものと整理することができる。PostあるいはWeinsteinの理論は、Meiklejohn理論と同様、参加によって形成される多数派に対して、あまりに楽観的である。

② Public Discourse 理論が前提とする民主主義の形

　一方、PostあるいはWeinsteinが依って立つ民主制の型に対する批判も提起されている。Martin H. RedishとAbbey Marie Mollenによると、PostあるいはWeinsteinが語る民主制とは、同質な人間が私的利益を離れて（それゆえに非現実的に）Self-governanceに参加するという前提に立っているというのである。しかし、実際は、異質な利益や多様な関心をもつ人々が相争うのがアメリカの現実的な民主制の型である（両者はこれをAdversary Democracyと名づける）。そこでは、公の関心と私的利益の間に境界線はなく、様々な人々が対等な資格を与えられて、覇権を争っているという[49]。PostあるいはWeinsteinは、人々が共通のフォーラムに参加することで、正もしくは善の実現を目指した討論が行われ、それによって民主主義が正当化されると考えている。しかし、民主主義に対して参加がどのように正当化を与えるのかは明らかにされていない[50]。

　　Speech, 97 Va. L. Rev. 567, 570 (2011).
47）　Id. at 579.
48）　Post, Participatory Democracy, at 485.
49）　Martin H. Redish & Abbey Marie Mollen, Understanding Post's and Meiklejohn's Mistakes: The Central Role of Adversary Democracy in the Theoy of Free Expression, 103 Nw. L. Rev. 1303 (2009).
50）　Id. at 1324.

Postあるいは Weinstein の理論は、同質の人間から構成される社会における集団の自己決定（collective autonomy）を強調するが、そのことがかえって、同質な社会に組み込まれない、異質な個々人の自己決定（self autonomy）をないがしろにしてしまうというのである[51]。

このような論争から見えることは何か。それは、言論の自由を Self-governance という大きな視点、あるいは望ましい結果から正当化することが適切なのかという問いかけである。民主主義や主権、あるいは民主的正当化の重要性は誰も否定できない。しかし、それが言論の自由の規範理論として使われたときには、自己統治と引き替えに、個々人の自律を否定しかねないというパラドクスである。では、逆に個々人の自律（Self-development）を基礎に置いた表現の自由理論は、どこまで有効なのであろうか。次節では、この点について考察を進めたい。

4．表現の自由と個人の自律

（１） 自己実現理論

1) **Thomas Scanlon**

以上の分析から明らかなように、表現の自由理論の歴史を振り返るとき、Alexander Mikeljohn が決定的な役割を演じてきたことがわかる[52]。表現の自由を民主的自己統治から説明し、表現の自由の範囲を画定すると同時に、その絶対性を求めたマイクルジョン理論は、Harry Kalven を経由して New York Times v.s Sullivan 判決に影響を与え、それによって合衆国最高裁における表現の自由解釈を規定したといっても過言ではない[53]。Richard H. Bork や Lilliann BeVier、あるいは Frank Mikeleman もまた、Meiklejohn との対話の中から、

---

51) Id. at 1351.
52) Alexander Miklejohn, Absolute at 245.
53) Harry Kalven Jr. The New York Times Case : A Note on "The Central Meaning of The First Amendment, 1964 S. Ct. Rev. 191.

自分たちの表現の自由理論を組み立てていった[54]。

一方、「自己統治理論」あるいは「政治的言論理論」とも呼べるこのような流れに対して、これを批判的に摂取し、あるいはその難点を克服することからもう一つの表現の自由理論が生まれた。それは、個人の自律を強調する立場であって、個人の自己実現や自己充足を表現の自由の価値に措定する立場である。ここでは、この学派を自己実現（Self-development）理論と呼んでおく。この理論は Thomas Scanlon[55] を嚆矢とする。Stephan Gardbaum[56]、David A. Strauss[57] が属し、また、C. Edwin Baker[58] や Martin. H. Redish[59] たちが支流をなしている。

本節では、自己統治理論に対抗する自己実現理論を検討する。中でも、自律理論の代表的論客である Scanlon を検討対象とすることによって、自律の概念が表現の自由理論に対して貢献したものは何か、この理論は、自己統治理論に対する有効な対抗軸を提供できたかどうかを検討したい。

2) 自己実現理論

Scanlon 自身明言しているように、自律を軸とした表現の自由理論は、

---

54) Bork, supra note 24 at ; BeVier, supra note 26 at ; Frank I. Mikeleman, The Supreme Court 1985 Term, Forward : Traces of Self-Government, 100 Harv. L. Rev. 4 (1986).

55) Thomas Scanlon, A Theory of Freedom of Expression, in Philosophy of Law R. M. Dwarkined. 1977, hereinafter cited as Scanlon, A Theory（なお、同稿は、当初 Philosophy and Public Affairs vol. 1. no. 2 (1972) に掲載されたが、本稿では上記文献を用いた。）; Freedom of Expression and Categories of Expression, 40 U. Pitt. L. Rev. 519 (1979) (hreinafter cited as Scanlon, Categories).

56) Stephan Gardbaum, Liberalism, Autonomy, and Moral Conflict, 48 Stan. L. Rev. 385 (1996).

57) David A. Strauss, Persuation, Autonomy, and Freedom of Expression, 91 Colum. L. Rev. 334 (1991).

58) C. Edwin Baker, Human Liberty and Freedom of Speech (1989).

59) Martin H. Redish, Freedom of Expression, A Critical Analysis (1984).

Meiklejohn の自己統治（Self-Government）理論との対話の中から生み出されている。すでに本稿においても分析したように、Meiklejohn 理論には、大きく分けて二つの批判が提起されている。これは、①その解釈論が導き出す結果に対する批判と②表現の自由の正当化に対する批判として要約することができるであろう。

まず、①については、表現の自由の保障範囲を政治的言論に限定することの是非が問題となるだけでなく、後年 Meiklejohn がこの批判を容れて、表現の自由の保障範囲を文学や哲学的表現にまで拡大したことによる、理論の曖昧さの問題まで含まれる。②については、なにゆえ表現の自由が民主的自己統治の道具なのか、それ以外に表現の自由の意義や機能は考えられないのかといった問題が指摘されている。これは、表現の自由を何かの手段ととらえることの適否にかかわる哲学的問題を含んでいる。

さて、Scanlon は、Meiklejohn 理論に含まれる上記のような疑問を検討する途上で、表現の自由に対する見方を 180 度転換するような理論構成を思いついた[60]。それは、なぜ表現の自由が重要なのかを問うことから、なぜ表現の自由に対する政府規制が危険なのかを問うことへの視点の移動であるといってよい。その意味で、Scanlon 理論は一種の消極理論（negative theory）に分類できるであろうが、このパラダイム転換は革命的であったとすらいえるのではあるまいか。ともあれ、表現の自由が特殊なのではなく、表現規制が特殊なのだとする解釈には、表現内容によって保障の可否や範囲を確定する解釈を退けるインパクトが含まれていた[61]。

3) Millian Principle

それでは、表現の自由に対する規制にはどのような危険性が含まれているのであろうか。Scanlon は、これを説明するために、表現規制が対象とする危害の性質を問題にする。いうまでもなく、表現規制は様々な危害を対象としてい

---

60) Scanlon については、奥平前掲 26 頁参照。
61) Scanlon, A Theory, at 159.

るが、単に害悪を惹起するとか、表現が害悪を引き起こしたという理由で規制を正当化することができるであろうか。Scanlon は、John Stuart Mill『自由論』第2章に依拠しつつ次のように述べる。

　「ある表現行為がなかったら生じなかったであろう害悪でも、法規制の正当化の一部とは考えてはならない害悪がある。それらは、(a) 表現行為の結果として誤った考えをもったことから生じる一定の個人への害悪、(b) 表現行為の結果として行われた行動から生じた有害な結果であって、これら表現行為とそれから生じた有害な結果の関連についていえば、単に表現行為が行為者（agent）をそれら［有害な］行為を行う価値があると信じさせたという事実から構成されているような場合［には、表現規制を正当化することはできない］。」[62]

　この文脈で、Scanlon が「行為者（agent）」という用語を用いて、そこに一定の責任能力を備えた存在を想定していることに注意したい。この「行為者（agent）」概念を説明するために採用した戦略は、Millian Principle を Kant 的な人格概念によって補強することであった。すなわち、人を「行為者（agent）」の概念から説明し、「行為者（agent）」の判断に対する国家介入の是非を論じるという回路を経て表現規制の限界を論証するところに、Scanlon 理論の卓抜さがある。政府規制は、市民が「平等で、自律的かつ合理的な行為者である」[63]との命題に適合する限りで認められることになる。つまり、国家は、「行為者（agent）」が自分なりに合理的な判断を行い、その結果を求める行動を禁止することができない。もしそのような禁止が認められたなら、それは各人が「平等で、自律的かつ合理的な行為者」であることを否認することに他ならない。

　ところで、Millian Principle を Kant 的な人格概念から再構成する戦略は、功利主義的に権利を把握することを拒む解釈にも結びつく。Scanlon は、一貫して権利を功利的にとらえることを拒んでいるが、その結果、「行為者（agent）」に対する政府規制が何らかの利益のためになるとか、公益に奉仕するという理

62）　Scanlon, A Theory, at 160-1.
63）　Scanlon, A Theory, at 161.

由で許されることを拒絶する[64]。「行為者（agent）」に対する介入が正当化されるのは、それが「平等で、自律的かつ合理的」な存在としての人格に適合する場合でなくてはならず、それ以外に国家介入が許される場合は想定できない。ここにその理論の特徴が強く現れている。

4) 自律と情報

それでは、Scanlon のいう「自律」とはどのような意味に解されるのであろうか。この点について Scanlon は、次のように述べている。

> 「自律的人格は独立した思考なしに、自分が何を信じるべきか、何をすべきかに関する他人の判断を受け入れることができない。彼は、他人の判断に寄りかかることもできるであろうが、それは彼が他人の判断が正しそうだとか、他者の意見に明らかに分があるということを、他の証拠と付き合わせた上で、前もって独自に判断しようとしたからである。
> 　私がこれまで描き出したような自律の要求は、とても弱い［要求である］。それらの要求は、Kant が自律という概念から導き出したものよりも弱い。」[65]

それゆえ、Scanlon の自律概念は、Kant のような「各人をそれ自体目的として扱い、手段としては扱うな」という要求ではなく、「自分のことは自分で決めるべきだ」という Mill の考え方に近い。このことについて、Scanlon は次のように説明している。

> 「もし、Millian Principle が、市民の決心する権利に基づくものであるとするならば、その議論は次のようなことを前提としていると考えられる。［すなわち］自分で決心する権利をもっていることから、自分を自律的だと思っている人々は、決心するために必要ないかなる権利をももっていると考えられる。［……］政府権限には、一定の害悪を防止するために、市民がある信念を維持し続けさせようとして、人々の情報源をコントロール

---

64) Scanlon, A Theory, at 154.
65) Scanlon, A Theory, at 163.

することで害悪を防止するような権限は含まれていないということをはっきりさせることが、その［Millian Principle に関する議論の］目的である。」[66]

Scanlon は、自律を「各人が決心する権利」ととらえた上で、決心に必要な条件として情報をあげる。「個々人は、よく知った上での選択 (informed choices) をするために必要な情報に対する権利をもち、政府に対してそのような権利を要求することができる」[67]。つまり、Scanlon にとっての自律は情報への権利と同義であって、各人がそれなりに物事を決定すること、そしてその前提として情報入手が妨げられないことを要求する概念と同義である。その意味では、Scanlon の自律概念は、自己決定そのものにとどまらず、自己決定の過程全体を包括的に保障する概念であって、このような過程への国家介入は、各人が「平等で、自律的かつ合理的」な存在であることを否定するものとして措定される。

5) agent

Scanlon は、その内容によって表現の価値が決まるとは考えない。むしろ、表現内容次第で保障の可否や程度が決まるという考え方を強く否定する。その意味で、Scanlon は、Meiklejohn などが主張した政治的言論優位の解釈を退けながら[68]、次のように述べている。

「Millian Principle に対する私の議論では、様々な自律思想を用いている。つまり、［それは］権限の正当化に制約を課すものである。そのような正当化は、市民が自律的で、合理的な『行為者 (agent)』だという命題と一致するものでなければならないのである」[69]。

つまり、表現規制は、それが政治的言論だから許されないのではなく、自律

---

66) Scanlon, A Theory, at 167.
67) Scanlon, A Theory, at 168.
68) Scanlon, Categories, at 522.
69) Scanlon, Categories, at 533.

への侵害ゆえに許されないと考えるべきだと言い換えられるであろう[70]。

　それでは、表現規制が許される場合はどのような場合なのか。Scanlon は、この場合の例としてサブリミナルな表現をあげる。サブリミナルな表現は、他の「行為者（agent）」が一方の行為者を支配する（contorolling）する行為であって、情報の操作を伴う。このような表現を規制することは、一方の「行為者（agent）」の自律を保護するために、むしろ求められることになろう。しかし、表現規制は、表現のもつ影響力を理由にして許されてはならない。表現に基づいていかなる行動をとるかは、各人の決心に委ねられた事項であるから、そのような決心を先取りして、国家が介入をすることは自律の考え方と真っ向から対立する。

　したがって、ある表現は、単にそれが営利的表現だとか、価値の低い表現だというカテゴリカルな理由のみに基づいて規制されてはならない。問われるべきは、表現内容に基づいて設定されるカテゴリーではなく、表現規制の正当化が自律の観念と適合するかどうかなのである。

　以上のように、Scanlon の表現の自由理論は、表現の自由がなぜ保障されるべきなのかという視点から、政府権限の限界をどのように設定するかへと視点を移動しつつ、Kant の人格概念を用いて Millian Principle における自律の概念を再構成し、「行為者（agent）」の概念を措定する点に特徴を見いだすことができる。従来の表現の自由理論が、表現の内容や表現の自由の効用や役割といった、結果思考（consequentialist）のアプローチに拘泥していたことを考慮すると、この議論は革命的であったと思われる。

（２）　自己実現理論批判

1)　**Autonomy** の射程

　それでは、Scanlon の提示した、自律を軸とする表現の自由理論には、どのような問題点が含まれているのであろうか。

---

70)　Scanlon, Categories, at 531.

言うまでもなく、自律の概念は多様であって、論者や論点ごとに異なる意味で用いられる場合がある[71]。たとえば、Joseph Raz は、自律を「人々が自分自身の生を営んでいくこと。自律的な人格とは自分自身の生の作者であること」と定義している[72]。Raz は、悪い言論であっても、「悪い言論行為が一部となっているようなよい生き方を不当認定し、その存在を妨害している」ことがあるので、言論の価値に基づいて保障の可否を決定する論理を退けている[73]。その点で、Raz も Scanlon も同様な立場に立つとすることができる。

　一方、Owen M. Fiss のように、表現の自由において自律の観念は、Kant 的にではなく、「集団的な自律」という観点からとらえるべきだという立場もある[74]ので、自律概念は、論者がその概念からどのような解釈的結論を導き出したいのかに左右される、頼りのない概念であるとすることもできよう。Frederick Schauer が指摘するとおり、Scanlon が自律という言葉に込めた意味は、erectoral sovereignty よりも perspective of individual の重視であったことは間違いないであろう[75]。

　このことは、表現の自由の正当化とそこから導き出される保護される表現の範囲にも影響を与えることになる。ほぼ同様な自律の概念に依拠する Raz と異なり、Scanlon 理論には「話者」の自由を問題にする余地がほとんどない。Scanlon 理論は「受け手」の論理であって、受け手が情報に対してもつ権利を強調する反面、「話者」の自律の問題は、そのスマートな論理から抜け落ちている。むろん、Scanlon 自身は、表現の自由が、「(話者を含む) コミュニケーシ

---

71)　カントの自律概念については、カント「人倫の形而上学の基礎づけ」(野田又夫訳) 野田又夫編『カント』(1979) 280 頁参照。
72)　Joseph Raz, The Morality of Freedom, at 369 (Oxford, 1986).
73)　Joseph Raz, Ethics in the Public Domain, at 161 (Revised Ed. Oxford, 1994). 翻訳 ジョセフ・ラズ『自由と権利』(森脇康友編 1996) 330 頁。
74)　Owen M. Fiss, Essays: Free Speech and Social Structure, 71 Iowa L. Rev. 1405, 1410 (1986).
75)　Frederick Schauer, Free Speech: A philosophical enquiry, at 69 (Cambridge, 1982).

ョンの参加者にかかわる利益」、「受け手の利益」、「傍観者の利益」に異なる影響を及ぼすことを認めているが[76]、政府規制が話者の自律をどのように侵害するのかを説得的に論じてはいない。それゆえ、Scanlon 理論は、表現の自由というより、「情報を受けとる自由、すなわち、個人の選択にかかわる究極のプロセスに対する政府介入から自由である権利」を追い求めたとする Schauer の論評が的を射ているのかもしれない[77]。つまり、Scanlon 理論には、情報の受け手の自由とは裏腹に、情報の送り手側の自由が欠落している。

2) Autonomy の有用性

　一方、表現の自由問題を解決する際に、自律概念が解釈道具たり得るのかを問題にすることもできる。たとえば、Cass R. Sunstein は、自律を Raz のようにとらえても、むしろ自律を促進するために政府介入が求められる場合があるのではないかという疑問を投げかけている[78]。この疑問が正しいとすれば、自律を消極的自由ととらえ、そこから政府介入を拒む権利を導き出すことは適切さを欠くことになる。自律、すなわち「行為者 (agent)」の自己決定を保障するためには、自己決定を阻害する要因を取り除く必要も生じる。それは、情報にアクセスする権利であったり、発話の機会均等を求める権利であることも考えられる。自己決定、すなわち選択が万全なものとなるためには、選択肢が十分に用意されていなければならないであろうが、そのような選択肢を用意するために国家が演じる役割も大きい[79]。

　また、Sunstein は、虚偽の情報や詐欺的な表現から情報の受け手の自律を保護するためには、一定の政府介入が求められると述べる。証券取引委員会 (SEC) や連邦食品衛生局 (FDA) による表現規制が正当化されるのも、まさに

---

76) Scanlon, Categories, at 521-8.
77) Schauer, supra note 75 at 69.
78) Cass R. Sunstein, Democracy and the Problem of Free Speech, at 138 (Free Press, 1993).
79) Id. at 143.

受け手の自律を保護するためではないか。そうすると、政府権限の限界を自律概念から説明し尽くすことは困難となろう。このようなSunsteinの批判は、たとえば、Scanlon自身、自律保護のための政府規制を必ずしも否定していないことなど、一部誤解に基づくところもあり、全面的に受け入れることもできないが、自律概念の曖昧さを指摘したことは真剣に受け止めなければなるまい。

　他方、自律を軸に表現の自由を構成する立場は、実際の表現の自由問題を解くことができないと指摘する批判もある。たとえば、Steven H. Shiffrinは、自律概念では「何が表現の自由なのかという問題を説明することができない」と指摘する[80]。「人々が、道徳的選択能力ゆえに尊厳をもつ存在であるという第一の前提」に立ったとしても、表現の自由が提起する問題は多岐にわたり、事実も一様ではない。それゆえ、自律といった包括的概念では現実の多様性に立ち向かうことはできない。

　反対意見の促進こそが表現の自由の中核的価値であって、事実の多様性から利益考量は不可避であるとするShiffrinの解釈からすると、自律などという形而上学的概念は解釈道具としては使用に耐えないということになるであろう。同様な点は、Sunsteinも指摘するところであって、自律概念が解釈を先導する概念であり得たとしても、実際の問題解決は、いきなりad hocな利益考量にならざるを得ない。そうであるならば、あえて自律概念を振りかざす必要はあるのだろうか[81]。

3) Autonomyの可能性

　先に述べたとおり、Meiklejohn的な政治的言論優位の解釈は、その狭さと現実的な妥当性ゆえに修正を迫られた。それに代置される理論を構築することこそ、自律理論に期待された役割であった。しかし、その役割は、上記のよう

---

80) Steven H. Shiffrin, The First Amendment, Democracy, and Romance, at 117 (Harvard, 1990).

81) Sunstein, supra note 78 at 141.

な批判によって、大幅に後退させられているかにみえる。では、自律概念は表現の自由領域から放逐されるべきなのであろうか。

　まず、Scanlon 理論が話者への視点を欠いていることは認めざるを得ない。Scanlon 理論では、話者の自由は情報の受け手の自由を保障することから反射的に保障される自由でしかない。この点、Raz のように、生き方への「不当認定（condemnation）」という論理構成を採用することで、話者の権利を一定の範囲で自律概念に含ませることも考えられよう。ただ、その際、各人が自律した存在であるから、彼（女）の生き方を否定するような表現規制は自律を侵害するというのでは、循環論法でしかない。生き方への不当認定が話者の自律を侵害するのはなぜかを論証する作業が求められる。

　この論証には相当な困難が待ち受けているが、さしあたり、一つの論拠として、個人が自らのアイデンティティを確証し、自律した存在（Raz のいう「自らの生の作者である」という意味での人格）であるためには、コミュニケーション（自己と他者とのかかわり）の全過程に対する判断権を各人に委ねておかなければならない、という点を援用することはできよう。国家や社会を含む他者とのかかわりを自発的に選択する権利は、「平等で、自律的かつ合理的な行為者（agent）であるためには欠くことのできない前提であるように思われる。

　なお、この点については、自律という言葉を用いるのを避け、自己実現というより柔軟な概念に訴えかける C. Edwin Baker の立論が参考になる。Baker は、Jürgen Habermas のいう理想的発話状況に着想を得ながら、表現の自由を強制から自由な話者を保護する権利として再構成する。おそらく、自律理論から話者の自由を保障する戦略としては、Baker のように「反強制」という要素を取り込まざるを得ないのではなかろうか[82]。

---

82) ただし、Baker 理論は徹底した話者重視の理論なので、話者の利益と受け手の利益が対立した場合、話者の利益を優先する解釈をとることになろう。Baker, supra note 58 at 47-69. なお付言すると、Scanlon の自律概念と Baker の自己実現理論は、表現の自由の対象となるべき行為の範囲について不一致があるものの、基本的コンセプトの大部分は重なり合っている。Baker supra note 58 at 51.

一方、自律理論の難点のうち、解釈道具としての有用性については、いくつかの側面を分けて論ずる必要がある。第一に、自律保護のために国家介入が是認されるかについては、David Strauss の議論が参考になる[83]。Strauss は、Scanlon 以上に Kant 的な自律概念を貫徹し、人を手段として扱うような表現行為の規制を認めている。詐欺や強迫による情報の受け手の自律侵害や発言強制もまた、自律を侵害するものとして規制に値するであろう。

第二に、さらに進んで、自律を促進するための国家措置（助成や機会付与）まで認められるかについては、自律概念の外延にかかわる問題が含まれているように思われる。フィスとポストの間で繰り広げられた論戦が参考になるが、これについては後に触れる。

5．表現の自由理論と解釈論への投影

(1) 自己統治理論と自己実現理論

1) 表現の自由は他の自由とどう異なるのか

表現の自由理論の役割は、「表現の自由が特別であり、その保障においてとくに尊重されるべきことを論証する」ことにある。つまり、表現の自由理論の優劣は、表現の自由が特別な自由であることを首尾良く論証できるかどうかによって決まる。表現の自由が他の自由と何ら異なることがなければ（異なることを論証できなければ）、表現規制もまた他の自由の規制と同様に扱われる。

この点で、自己統治理論は、民主制と表現の自由を結びつけることによって、表現の自由の特殊性を説明しようとする。これは二つの点で重要である。第一に、表現の自由の重要性が民主的な政治制度の維持という価値と結びつけられて説明されているからである。その意味で、自己統治理論は、「他に守るべき価値があり、その価値に奉仕することを理由に保護される」権利として位置づけている。この論証はまた、表現の自由を道具（instrument）ととらえて

---

83) Strauss, supra note 57 at 6.

いるところに特徴がある。第二に、自己統治理論は、特殊アメリカ的な文脈の中で、民主主義（Madisonian Democracy）と司法審査の調和・調整の要請を満たすものとして主張されている。多数派民主主義を前提にしたとき、裁判所が多数派の選択を覆すだけの正当性をもつ理由は、多数派民主主義の維持、発展に求めるしかない。BeVier が「原理上、表現の自由として保障されるのは政治的な言論以外にない」と考えたのはこのようなことであった。Bork もまた同様な立場に立つ。アメリカ型民主主義においては、価値の選択は政治部門の役割である。裁判所は、価値の選択にかかわるべきではない。政治的言論は、価値が高いためではなく、Madisonian Democracy と不可分に結びついているからこそ保護されるのである。

個人の自律（Autonomy）を重視する自己実現理論には、このような一貫性はない。Autonomy といえば、他の自由もまた Autonomy に奉仕すべきものであるから、他の自由と表現の自由を区別する指標とはなり得ない。表現の自由が契約の自由以上に個人の Autonomy に奉仕することもあるかもしれない。しかし、程度問題は区別を正当化する理由にはならない。それゆえ、自己実現理論は表現の自由の特別さを説明することはできないのである。したがって、自己統治理論こそが表現の自由理論としては説得的である。自己統治理論はこのように主張する。

自己統治理論は、政治的言論もしくは Public Discourse にかかわる言論だけが保障されると説くのであるから、それ以外の言論は保障の埒外に置かれる。もっとも、埒外にある言論がまったく保障されないのかどうかは明らかではない。Bork のように、それは言論の自由の問題ではないと突き放すことも、BeVier のように原理としては保障されないが、プラグマティックな理由で保障されると考えることもできる。いずれにしても、言論にはその内容によるヒエラルキーが存在していることになる。言論の自由の保障強度を維持するには、保障の範囲を広げ過ぎない方がよいという、「保障希薄化論」もこのような文脈で主張されている。

このように自己統治理論は、非政治的言論を言論の自由の枠の外に置くこと

で、理論の明確さを際立たせようとしている。そして、それは言論の自由に首尾一貫したストーリーを与えているといえよう。

2) Self-development 理論からの反論

しかし、自己実現理論は、このような主張に納得しない。すでに触れた点ではあるが、再度自己統治理論への批判を要約しておこう。

第一に、民主制における自己統治の重要性に疑問を差し挟む余地はないが、そのことがただちに言論の自由における唯一の価値を導き出すことにはならない。一つの価値の重要性が他の価値の重要性を否定することにはならないのである。

第二に、たとえばPostは、参加にはコミュニティの自律的意思決定と個々人の自律的決定を調和させる意義があるという。ならば、参加の感覚は、個人の自己実現に奉仕するところに究極的な価値があることにはならないだろうか。

第三に、裁判所が価値選択の機関でないとするならば、価値の選択は各個人に委ねられた自由なのではあるまいか。そして、その選択を保障する権利こそ表現の自由なのではあるまいか。

第四に、自己統治（Self-Government）理論であれ、Public Discourseであれ、またPolitical Speechであれ、その定義には共通の了解があるわけではない。これらの範疇に入る言論を見極めるとき、主題も、動機も決め手とはならない。Public Discourseにはそれなりの体裁があるとしても、そのような体裁をとらない言論もまた公の問題を論じていると主張することは可能である。仮に、Public Discourseに分類されるためには、一定の体裁をとるよう強制するならば、これはもはや自由な言論空間とはいえない。

第五に、これと関連して、誰がどのようにPublic DiscourseやPolitical Speechを判定するのかという問題もある。規制する者に規制対象の判定を委ねるような概念は、自由を保護する場面では有害である。それを裁く側に一定のガイドラインを提供できない概念もまた同じといえよう。

このように、自己統治理論と自己実現理論の間には乗り越えられない壁が存在しているように見える。では、私たちは、いかなる表現の自由理論を築き上げるべきなのであろうか（なお、巻末に図1-1として、主たる表現の自由理論の位置づけを行っている）。

3) multiple reasoning と価値からの解放

① Thomas I. Emerson

合衆国における表現の自由理論が上記二つの価値をめぐる対立の中から生まれ、その間で様々な解釈問題が議論されてきたことについては、次項（2）で示す。一方、これら二つの価値のいずれかに依拠することを批判し、あるいは表現の自由を特定の価値や目的、原理から解放すべきだとの考え方も有力に主張されている。

周知のとおり、Thomas I. Emerson は、1966 年の著書 Toward A General Theory of The First Amendment の中で、① 個人の自己実現を保障する手段として、② 真理に到達する手段として、③ 政治を含む社会的政策決定に社会の構成員の参加を保障する方法として、④ 社会における安定と変化の均衡を維持する手段として、表現の自由の重要性を説いた[84]。

Emerson の著書は、自己実現理論が登場する 10 年以上も前に公にされていることに注目する必要がある。表現の自由を単一の価値から正当化するのではなく、多元的かつ重層的な価値から説明しようとするところに、Emerson の特質を見ることができる。Emerson は、修正 1 条自身が一つの価値選択の結果であると述べる。つまり、修正 1 条の制定において、一つの価値衡量が終わっており、裁判所はあらためて価値の衡量を行う必要はないというのである[85]。ここにおいて、Emerson の立場は absolutist に近接する。

Emerson が「表現」と「行動」を区別する熱心な論者であったことはよく

---

84) 翻訳、T. I. エマースン『表現の自由』（小林直樹・横田耕一訳 1972）1 頁。なお、原著作が発表されたのは 1963 年のことであった。
85) 同 103 頁。

知られている。「行動」に分類される行為が規制される場合と異なり、「表現」に対して規制が及ぶとき、修正1条は、表現の自由に対して絶対的な保障を与えるのである[86]。同時にEmersonは、Frankfurter流のad hoc balancingに対する批判者であったことも明らかである[87]。

つまり、Emersonは、修正1条には複数の価値が体現されており、それら価値を保障することは、裁判所の役割として憲法が定めていると解釈していたと見ることもできるであろう。

② Kent Greenawalt

Emersonと同様なスタンスをとる学説として、Kent Greenawaltをあげることができる。Greenawaltは、表現の自由を単独の価値で説明することは困難でもあり、また無益でもあると考えている。つまり、自己統治理論にしても、あるいは自己実現理論にしても、それぞれに足りない要素があり、また現実の問題解決において弱点を抱えている[88]。それゆえ、単一の価値から表現の自由を正当化するより、複数の価値がそれぞれの問題点を補完しながら、全体として表現の自由を正当化すると考えることが適切だというのである[89]。

③ Eugene Volokh

一方、表現の自由を特定の価値に結びつけること自体に難色を示すのがVolokhである[90]。Volokhは、問われるべきは表現の自由の価値ではなく、規

---

86) 同100頁。ただし、Emersonがabsoluteを文字どおり解釈していたのかどうかについては疑問もある。absoluteとは裁判所の姿勢のことであって、よほどの正当化がなされない限り、表現規制は許されないとのスタンスを表していたと解釈することもできよう。

87) 同88頁。

88) Kenneth Greenawalt, Speech, Crime, & The Uses of Language, 14 (1989).

89) Id. at 11-2.

90) Eugene Volokh, The trouble with "Public Discourse" As A Limitation on Free Speech Rights, 97 Va. L. Rev. 567 (2011).

制の正当性の方であると考える。そして、「とりあえず、すべての言論が保障されるという前提（The Presumptive All-Inclusive approach）」に立つべきだとする[91]。Public Discourse にあてはまる言論を定義することは、実際上困難であり、それは「危険な試み」に終わるというのである[92]。

　これらの考え方は、自己統治理論、自己実現理論が有する欠点をカバーする提言であるといえよう。自己統治理論においては、自己統治にかかわる言論の範囲を確定することが困難であるし、自己実現理論においては、自律にかかわらない言論の内容を判断することが困難である。Emerson や Greenawalt の考え方は、両理論を架橋し、価値論争を回避するうまみがある。価値論争の回避という意味では Volokh の提言も魅力的である。

　だが、複数の価値を並列的に並べた場合、それらの中で優先的に保障されるべきものは何かが必ず問われることになる。表現の自由理論が必要とされたのは、表現の自由が特別であり、他の自由にもまして保障されなければならない理由を探すためであった。複数の価値を並列させたとき、正当化に用いられる議論は拡散し、表現保護の水準を全体として低下させることが危惧される。

（2）　表現の自由理論と違憲審査基準論

1）　異なる方法論

　自己統治理論と自己実現理論は異なる思考方法に基づいて作られている。視座が異なるといってもよい。自己統治理論は表現の自由に固有の価値があるとは考えていない。それが目指すものは民主制の健全な機能であり、公論の活性化である。この理論は、きわめて結果志向の強い（「帰結主義的」consequentialist）解釈学説である。この理論は、個々人の利益ではなく、集団の利益に焦点をあてる。集団的な意思決定あるいは自律（collective autonomy）が最大の関心事である。

　これに対して、自己実現理論は、表現行為それ自体に価値を見いだす学説で

91）　Id. at 579.
92）　Id. at 594.

ある。個々人が表現によって何を成し遂げようとかまわない。その価値は表現者（表現受領者）に委ねられている。その意味で、自己実現理論は、特定の結果を指向しない（「非帰結主義的」nonconsequential）法理論に分類される[93]。

この理論は、集団の利益ではなく、個々人の利益に焦点をあてる。その意味で、自己実現理論は、個人の意思決定ないしは自律（individual autonomy）に最大の関心を置く。

自己統治理論は、Schauerの用語法に従えば、「表現の自由の保障範囲を修正1条の理論から導き出す」方法、すなわちdefining in に該当する思考法である。これは、あらかじめ表現の自由を狭く規定して、その中にあてはまる表現行為を保障領域に取り込むものである。これに対して、自己実現理論は「あらかじめ保護範囲を広くとらえ、その後で除外していく」方法、すなわちdefining outの思考方法にあてはまる[94]。

2) 表現の自由に対する保障のあり方

自己統治理論は、政治的な言論を保護の中心に置き、それ以外の言論を周縁部に置く。しかし、政治的言論の保護水準については、共通の了解は存在しない。これを絶対的に保護すると考えるMeiklejohnとケースバイケースによって保障水準を決めるとするBorkの間には、埋めることのできない溝がある。したがって、この理論は、必ずリベラルな要素をもっているというわけではない。

これに対して、自己実現理論には中心がない。何をどの程度保護するかは、問題となる表現の状況と規制の状況をつきあわせない限り決められない。で

---

[93] Greenawalt, supra note 88 at 14. ただし、自己実現理論においても、自己の展開や発展がもたらされる点を重視するならば、その理論は結果志向の強い議論の性格を帯びる。自己実現理論が特定の結果を指向しない議論であるのは、その結果が表現行為を行う各人に委ねられているからである。

[94] Schauer, Categories at 280. Schauerは、両者の方法は、ほぼ同じ結論に達するとしながらも、不確実な世界においてはdefining outの方法が適切であると述べている（at 280）。

は、自己実現理論はリベラルな解釈を保障するものであろうか。残念ながら、そうとは言い切れない。利益衡量手法は、リベラルな方向に天秤を動かすことも、保守的な方向に動かすこともあり得るからである[95]。ただ、今日、利益衡量論者はリベラルな法解釈を指向していると考えられる。これは、Scalia 判事が利益衡量的手法を批判していることからも証明できる[96]。

3） 違憲審査基準論と表現の自由理論

Meiklejohn が自己統治理論を打ち立てて以降、表現の自由理論への評価は、表現規制に対しての有効性で計られるようになった。理論は、現実の問題解決にどれほど貢献できるか、将来のケースに対していかに有効な見通しを提供できるかが、理論に対する評価を決める。この観点から見たとき、自己統治理論は、表現の自由の解釈において、確固たるバックボーンを形成していると考えられる。もちろん、具体的な事案の解決にあたっては審査基準や個別の利益衡量が大きな役割を果たしている。しかし、そのような実務処理の背景には、自己統治と表現の自由を結びつける考え方が控えているのである[97]。

合衆国最高裁判所では、自己統治理論と対峙する形で、現在の表現の自由解釈が導き出されてきた[98]。そこでは、一方で、保護されない言論や価値の低い言論のカテゴリーを設定し、他方で、規制のありように着目して、厳格な審査基準が適用されるケースを設けることによって、今日の審査基準が完成していったのである[99]。言論の自由の中心に民主的統治にかかわる言論を置き、手厚く保護する（New York Times v.s Sullivan）。それによって、価値の序列を設定し、営利的言論等を「価値の低い言論」（low value speech）に分類する。民主的な自

---

95) Katheleen M. Sullivan, Post-Liberal Judging : The Role of Categorization and Balancing, 63 U. Colo. L. Rev. 293, 294 (1992).
96) Id. at 299.
97) Meiklejohn, Absolute, 251-2.
98) Richard H. Fallon, Jr. Strict Scrutiny, 54 UCLA L. Rev. 1267, 1293.
99) Id. at 1271-1285.

己統治にかかわる言論は、その見解によって差別することを徹底的に排除する（viewpoint neutrality）。

1970年代に入ってからは、個人の自律が解釈の全面に登場する。情報の自由な受領という考え方に基づいて、営利的言論への保障が拡大される。また、見解規制や主題規制のような表現内容規制に対する司法審査の姿勢もこの時期に確立する。同時に、戦前から、その許容性が認められてきた時間・場所・方法に関する規制の合憲性も踏襲される。そして、これらの審査水準については、理論的な発展が先行していた平等原則の枠組みが借用される。すなわち、厳格な審査、厳格な合理性の審査、合理性の審査という三つのレベルの審査基準が完成するのである[100]。合衆国最高裁における審査基準論は、このような過程を経て現在の姿になっていったと考えるべきであろう。その意味で、アメリカ合衆国における表現の自由解釈は、価値と向き合う作業の中から形成されてきたというべきである[101]。

次には、このような価値との格闘が、表現の自由をめぐる現在の問題に対して、どのような影響を与えているのかをスケッチしよう。

（3） 表現の主体をめぐる解釈論

1） 表現受領権的展開

表現の自由理論は受け手の自由を軸にして展開してきた。MeiklejohnもScanlonも表現の受け手の「決定」に照準を合わせて理論を構築してきたのである。民主的な自己統治にしても個人の自律的決定にしても、表現を受けた者の自己決定が重要視されたのである。表現の自由理論は知る権利によって駆り立てられてきたともいえよう。もちろん、受け手に届けられる表現の性格は異なる。自己統治理論の場合は、Public speechであるが、自己実現理論においてはinformationが保護されるべき表現となる。しかし、両理論とも、受け手に照準を合わせた議論であることに間違いはない。

---

100) Id. at 1298.
101) Volokh, supara note at 584.

この背景には、情報の送り手としてのマスメディアと受け手としての大衆のかい離が控えている。少なくともインターネットが普及し、人々が表現手段を手に入れるまでは、Public とは公衆を意味していたのである。表現の自由理論は、この状況を前提にして、情報の受け手に力点を置くことで、表現の自由な流通こそ民主的自己統治に、あるいは自己決定に必要な前提であると考えたのである。

　しかし、表現の受け手に重点を置く理論は、表現の送り手の状況を顧慮しない。情報の送り手がいかなる環境に置かれようと、結果として一定の表現が市場に送り込まれていればよしとする。それにより、公の関心事について意思決定でき、あるいは私事に関する自己決定ができれば、表現の自由の目的が達成されるのである。その結果、表現の受け手を保護するためには表現の送り手に一定の制約を貸すことも許されるのかという問題が生じてしまうのである。

　Post あるいは Weinstein の理論は、この点を疑問視する。彼らは、表現の自由を一つの arena（競技場）に見立てて、討議に参加することに価値を置いた。それゆえ、Post/Weinstein の考え方は、表現の自由の担い手を、話す側に取り戻す試みであったといえよう。彼らは、話す側に何らかの制約を課すことを許さない。

　この点、自己実現理論に立脚する Martin H. Redish も同様な立場に立つことが興味深い。Redish もまた、敵対する考え方をもつ者同士が支配権を争うことが表現の自由であって、そのためには、いかなる国家介入も許さない。政治資金規制は許されないのである[102]。

2) 表現の自由の実現のための国家介入

　「受け手重視の理論」と「話し手重視の理論」は、選挙資金規制の是非をめ

---

102) Redish, supra note 49 at 1355. ただし、Redish は、Post/Weinstein とは異なり、参加に重きを置かない。Redish は、Public Discourse のプロセスに参加することより、最終的には投票権が平等に保障されていることの方が重要であると考えている（at 1330）。

ぐって激しく対立する。受け手の側に立ち、多様な意見が満遍なく行き渡ることこそ、公的・私的自己決定に必要であるとするならば、表現偏在に対して介入することも是認される。政治資金に規制を課し、富の偏在が表現の偏在につながらないよう配慮する規制もまた是認されることになる。Post/Weinstein は、このような介入が Public Discourse を歪曲するものとして、これを排斥する。Public Discourse の arena にはいかなる国家介入も許されない[103]。これに対して、Owen M. Fiss は、Public speech や Public Discourse の参加者である「個人」には組織（institutions）が含まれている以上、参加とは、富や力の偏在が存在する状況での参加以外の何物でもないと指摘する[104]。この現状を前提にして Public Discourse を豊かにするならば、組織の表現は規制されるべきである[105]。自律の主体を自然人たる個々人に置くのであれば、表現機会の均等を図るための国家介入は認められなければならない[106]。

　公的問題においては、国家の介入を一切排除するべきなのか、様々な意見が等しく届けられるよう、一定の介入を是認すべきなのかは、現在の表現の自由解釈が直面する難問の一つである。1976 年の Buchley v.s Valeo 判決によって、資金支出の上限規制が憲法違反と判断されて以来、合衆国最高裁判所は、政治献金には慎重な姿勢をとり続けてきたように思われる[107]。もちろん、選挙資金規制のすべてが憲法違反であると判示してきたわけではなく、政治資金の公表

---

103) Post, Constitutional Domains, at 274.
104) Owen M. Fiss, Free Speech and Social Structure, 71 Iowa L. Rev. 1405, 1410 (1986).
105) Meiklejohn と Post あるいは Weinstein の考え方は、この点において対立する。Meiklejohn は、公の議論が整然と行われるための介入を是認する。タウンミーティングを円滑に進めるための moderator の役割が重視されているからである。これに対して、Post/Weinstein は、このような介入を否定することから、自分たちの議論を展開していったのである。
106) この点について、Katheleen M. Sullivan は、表現の自由を「自由（liberty）」に傾斜して解釈するか、「平等（equality）」に傾斜させて解釈するかの対立が合衆国最高裁判所内に存在すると分析する。Katheleen M. Sullivan, Two Concepts of Freedom of Speech, 124 Harv. L. Rev. 143, 174 (2010).
107) Buckley v.s Valeo, 424 US 1 (1976).

義務や海外からの選挙資金規制のように、合憲性が支持されてきた事項も少なくない。だが、政治資金の総量規制について、合衆国最高裁判所は厳しく審査する姿勢を徐々に明確にしてきているといえよう。

たとえば、1990年に判示されたAustin v.s Michigan Chamber of Commerce[108]では、団体の性格によって政治献金の可否を区別するMichigan州法が維持されたが、2010年のCitizens United v.s FEC[109]判決では、その方向性に修正が加えられている。

3) 表現強制と自由

いずれの立場に立とうとも、表現内容規制は厳しく審査される。では、特定の表現を強制することは可能なのであろうか。この点について、公私を厳しく区別し、公的領域での表現活動には一切の強制を許さないとするのが、Public Discourse理論であった。しかし、この立場は、私的領域における強制を許容する。それゆえ、営利的な表現に対して一定の強制を行うこともまた是認されるのである[110]。

しかし、政治資金ではPublic Discourse理論と見解を共有するRedishは、強制の是非については袂を分かつ。表現には公的なものと私的なものを分ける決定的な指標などないからである。聞き手の自律を重視するRedishにとって、情報の選別権は個人にある。内容規制は、政治的な言論であろうと営利的な言論であろうと許されないのである[111]。

2013年のAgency for International Development v.s Alliance for Open Society Internationa[112]判決は、この点をめぐって争われた事例であった。事案は、HIVの感染拡大を防止するため、連邦政府が一定の資金を非政府団体に助成す

---

108) 494 US 652 (1990).
109) 558 US 310 (2010).
110) Post, Participatory Democracy, at 485.
111) Redish, supra note 49 at 1317-9.
112) 133 S. Ct. 2321 (2013).

ることを内容とする United States Leadership Against HIV/AIDS, Tuberculosi, and Malaria Act of 2003 が定める条件の合憲性であった。同法は、助成の条件として、「① いかなる基金も売春を合法化したり、その行為を支持するために用いられてはならないこと。② いかなる基金も売春に明示的に反対する政策をもたない組織によって使われてはならないこと」を掲げていた[113]。ここで問題となったのは、②の条件であった。すなわち、この条件は、特定の政策を支持することを強制するものであって、基金からの助成を受ける団体の修正1条上の権利を侵害するというのである。

法廷意見を述べる Roberts 首席裁判官は、問題となった条件が憲法違反であると判断した（Kennedy, Ginsburg, Breyer, Alito, Sotomayor 各裁判官同調。なお、Kegan 裁判官は審理に参加していない）。法廷意見の結論部分で、同裁判官は、Barnette 判決 Jackoson 裁判官法廷意見を引用しながら、このような強制が、自らの信念を言葉や行動で告白しようとする市民にそれ以外の意見を強いるものである」として、特定の政策の強制は許されないと述べたのであった[114]。

これに対して、Scalia 裁判官（Thomas 裁判官同調）は、「修正1条は、政府が見解に中立的であることを義務づけてはいない。連邦政府は、対立する考え方の中からある考え方を選び、自分自身の考え方として採用しなければならない」として、政策決定が見解の選択であるととらえている[115]。そして、助成を行うに際しては、特定の政策に賛同することを条件とすることは許されると述べるのである[116]。

特定の政策が確実に実施されるよう、その手段として、政策に賛同することを求めることが許されるかどうか。「政府の政策に賛同する」とのメッセージを表明することを助成の条件とすることは、特定の見解を強制することになるのであろうか。このメッセージ（売春に対して反対するとのメッセージ）が Public

---

113)　133 S. Ct. 2322.
114)　133 S. Ct. 2332.
115)　133 S. Ct. 2332.
116)　133 S. Ct. 2335.

Discourseに該当するのであれば、PostもWeinsteinも法廷意見の結論に賛同するであろう。一切の強制を許さないRedishは、間違いなく法廷意見に与するに違いない。話者に対する強制は、その自律的存在を否定することに他ならないと考えるBakerも然りである。

では、たばこのパッケージに記載される健康情報の強制についてはどうか。Public Discourse理論では、この情報が「公の事項に関して世論の形成にかかわる言論かどうか」が決め手となる。情報そのものの自由な流通を保護するのが修正１条の価値であるとするRedishなら、この種の強制につても疑問を差し挟むのではなかろうか。

これら両者は、一定の政策を実現するために、特定内容のメッセージを強制することで共通している。守るべきは、Public Discourseなのかinformationなのかが、結論を分かつポイントである。

以上のように、1970年代以降、合衆国最高裁判所の判例は、情報の受け手の自由を根拠にしながら、表現規制の合憲性を審査する姿勢を鮮明にしてきたといえる。後に見るように、表現内容規制に対する厳格な審査が確立し、営利的言論の保障水準を高めてきた背景には、常に情報の受け手の自由が控えていたのである。そして、あるときは、「政治的な表現は修正１条の中核に位置づけられる」と述べ、あるときは、「すべての表現は聞かれるべき資格を有する」と述べることによって、表現の自由の価値を援用するのである。よしんば、表現の自由の保障範囲や水準が個別具体的な対立利益との衡量によって定まるにしても、価値への準拠が回避されることはない。合衆国の憲法理論が、ナイーブなまでに表現の自由の価値と向き合ってきた背景には、価値による違憲審査という制度要因も影響しているのではあるまいか。

6．おわりに

憲法上保護される契約とは何か、を問うこともあり得ようし、そのために「契約の自由とは何か」が理論的に探究されることも考えられる。しかし、そ

の試みは、表現の自由とは何かを問う試みに比べて、はるかに容易である。契約という営みが日常な営為であって、契約がいかなる行為なのかをあらためて問う必要は少ないからである。その意味で、表現の自由は、日常的な自由というには、いまだほど遠いようである。

　現実の法解釈に対して、理論はいかなる役割を演じることができるのか。Meiklejohn の偉大さは、法理論を法律の専門家ではなく、一般の市民に向けて語ったところにある。民主主義の担い手を育てること、そのために表現の自由を市民のレベルにまで引きつけて語ること。ここに Meiklejohn 理論の真骨頂があった。Scanlon も同様である。民主主義や公的問題というサイズの大きな問題から、自分自身の意思決定という身近なレベルに関心を移動させ、自分自身のための表現の自由を語り得た点に、自己実現理論の意義がある。

　表現の自由理論も法理論である以上は、裁判で争われる解釈問題に一定の指針を与えるものでなくてはならない。これまでに下された判決を前提にして、法文の意味を整合的に説明し、将来的に生じるであろう紛争に対して、解決策を提示するという役割を果たす必要がある。しかし、表現の自由理論は、その担い手である市民に対して、表現の自由の価値や目的、意義を明確に提示できるものでなくてはならない（図 1-2 参照）。そこでは、理論の単純化のリスクを覚悟した、ストーリーの明確化が求められたといえよう。「自己統治」、「自己実現」それぞれがもつ問題点を指摘することはたやすい。しかし、これらの提唱者は、その問題点を認識した上でなお、その理論に賭けたのである。不完全な理論でも、それを梃子にして社会を動かす方向を選んだのである。

　表現規制の合憲性が争われる場面では、表現の自由と対立する様々な利益との衡量は避けられない。その過程を明確に示すことは、違憲審査制を司る裁判所の義務である。しかし同時に、表現規制の正当化は、表現の自由の価値との絶えざる照合を回避することはできない。その価値とは、自己統治であれ、個人の自律であれ、一般市民によるコミットメントを不可欠な要素とするものである。自己統治理論や自己実現理論のような、政治理論や道徳理論と向き合う作業なしには、表現の自由の解釈は空疎な作業に終わる。

第 1 章　表現の自由における「理論」の役割　*47*

Speaker based theory

Post-Weinstein　　　Baker
　　　　　　　　Blasi　Shiffrin

collective　　　　　　　　　　　　　　　individual
autonomy　────────────────　autonomy
(self-government)　　　　　　　　　　　(self-development)
　　　　　　BeVier
　　　　　　　　　　　　Redish
　　Bork　　Sunstein
　　Meiklejon　　　　Scanlon

Listner based theory

図 1-1：主たる表現の自由理論の位置づけ

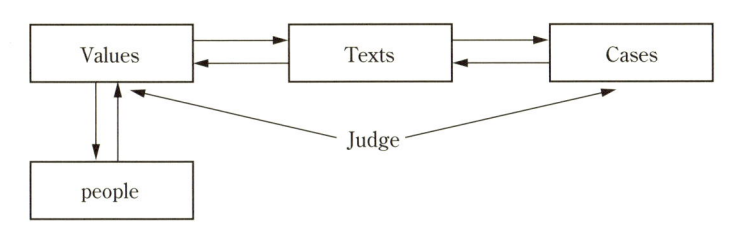

```
┌────────┐      ┌────────┐      ┌────────┐
│ Values │ ⇄   │ Texts  │ ⇄   │ Cases  │
└────────┘      └────────┘      └────────┘
    ↕ ╲              Judge         ╱
┌────────┐
│ people │
└────────┘
```

図 1-2：価値に準拠した表現の自由解釈

第 II 部

営利的言論理論の展開

第 2 章

営利的言論

1. 序　　論

（1）　はじめに——本稿の課題

　消費社会と情報化社会が結合した情報資本主義社会においては、情報が商品化すると同時に商品が情報化する[1]。そして、我々は、すでに国民生活の多くの部面が情報化され、商品化されている事実を目の当たりにしている。この傾向は、マルチメディア時代に突入する 20 世紀の終わりから 21 世紀の初めにかけてさらに顕著となるであろう[2]。

　ところで、商品やサービスに関する情報（営利情報）は他の情報に比較して、膨大な規制法令下に置かれている。営利的言論は、他の言論より多くの制約を受けるものと理解され、いわゆる営利的言論法理[3]が、長きにわたって営利情報の地位を規定してきたのである。しかし、このような理解は適切であろう

---

1)　西垣通『マルチメディア』（1994）128-9 頁参照。
2)　情報資本主義概念については、伊藤守・小林直毅『情報社会とコミュニケーション』（1995）85 頁参照。そこでは、「物的財の生産・流通を効率よく進め、消費を生産の相関項として積極的に組織化すべく、資本が情報を重要な資源として生産するにいたった社会」という定義が与えられている。
3)　Commercial Speech の訳語としては、営利的言論の他、商業的言論、商業言論、などがあり、私もかつて商業的言論という用語を用いていた。しかし、近時営利的言論という用語が一般化しつつあり、本稿でもこの傾向に従うことにした。なお、本稿では、適宜営利的言論、営利情報あるいは営利的表現という語をほぼ同じ意味で用いることにする。

か。少なくとも、情報やメディアのあり方が根本的に変貌を遂げつつある今日において、従来の商品情報に関する処遇は妥当し続けるであろうか。本稿は、このような伝統的理解が高度に情報化された消費社会における営利情報の意義を適切にとらえていないことを指摘する。

さて、営利的言論という概念は、営利広告をそれ以外の言論形態から区別し、より少ない保護しか受けない言論範疇（less protected speech）に設定する解釈理論である。この理論は、1940年前後のアメリカ連邦最高裁判所（以下「連邦最高裁」という）判例に淵源を有し、今日まで50年以上にわたって維持されてきた。かつて筆者は、この法理の歩みを二つの小論[4]によってたどったことがある。そこでは、この法理の端緒から1980年までの流れを通観し、あわせて学説における対応を整理、分析した。しかし、今日、社会状況の変化は急激で、営利的言論法理を支える様々な環境（新しいメディアの出現や消費者の意識等）には大幅な変化が見られる。マルチメディアが普及し、アメリカでは情報スーパーハイウエイ（Informationa Super Highway）構想が着実に実現に移されつつある[5]。むろん、マルチメディア社会の将来像は不明確ではある。しかし、それが我々の生活環境に様々な変化を及ぼすことは確実である。このような状況の変化を前に、伝統的な新聞広告やビラを範型として、しかも価格や所在の伝達を想定して形成された営利的言論法理が、従来とまったく同様な有効性を保持できると考えるのには無理があるのではなかろうか。そこで、本稿では、前稿での分析を踏まえて、連邦最高裁判例を中心に、その後の営利的言論法理の展開を鳥瞰する。そして、マルチメディア時代における営利情報の意義を検討しつつ、具体的な解釈理論を提言したいと考える。その前に、わが国におけ

---

4) 拙稿「商業的言論解釈の展開」比較法雑誌19巻3号（1985）47頁、「表現の自由と商業的言論」比較法雑誌20巻1号（1986）69頁。

5) 従来の三大ネットワークやCNNといった大手ケーブルテレビ会社と映画ソフト会社や電気通信会社の合併は、情報スーパーハイウエイ構想の基盤整備の一環としてとらえられている。このような動向は、合衆国におけるマスメディアとマルチメディアの共存に一定の方向性を与えるものとして示唆的ではなかろうか。

る問題状況をスケッチしておこう。

(2) わが国における営利的言論解釈の現状

1) 最高裁判例における営利的言論

営利的言論に関して、わが国の最高裁が明示的に判断を示したケースは少ない。現在でも昭和36年の薬事法違反事件大法廷判決[6]がこの領域のリーディングケースである。ただ、最高裁判決の中には、営利的言論と政治的言論の区別に言及し、あるいはこの区別に黙示的に依拠した判断を示したものもないわけではない。

たとえば、補足意見ではあるが、昭和62年大分県屋外広告物条例違反事件第三小法廷判決[7]において、伊藤正己裁判官は、本件条例が「政治的表現であると、営利的表現であると」を区別することなく、広告物一般を規制対象にしているが、もしそれが「思想や政治的な意見情報の伝達にかかる表現内容を主たる規制対象とするものであれば、憲法上厳格な基準によって審査され」ると述べ、営利的広告規制と政治的言論規制では異なった審査基準が施されることを示唆している。

2) 立法における営利的言論の区別

判例とは異なり、立法の場面での営利的言論は、きわめて一般的な分類として様々な場面で採用されている。先に述べたように、営利広告規制は膨大な量があり、その方法も多様である。食品衛生法や薬事法における表示義務や制裁、あるいは不当表示防止法上の規制は、営利的言論という範疇を当然の前提にして構成されているのである[8]。特殊な例としては、東京都屋外広告物条例

---

6) 最大判昭和36年2月15日 刑集15巻2号347頁。これに対する評釈として、清水睦「営利的な広告の自由の制限」憲法判例百選I［第3版］116頁参照。
7) 最判3小昭和62年3月3日 刑集41巻2号15頁。これに対する評釈として、大林文敏「立看板と表現の自由」憲法判例百選I［第4版］122頁など参照。
8) もちろん、法的規制以外にも膨大な業界の自主規制が敷かれていることにも注意

があえて「非営利広告」という概念を用い、「国民の政治活動の自由その他国民の基本的人権を不当に侵害しないよう留意」していることが注目される[9]。したがって、立法の場面では、営利的言論とそれ以外の言論の区別は、想像以上に一般化していると考えられよう。むしろ、この分類を当然視してきたところにわが国における営利的言論解釈の問題点があるというべきであろう[10]。

3) 学説における営利的言論解釈

このような状況を前に、わが国の学説は、情報資本主義の先端部であるアメリカの実験や学説を参照しながら、あるべき解釈の姿を探求してきたといってよい。その嚆矢は、伊藤正己教授の古典的業績『言論・出版の自由』[11]であり、また、堀部政男教授の『アクセス権』所収の論文[12]であるといってよかろう。

今日、わが国の指導的な解釈学説には、営利的言論も表現の自由の一環であることを承認し、ただ、その特性に鑑みて特殊な取り扱いが認められるという立場をとるものが少なくない。たとえば、芦部信喜教授[13]は、民主的自己統

  しなければならないであろう。もっとも、このような規制でも、自主規制の根拠が法定されている場合もある。たとえば、景品表示法第10条は、公正取引委員会の認定を受けて自主的に規約を作成するものであり、自主規制という体裁はとっているものの、その内実は法規制とみなされる。なお、参照、『消費者のくらしと公正競争規約平成7年度版』（全国公正取引協議会連合会）17-21頁。また、現行の広告規制や業界の自主的協約を通観、解説するものとして岡田米蔵・梁瀬和男『広告法規』（1993）はきわめて貴重な文献である。

9) 東京都屋外広告物条例第1条および第5条の五参照。
10) なお、製造物責任法の制定に伴い、製品に警告表示を義務づけるべきか否かが議論されるが、この点についても憲法解釈が一定の役割を演ずべき余地がある。なお、平中貫一「商品等の警告表示責任」長尾治助・中坊公平編『セミナー生活者と民法』（1995）222頁以下参照。また、わが国における広告規制や広告者責任の問題をドイツの学説や判例を比較検討することによって論じた櫻井圀郎『広告の法的意味広告の経済効果と消費者保護』（1995）は、広告が独立した法研究の分野になりつつあることを示唆している。
11) 伊藤正己『言論・出版の自由』（1959）第6章参照。
12) 堀部政男『アクセス権』（1977）。

治という表現の自由の役割・理念を重視し、営利的言論はそのような役割・理念からは距離があると主張する。また、橋本公亘教授[14]は、営利的言論が表現活動と経済活動の二面性を併有していることに営利広告特有の規制の根拠を求めている。さらに、阪本昌成教授[15]は、アメリカ法の歩みを踏まえつつ、営利的言論法理を真実性の証明の容易さに求め、同時に営利広告の多様性を考慮して「純然たる」営利広告か否かによって異なるアプローチがとられることを主張する。佐藤幸治教授[16]は、これらの諸点を勘案しながら、営利的言論規制の司法審査には、厳格さの緩和された基準が適用されるが、広告禁止には厳格な審査が適用されるべきことを主張する。

他方、松井茂記教授は、このような学説に対して、営利的言論と他の言論範疇を区別する根拠が十分に正当化されていないことを指摘し、営利的言論といえども他の言論範疇の規制におけるのと同様な法理が適用されるべきことを力説する[17]。また、森村進教授は、経済的活動と精神的自由権を区別する二重の基準自体を排撃し、したがって、営利的言論を政治的言論より低価値だと断ずる解釈を批判している[18]。この批判は、精神的自由権と経済的自由権の峻別をめぐる二重の基準の根拠を問い直すインパクトを有するが[19]、営利的言論の処遇をめぐる議論は、司法審査の根幹にかかわる問題にも波及する重要性をもっているのである[20]。

---

13) 芦部信喜『憲法』(1993) 146 頁。
14) 橋本公亘『日本国憲法［改訂版］』(1988) 278-9 頁。
15) 佐藤幸治編著『憲法 II』(阪本昌成執筆 1988) 183 頁。
16) 佐藤幸治『憲法［第3版］』(1995) 518 頁。
17) 松井茂記「営利的表現と政治的表現」法学教室113号 (1990) 28 頁以下。同『マス・メディアと法入門』(1994) 153 頁参照。
18) 森村進『財産権の理論』(1995) 159-60 頁参照。
19) 井上達夫「人権保障の現代的課題」碧海純一『現代日本法の特質』(1991) 65-9 頁。
20) 松井前掲17)「営利的表現と政治的表現」は、営利的言論について「学説によってはほとんど重視されていないが、それでいて表現の自由の基本的理解について重大な論点を提起する」と的確にも指摘する。一見マージナルな問題が中心的問題に直

4) 本稿の立場

前述したように、営利的言論を取り巻く社会環境は急激な変化を遂げつつある。1940年代と90年代の終わりでは、営利情報の量もまた質も異なっているはずであり、したがって、営利情報がもつ役割や意義も固定的にとらえることはできないはずである。本稿は、営利的言論という法理論を所与のものとして、その規範的意義を今後ももち続けるという解釈に異議を唱える。すなわち、営利的言論というカテゴリーは、きわめて多様な表現からなり、一律に処遇を決定することはできないという基本的スタンスを採用する。また、本稿は、個人の自律を強調し、情報への評価や選択は各人に委ねられた事項であり、国家の後見的介入にはなじまないという解釈に立脚する。しかし、本稿は同時に、営利的言論規制が、個人の自律の観点から一定の場合には許されることをも主張する。つまり、営利情報への処遇は、従来の営利的言論という包括的なルールではなく、より慎重な個別的考慮によって行われるべきことを提言する。また、そのような解釈の理論的支柱として、個々人の自律的意思決定を重視した表現の自由理論が構築されるべきことを明らかにする。

2. 営利的言論法理の現状

(1) セントラルハドソンテスト

1975年、76年は、営利的言論解釈のターニングポイントであった。連邦最高裁判所は1942年の**ヴァレンタイン判決**［Valentine v.s Chrestensen, 316 US 52 (1942)］以来維持してきた解釈を転換し、営利広告が表現の自由の範囲に含まれると判示したのである。**ビゲロウ対ヴァージニア州判決**［Bigelow v.s Virginia, 421 US 809 (1975)］[21]と**ヴァージニア州薬事委員会対ヴァージニ**

結していることは少なくない。営利的言論は、ヌードダンシング規制と同様、表現の自由規制のあり方や法のあり方をめぐる中心的問題を提起する。

21) See generally NOTES, Constitutional Protection of Commercial Speech, 82 Colum. L. Rev. 720, 722-30 (1982).

ア 市民消費者協会判決 [Virginia State Board of Pharmacy v.s Virginia Citizens Consumer Council, 425 US 748 (1976)] は、情報を受領する消費者の権利に立脚して、営利広告が修正1条で保護される表現であることを明言した画期的な判決であった[22]。

もっとも、このような判例変更と同時に、営利的言論と非営利的言論には保障の差が存在していることも確認されている。具体的には、虚偽や誤解を招くような営利広告は禁止されると考えられていたのである [425 US 777]。連邦最高裁判所は、1977年のベイツ対アリゾナ州法律家協会判決 [Bates v.s State Bar of Arizona, 433 US 350 (1977)] 等において、営利的言論にしか認められないこの性格を「常識的差異 (commonsense difference)」と呼んだのである [at 368]。セントラルハドソン対ニューヨーク公益事業委員会判決 [Central Hudson Gas & Electric Corp. v.s Public Service Commission of New York, 447US 557 (1980)] の意義は、このような判例の流れを総括し、常識的差異の解釈を4段階の審査基準として定式化したところにあるといえよう。同判決パウエル裁判官法廷意見は、営利的言論を「主として話者の経済的利益にのみかかわる表現」と定義し[23]、そのような言論への規制は、次の4項目を満足するときに認められると述べたのである [at 566]。

① 問題の表現が不法な活動にかかわるものでなく、また公衆を誤解させるものでもないならば

---

[22] このような判断の背景には、会社が表現する権利をもっていることが前提とされている。ただ、会社の表現の自由は、その性質上、自然人の情報受領の権利に依拠していることに注意する必要がある。その意味で、会社の政治的表現と営利的表現は権利の性質としては同じであると考えることも可能であろう。Consolidated Edison Company of New York v.s Public Service Commission of New York, 447 US 530 (1980). なお、エディソン社判決とセントラルハドソン判決が同日に判示されていることは示唆的であろう。

[23] 奇妙なことではあるが、営利的言論の定義は一定していない。See Steven H. Shiffrin, The First Amendment and Economic Regulation Away from A General Theory of the First Amendment, 78 N. W. U. L. Rev. 1212, 1215 (1983).

② 主張される政府利益が本質的なものであること
③ その規制が政府利益を直接的に促進すること
④ その規制が政府利益を保護する以上に強力ではないこと

　この枠組み自体は今日においても踏襲されているが、その適用水準や範囲については、パウエル裁判官意見が忠実に踏襲されているわけではない。後続する判例は、セントラルハドソンテストの意義をめぐり、錯綜した解釈を展開しているのである。

（2）　セントラルハドソンテストの適用

1）　セントラルハドソンテストの厳格な適用

　連邦最高裁判所は、1982年、弁護士広告規制の合憲性が争われたIn theMatter of R. M. J.［455 US 191 (1982)］において、セントラルハドソンテストへの直接的な言及は避けたものの、虚偽もしくは誤解を招くような広告規制の許容性を確認している。翌年、同裁判所は、受取人の同意のなく行われた避妊用具の郵便広告とそのような広告方式を禁じた郵便法の関係が争点となったボルガー対ヤング製薬社判決［Bolger v.s Young Drug Products Corp., 463 US 60 (1983)］において、セントラルハドソンテストを適用し、広告規制を退けている［at 68-75］。法廷意見を述べるマーシャル裁判官は、連邦政府側から提出された規制利益の重要性に一定の配慮を払いつつ、しかし、それが、同意なしの広告を規制するという手段では十分に達成できないことを指摘する［at 73］。そして、消費者（情報受領者）が本来有すべき「十分な情報を得た上での意思決定（informed decision）」の必要性を力説するのである［at 74］。なお、マーシャル裁判官法廷意見は、営利的言論の判断に際しては「動機」が決め手にはならないとしながらも、逆に、何が営利的言論なのかについては、「堅牢な分類にこだわってはならない」という意見を明らかにしている。ここでは、精確な定義や根拠は明らかにできないが、伝統的にそう解釈されてきたという意味で、まさに、常識的差異の解釈が踏襲されているのである［at 81］。いずれにしても、政府利益や規制手段への敬譲的な審査が拒絶されていること

が重要である。ここでは、定義の問題を回避した上で、セントラルハドソンテストを比較的厳格に適用する姿勢が読みとれよう。

連邦最高裁判所のこのような姿勢は、弁護士広告の内容を所定の事項に限定した弁護士会規則の合憲性が争点となった1985年の**ザウダラー対オハイオ州最高裁弁護士懲戒委員会判決**［Zauderer v.s Disciplinary Counsel of the Supreme Court of Ohio, 471 US 626 (1985)］においても継承される。法廷意見を述べるホワイト裁判官は、営利的言論の外延は明らかにされてはこなかったが、当該言論範疇への規制立法がセントラルハドソンテストの下で審査されることは確立された法理であると述べ、同テストを適用する［at 637］。

ここで注目すべきは、ホワイト裁判官がセントラルハドソンテスト①を重視していることであろう。同裁判官は、問題の営利広告が不法な活動にかかわるものでも、虚偽の内容を含むものでもない以上、通常の言論と同様な処遇を受けることを示唆する判断を示しているのである［at 644］。つまり、常識的差異という考え方は、虚偽や誤解を招くような広告を排除する法理であって、それ以上に営利広告を規制することまで許したわけではなく、ある言論が真実で、誤解を生じさせるおそれがないならば、政府の規制権限が否定されると解釈するのである。それゆえ、問題の広告がセントラルハドソンテスト①を満足するならば、残りの項目がきわめて厳格に審査されることになる。実際、ホワイト裁判官は、同テストの残余の項目を厳格に適用し、本件規則を退けている[24]。

2) セントラルハドソンテストの変容
① ポセイダス判決
(a) レーンキスト裁判官法廷意見
ザウダラー判決に代表されるようなセントラルハドソンテストの厳格な適用

---

24) See Nicholas Wolfson, Corporate First Amendment Rights and SEC, 29-30 (1990). ウォルフソンも、ザウダラー判決ホワイト裁判官が、情報の真実性に重点を置いてセントラルハドソンテストを解釈していると指摘する。

は、1986年のポセイダス判決［Posadas de Puertorico v.s Tourism Company of Puertorico, 478 US 328 (1986)］において決定的な転換点をむかえる。本判決では、住民に対するカジノ広告規制と表現の自由の関係が争点となったが、法廷意見を述べるレーンキスト裁判官は、セントラルハドソンテストの各項目をきわめて緩やかに審査し、その合憲性を認めたのである。同裁判官は、問題となったカジノ広告が不法な活動にかかわるものでも、誤解を生じさせるものでもないことを認め［at 340］、しかしセントラルハドソンテストの他の審査項目が充足されていることを理由に、規制の合憲性を導き出したのである。

　同裁判官は、カジノ広告の規制が、プエルトリコ住民のギャンブルへの要求を低下させ、ギャンブルが生じさせるであろう市民の健康、安全、福祉に対す悪影響を防止することを目的としており、これらは本質的な政府利益であると認定する［at 341］。次に、広告規制という手段が右諸利益を直接的に促進するかについては、「セントラルハドソンテストの第三の柱は、立法判断が明らかに不当でなければ (not manifestly unreasonable) 満足される」［at 342］という極端な謙譲的解釈を採用する。これは、目的達成手段の選択における立法判断を追認する姿勢を表明したものであり、セントラルハドソンテスト③が、合理性の審査と同程度の審査水準にあると解釈したことを意味している。また、同裁判官は、本件規制の overinclusive, underinclusive の主張に対しても、さらには「必要以上に強力な規制だ」との主張に対しても、規制手段の選択における立法裁量を強調して、それらを退ける判断を示している［at 344］。

　以上のようなレーンキスト裁判官法廷意見に対して、ブレナン裁判官（マーシャル・ブラックマン両裁判官同調）は、セントラルハドソンテストの水準に関して反対意見を展開する[25]。ブレナン裁判官は、セントラルハドソンテストが、

---

25) 表現の自由解釈をめぐって悉く対立するレーンキスト裁判官とブレナン裁判官の表現の自由理論については、John Denvir, Justice Brennan, Justice Rehnquist, and Free Speech, 80 Nw. U. L. Rev. 285, 293-306 (1985). レーンキストコートにおける保守派ブロックの基本的傾向については Nadine Strossen, The Free Speech Jurisprudence of the Rehnquist Court, 29 Free Speech Y. B. 83 参照。

虚偽の、誤解を招くような広告規制を認めた法理であり、真実の情報に対する政府コントロールまで認めたものではないこと、すなわち、合法活動にかかわる真実の情報は、他の言論と同様な処遇を受けることを主張し、「政府が合法活動に関し、誤解を生じさせないような言論の公表を抑圧しようとする場合には……そのような規制は、厳格な司法審査に服すべきものと考える」［at 351］と述べている。

さらに、ブレナン裁判官は、法廷意見が本件規制利益の本質性の認定を十分に行っていないこと、仮に規制利益の本質性が認められるとしても、それが住民への広告禁止という手段を用いなければ達成できないという立証が行われていないことを批判する［at 357］。

なお、スティーヴンス裁判官は、本件規制がプエルトリコ住民と合衆国市民を差別的に扱う「聞き手の差別（audience discrimination）」であり、また曖昧ゆえに無効であるという判断を示している［at 360］

(b) ポセイダス判決とセントラルハドソンテストの水準

レーンキスト裁判官による右のようなセントラルハドソンテストの解釈について、学説の多くは、その不当性を排撃している。たとえば、P. カーランド（Phillip B. Kurland）は、ポセイダス判決がバーガ・コート最後の判決にして驚くべき新しい修正1条解釈を含むものであることを指摘し、それが先例を無視し、セントラルハドソンテストを実質的に骨抜きにしたことを痛烈に批判している[26]。同様に、D. ライヴリィ（Donald E. Lively）も、ポセイダス判決が営利的言論解釈の歴史を後退させて、営利的言論に対する憲法保障を実質的に否定したことを批判している[27]。

---

26) Phillip B. Kurland, Posadas de Puerto Rico v.s Tourism Company : "'Twas Strange, 'Twas Passing Strange ; 'Twas Pitful, 'Twas Wonderous Pitful", 1986 Sup. Ct. Rev. 1, 2, 7-11. カーランドは、適切にも、ポセイダス判決の真の問題が広告規制ではなく、不道徳な行為を制限する政府裁量の問題であったと指摘する。

27) Donald E. Lively, The Supreme Court and Commercial Speech : New Words with

レーンキスト裁判官における営利的言論法理は、営利的言論というカテゴリーを政府の規制権限、あるいは規制手段選択における裁量に結びつけて解釈したところに特徴を見いだすことができるであろう。一般的に保守派法学者は、司法的な裁量を否定し、利益衡量への嫌悪を表明する一方、カテゴリカルな解釈をも退ける傾向があるといわれているが[28]、レーンキスト裁判官の場合、営利・非営利というカテゴリーが司法審査の範囲を画定するために援用されている。

　これに対して、反対意見を述べるブレナン裁判官は、真実の情報に対する政府規制に警戒心を表明する。同裁判官は、セントラルハドソンテスト①が充足されたならば、規制利益の本質性に関する政府の挙証責任が加重され、規制利益と手段の関連性についてもＬＲＡテストが用いられるべきことを主張する。

　以上のように、セントラルハドソンテストの水準をめぐる解釈は、司法審査の役割や範囲、情報をめぐる政府権限のありようをめぐる議論にも結びついているのである

②　サンフランシスコ芸術・体育協会判決
(a)　営利的言論とオブライエンテスト

　営利的言論規制への敬譲的審査は、1987年の**サンフランシスコ芸術・体育協会対合衆国および国際オリンピック協会判決**［San Francisco Arts & Athletics, Inc. v.s United States Olympic Committee and International Olympic Committee, 483 US 522 (1987)］においても継承される。

　本判決の争点は、「オリンピック」という語の使用に際して合衆国オリンピ

---

　　an Old Message, 72 Minn. L. Rev. 289, 290-292 (1987).
28)　Vincent Blasi, Six Conservatives in search of the First Amendment: The Revealing Case of Nude Dancing, 33 Wm. & Mary L. Rev. 611, 636 (1992). ただし、レーンキスト裁判官の場合、会社の政治的表現活動にも消極的な解釈を採用しているのであるから、営利・非営利というカテゴリーが、実際上どれほどまでに機能しているかは疑問である。see First National Bank of Boston v.s Bellitti, 435 US 765, 823-8 (1978) [Rehnquist J. dissenting].

ック委員会の同意を義務づけたアマチュアスポーツ規定第110条の合憲性であった。同規定の合憲性を認める法廷意見において、パウエル裁判官は、右規定が「オリンピック」という語の営利目的での規制を禁止したものであるとして、事案が営利的言論法理に従って処理されることを明らかにする［at 535］。しかし、サンフランシスコ芸術・体育協会（以下 SFAA とする）は、本件で争われる用語の使用が、主として「同性愛者のためのオリンピック」を企画し、同性愛者たちの地位向上を目的としたものであるとして、右規定の違憲性を主張する。パウエル裁判官は、この主張に対して、「アマチュアスポーツ規定第110条は、SFAAが、メッセージを伝達する方法のうちの一つを規制したものにしか過ぎない」と答えている。つまり、右規定は表現手段の規制であり、特定見解や思想の抑圧を目的としたものではないという解釈を示すのである［at 536］。そして、「オリンピック」という用語の使用規制が表現手段の規制であるならば、その合憲性は、オブライエンテストによって判断されるという立場を明らかにしたのである。

右のように、本判決の特徴は、営利的言論規制の問題と表現手段への規制の問題を結合したところにある。しかし、この両者は適用場面をまったく異にしていたはずである。しかし、パウエル裁判官は次のように述べ、この両者の共通性を強調している。

　　「このテスト（セントラルハドソンテスト　筆者注）とオブライエン判決における時間・場所・方式規制に対するテストは、ともに政府利益と言論規制の重大さのバランスをとることを要求する。本件事実に対する両者の適用は本質的には同様であるから、一緒に議論される。」［n.16］

なお、本判決には、オコンナ裁判官（ブラックマン裁判官同調）による一部反対意見とブレナン裁判官（マーシャル裁判官同調）による反対意見が付け加えられているが、ブレナン裁判官反対意見は、本件規制が過度に広汎であり、非営利的言論への適用を認めるものであること［at 563-8］、たとえ、それが営利的言論のみに適用されるにしても、規制利益を達成する以上に強力であると指摘する［at 571］。

(b) 営利的言論法理の援用とその意味

さて、右パウエル裁判官法廷意見には、近年連邦最高裁判所が採用する二段階審査方法の傾向を読みとることができる。同裁判所は、内容中立的な時間・場所・方式規制と表現の自由に対する付随的規制あるいは副次的効果をもつ規制を包括し、それらの規制群を内容規制から区別する姿勢を明らかにしている。換言すれば、利益衡量的手法[29]によって合憲性が判断される領域の一元化が指向されているが[30]、そのような傾向がセントラルハドソンテストの解釈にも波及していると考えることが可能である[31]。しかし、本判決の場合、営利的言論法理への言及が実際に必要であったのかという点に批判が提起されよう。D. F. マクゴーワン（David F. McGowan）が指摘するように、パウエル裁判官は、オリンピック委員会の規制権限を導き出すために言論の価値を援用したのではなかろうか[32]。また、仮にそのような援用が適切であったとしても、商標法上、「『オリンピック』のような特定の組織の商標を完全に保護しなければならい公益などほとんど存在しない。オリンピックのアイデンティティは、商標登録されていない用語（a generic term）と融合してしまっている」というR. N. クラヴィッツ（Robert N. Kravitz）指摘に説得力があるのではなかろうか[33]。ともあれ、連邦最高裁判所が、営利的言論法理を1975年以前の時点まで引き戻したともとれる解釈に歩み出したのは事実である。

---

29) もちろん、ここでいう「利益衡量的手法」とは、厳格な審査の対立概念として用いられている。Laurence H. Tribe, American Constitutional Law, 789-94 (2nd. ed. 1988).

30) 利益衡量といっても、その内容や手法適用される文脈は、一様ではない。それゆえ、オブライエンテストと他のテストを同一のレベルで扱うことが適切かどうかについても批判が提起されるであろう。See T. Alexander Aleinkoff, Constitutional Law in the Age of Balancing, 96 Yale L. J. 943, 945-8 (1987).

31) 拙稿「時間・場所・方式規制に対する司法審査」（本書第5章）参照。

32) David F. McGowan, A Critical Analysis of Commercial Speech, 78 Cal. L. Rev. 359, 378 (1990).

33) Robert N. Kravitz, Trademark, Speech, And Gay Olympics Case, 69 B. U. L. Rev. 131, 170 (1989).

③ シャピロ判決からフォックス判決へ
(a) 弁護士広告規制

1988年には、ダイレクトメールの弁護士広告が許されるか否かが問題となったシャピロ対ケンタッキー法律家協会事件 [Shapero v.s Kentuky Bar Association, 468 US 466 (1988)] に判決が下されている。相対多数意見を述べるブレナン裁判官は、問題の広告が虚偽でも、また誤解を生じさせるものでもないことを強調して、ダイレクトメールによる広告を認めている [at 469-70]。同裁判官は、弁護士広告が他の広告と比較して特殊な性格をもつことを認めているが、そのことが弁護士広告禁止という結論をただちに容認するものではないと述べる。

これに対して、オコンナ裁判官（レーンキスト首席、スカリア各裁判官同調）は、表現の自由が保護するのは「思想」であって、商品やサービスの内容や価格ではないとして、次のように述べている。

> 「連邦最高裁判所は、営利的言論が公的政策に関する言論とまったく同一の憲法上の地位を有するとは一度も判断したことがなく、営利的言論規制を常にきわめて敬譲的な基準で審査してきた。」[at 484]

同裁判官は、この認識から、セントラルハドソンテストを適用した上で、弁護士広告規制を容認する判断を示している [at 485-7]。

ブレナン裁判官がいうように、弁護士広告規制は、他の職域の広告とは異なる性格をもっている。通常の広告は、十分に機能している市場を前提に、受給バランスや商品価格が決定されるが、このような市場の機能しない、あるいは市場による価格調整になじまないサービスはたしかに存在するからである[34]。また、弁護士や医師と依頼者や患者の非対称的な関係にも配慮する必要があろう。だが、それは、特殊な専門職について妥当することであって、営利広告一般にあてはまるわけではない。それゆえ、反対意見の方法論上の特徴は、営利

---

34) But see Fred S. McChesney, Commercial Speech in the Professions : The Supreme Court's Unanswered Questions and Questionable Answers, 134 U. Pa. L. Rev. 45 (1985).

的言論が価値の低い言論であることを前提として、カテゴリカルに結論を導き出すところに見いだすことができよう。

(b) フォックス判決　セントラルハドソンテストの変容
ⓐ　セントラルハドソンテスト④の緩和

連邦最高裁判所における営利的言論解釈の再転換は、1989年のニューヨーク州立大学評議会対フォックス判決［Board of Trustees of the State University of New York v.s Fox, 429 US 496 (1989)］においていっそう顕著となった。本判決は、ドーミトリーを含む大学施設で所定事項以外の営業活動を行うことを禁止したニューヨーク州立大学学則に反して、営業活動（食器類のデモンストレーション）を行った業者とそれを主催した学生が、修正一条との関係で右規則の合憲性を争ったというものである。法廷意見を述べるスカリア裁判官は、営利的言論を「商取引を要求する」言論と、きわめて包括的に定義し、営業活動（デモンストレーション）がこれに該当するという前提を確認する［at 743］。しかし、フォックス側は、右営業活動は、効率的な家事や家計の節約という重要な公的事項をも含むものであったと主張した。しかし、法廷意見は、「ある商品と現在の公的議論を結びつけている広告は、そのことによって非営利的言論に与えられる憲法保障を付与されるわけではない」として、これを退ける［at 474-5］。スカリア裁判官は、右のような解釈に立ち、本件広告規制の合憲性がセントラルハドソンテストで判定されると明言する。

さて、スカリア裁判官法廷意見で注目すべきは、セントラルハドソンテスト④「必要以上に強力でない」規制の要請項目に関する解釈であろう。同裁判官は同テスト項目が、緩やかに審査されるべきことを主張し、それが、時間・場所・方式規制テスト（TPMテスト）で要求される「重要な政府利益に奉仕すべく狭く規定されていること（narrowly tailored）」と同水準であり、決して「最も制限的でない手段（a least restrictive means）」までを要求するものではないことを明言する［at 477］。同裁判官は、この文脈でポセイダス判決を援用し、営利的言論に対する規制手段の選択が基本的に政府の裁量事項であることを確認

する。そして、その裁量は「合理的」な判断に依拠していれば憲法問題を生じさせないと判示するのである [at 479-80]。なお、問題はそこでいう「合理的」判断とは何かであるが、スカリア裁判官は、それが修正14条平等原則の領域で用いられる「合理性の審査」よりは高次にあると述べているが、セントラルハドソンテスト④、すなわち規制目的と手段の適合性 (fitness) は、緩やかに審査されることが明らかにされたのである。

スカリア裁判官は、「営利的言論と非営利的言論に同じ憲法保護を要求することは [憲法保護の] 希薄化 (dillution) を招いてしまう」と述べている [at 481]。また、同裁判官は、営利的言論規制の「過度に広汎性」を争うスタンディングを否定する [at 482-3]。同裁判官の意見を要約すれば、営利的言論規制の合憲性は個々の立法の適用レベルで、個別的な考慮によって判断されるべきであり、文面審査のスタンディングである「過度に広汎性」の基礎と相容れないということになろう [at 483-5]。なお、ブラックマン裁判官（ブレナン、マーシャル両裁判官同調）が主として「過度に広汎性」の解釈に関して反対意見を述べている [at 486-9]。

ⓑ 営利的言論規制への合理性の審査の適用

以上のようなスカリア裁判官法廷意見は、営利的言論規制に対して合理性の審査と同レベルのテストを適用するものに他ならない。同裁判官は、セントラルハドソンテストと時間・場所・方式規制に適用される TPM テストが同様な水準にあることを示唆しているが、規制手段の選択に関する審査が実際上放棄されているのであるから、そのような解釈は実態に反する[35]。そこでは、単に合理的関連性が問題とされているに過ぎず、立法判断に対するきわめて敬譲的な審査が行われているに過ぎないからである。たしかに、法廷意見はセントラルハドソンテスト④が「合理性の審査」より高次にあると述べている[36]。しか

---

35) See McGowan, supra note 12 at 380. see also Note, Commercial Speech After Posadas and Fox : A Rational Basis Wolf in internediate Sheep's Cloting, 66 Tul. L. Rev. 1931, 1952 (1992).

し、前者に要求される政府の立証義務をきわめて緩和しているのであるから、実際上は、セントラルハドソンテストが「合理性の審査」とほぼ同じ厳格性の水準にまで引き下げられたといえよう。

また、セントラルハドソンテストと TPM テストの水準については、必ずしも明確な解釈が明らかにされているわけではないが、少なくとも両者が合理性の審査よりも高次にあるものと理解されてきたことは事実である[37]。先述のとおり、近年連邦最高裁判所は、内容規制とそれ以外の規制様式を二元化し、非内容規制の領域での司法審査の水準を一本化しつつ、それらへの水準を全体として低下させているが、本判決にもそのような傾向の一端を垣間見ることができよう[38]。いずれにせよ、フォックス判決はセントラルハドソンテストに新しい解釈を施し、その審査水準を大幅に低下させてしまったのである[39]。

（3）　セントラルハドソンテストの現状

以上のように、セントラルハドソンテストの当初のインプリケーションには大幅な変更が加えられた。しかし、当然のことではあるが、連邦最高裁判所内部には、このような変更に対する根強い批判が存在している。1993年に判示されたシンシナティ市対ディスカヴァリー・ネットワーク社判決［City of Cincinnati v.s Discovery Network, Inc., 113 S. Ct. 1505 (1993)］は、連邦最高裁における営利的言論解釈の対立構造を明らかにしている[40]。

---

36)　Note, supra note 35 at 1950.
37)　See McChesney, supra note 34 at 112.
38)　拙稿「時間・場所・方式規制に対する司法審査」（本書第5章）参照。
39)　なお、フォックス判決の影響、とくに下級審への波及については、Note, supra note 14, at 1958 参照。
40)　本判決を紹介するものとして、大林文敏「営利的言論の規制— City of Cincinnati v.s Discovery Network, Inc., 113 S. Ct. 1505 (1993)」ジュリスト1052号（1994）154頁参照。

1) ディスカヴァリーネットワーク社判決の概要
① スティーヴンス裁判官法廷意見

本判決は、ニュースラック[41]を用いて営利広告を配布していたディスカヴァリー・ネットワーク社が、公有財産上で営利広告の配布を禁止したシンシナティ市条例の合憲性を争ったものである。スティーヴンス裁判官は、本件条例が、営利広告規制の合憲性を審査するセントラルハドソンおよびフォックステストの下で検討されることを明らかにする［at 1510］。

法廷意見はまず、本件で問題となった広告が営利的言論であること、市側から提出された規制利益（交通の安全と都市の美観）が本質的な利益であることについて、訴訟当事者間に争いがないとして、論点を規制利益と手段の関連性に限定する。問題は、この関連性がセントラルハドソン・フォックステストで明らかにされた「合理的関連性」レベルの水準から、いかに評価されるかであるが、スティーヴンス裁判官は、右規制利益が営利的・非営利的の区別を正当化するには不十分だという結論を提示する［at 1511］。シンシナティ市側は、この区別を言論の価値の観点から正当化しようとしたが、同裁判官は、「我々は、この主張に同意しない。我々の見解によれば、同市の議論は、本裁判所が認めている以上に、営利的言論と他の言論の区別に重要性を置き、営利的言論の価値を過小評価している」［id.］として、この主張を退けている。同裁判官は、営利的言論と非営利的言論の区別が絶対的なものではないことを強調しながら、「我々は、営利的な取引を要求する言論が憲法上保護される他の言論に比べて少ない保護しか受けないことを明言してきた」こと、その区別は「常識的」なものではあるが、同時に「程度問題」でもあること、したがって、「営利的言論に対するシンシナティ市側のカテゴリカルな規制は、営利的言論と非営利的言論の区別に重きを置き過ぎているだけでなく、この区別と市側が主張する特定の利益との間には何らの関係もない」として、分類 (classification) と利益の間の関連性を厳しく問う姿勢を明らかにしているのである［at 1513-

---

41) ニュースラックをめぐる修正1条関連の判決としては、City of Lakewood v.s Plain Dealer Publishing Co., 486 US 750 (1988) を参照。

4]。

　ここでスティーヴンス裁判官が力説しているのは、シンシナティ市側の主張利益（交通安全・都市の美観）を達成するには、右分類は不必要だということである。同裁判官は、訴訟記録上、営利広告を配布するために設置されているニュースラックには限りがあり、右利益の達成には、すべてのラックの撤去が必要であることを指摘する［at 1515］。換言すると、本件においてシンシナティ市側が採用した分類は、規制目的との関係で underinclusive なのである。

　なお、同市は、ⓐ右規制方法が表現手段（manner）の一つを規制するものにしか過ぎないこと、ⓑ営利広告がもたらす副次的効果（secondary effect）を規制するものでしかないことを同時に主張した[42]。しかし、スティーヴンス裁判官は、これら主張に対して、ⓐ本件規制が TPM テストの第一項目「内容中立的であること」を満足せず、また、ⓑレントン判決における成人映画館へのゾーニング条例とは異なっていることから、「その規制が、コミュニケーションに十分な代替チャネルを残しているかどうかにかかわりなく、また、保護される言論に対する適切な時間・場所・方式規制としては正当化されない」と結論づけるのである［at 1517］。

② ブラックマン裁判官補足意見

　以上のような法廷意見に対して、ブラックマン裁判官は、セントラルハドソン・フォックステストが、真実で非強制的な営利情報保護には不十分だという観点から補足意見を述べている。同裁判官は、営利的言論への保護が情報受領者の権利という視点から展開されてきたことを振り返り、営利的言論法理が虚偽や詐欺的な広告から消費者を保護するため、その限りで営利広告への特別な対応を許した法理であると解釈する。したがって、この限度を超え、真実の営利情報を規制する権限までをも政府に認めたわけではないという立場が表明される［at 1518］。また、ブラックマン裁判官は、営利的言論への「より少ない

---

42) このような主張の特質については、拙稿「時間・場所・方式規制に対する司法審査」（本書第5章）参照。

保護」の意味に関して、自身のセントラルハドソン判決補足意見を援用しつつ、「営利的言論への少ない保護は、営利的言論が他の言論形態よりも憲法上の価値が低いという事実に基づいているわけではない」として、営利的言論への特殊な憲法保護が、あくまで虚偽や詐欺的情報から消費者を保護することを強調するのである［at 1519-20］。なお、同裁判官は、このような営利的言論の特殊性が認識されたなら、表現の自由保障の希薄化は十分防止できると断言する［at 1521］。

③　レーンキスト首席裁判官反対意見

営利的言論の保護について一貫して消極姿勢をとってきたレーンキスト首席裁判官は、ここで、営利的言論法理を正当化する根拠を列挙している。まず、同裁判官は、「営利的言論は経済的な自己利益の子孫であるから、他の言論よりも耐久性に富んでいる (more durable)」と述べ、営利的言論規制がより広汎な範囲で認められるという姿勢を明らかにする［at 1522］。この姿勢は「営利的言論は、政治的言論のような他のタイプの言論に比べると、修正１条の利益にとって中心的ではない」という解釈によって補強される［id.］。さらに、同裁判官は、「営利的言論に他の言論と同じ地位を与えると、営利的言論に引きずられ、修正１条の力が水準化するプロセスによって、非営利的言論に与えられる修正１条保護が損なわれるという必然的な危険性がある」というオーラリク判決の説示を援用する。ここでは、営利的言論への少ない保護を正当化する根拠が重畳的に明らかにされるのである。

同裁判官は、営利的言論規制がセントラルハドソン・フォックステストで審査されることを承認しつつ、その水準、とくに規制利益と手段の関連性については、フォックス判決の解釈どおり、合理性の審査レベルで審査されることを主張する。この点から、同裁判官は、法廷意見が規制目的と手段の関連性を厳格に審査したことを批判している［at 1523］。そして、営利的言論というカテゴリーの存在を承認するならば、そのカテゴリーに基づいて規制を行った政府判断は尊重すべきだという、一種の裁量論を展開するのである［at 1524-5］。

2) 営利的言論法理の現在

① ディスカヴァリー・ネットワーク社判決の意義

本節冒頭で述べたように、ディスカヴァリー・ネットワーク社判決は、営利的言論解釈の対立構造をパノラマ的に明らかにしているという意味で、きわめて重要な判決であろう。連邦最高裁判所における営利的言論解釈が、今後いかなる方向に展開していくのかは分明ではないが、解釈が何を基点として分岐していくのかを明確にしている点で、本判決の意義は大きいといえよう。ここでは、その基点であるセントラルハドソン・フォックステストの水準をめぐる問題と営利的言論法理の正当化をめぐる議論につきコメントを加える。

② セントラルハドソン・フォックステストの水準

フォックス判決法廷意見の中で、スカリア裁判官は、セントラルハドソンテスト④「必要以上に強力でないこと」の要請が合理的関連性の審査と同レベルであると解釈した。これは、現実には、規制手段の選択を立法府の広汎な裁量事項として、司法審査の範囲から除外することを意味している。しかし、ディスカヴァリー・ネットワーク社判決スティーヴンス裁判官法廷意見は、判決の脚注という形をとっているにせよ、セントラルハドソンテスト④が「最も制限的でない代替規制手段」を要請するものではないが、さりとて政府の広汎な裁量を認めたものでもなく、「狭く規定されていること」の範囲内での立法選択を容認したものにとどまる、という解釈を明らかにした［at n. 11-3］。これは、結果として、フォックス判決の射程を限定するものである[43]。

このような解釈を厳しく論難するのはレーンキスト首席裁判官である。同裁判官は、営利的言論カテゴリーを彼独自の裁量論と結びつけ、司法審査の範囲を限定する解釈を展開する。同裁判官にとっては、営利的言論カテゴリーは、司法審査の範囲を画定する概念なのであって、特定の審査基準を導く「判断の

---

43) The Supreme Court Leading Cases, 107 Harv. L. Rev. 144, 228 (1993). この論考は、ディスカヴァリー・ネットワーク社判決が、「最近の営利的言論判例の潮流への反対を明らかにした」と批評している。

枠組み」ではない[44]。このような思考方法は、レントン市対プレイタイムシアター判決[45]における同裁判官法廷意見にも見いだすことが可能であり、特定の言論規制のカテゴリーを司法審査の対象から除外する、一種の司法消極主義を看取することができよう。

いずれにしても、セントラルハドソンテスト④の解釈は、その水準のあり方のみならず、営利的言論というカテゴリーの意味についても論争の契機を孕んでいる。

③ 営利的言論法理の正当化議論

次に、営利的言論法理の意義づけ、あるいは正当化根拠をめぐる議論がある。ディスカヴァリー・ネットワーク社判決において、ステーヴンズ裁判官法廷意見は、「営利・非営利」というカテゴリーをアプリオリなものと考える立場を退けた。この区別は程度問題だというのである。同裁判官は、なにゆえそのような区別が正当化されるのかについて明言を避けている。これは、区別の根拠をあげることは難しいが、そのような区別が伝統的に認められてきたという「常識的差異」の考え方を強調する解釈である。他方、ブラックマン裁判官は、より明快に、営利的言論が虚偽あるいは詐欺的な営利情報から消費者を保護する法理であるととらえている。この解釈の背景には、営利情報の真実性は他の情報に比べて証明しやすいという verification の視点が控えている。ここでは、言論の価値や機能といった正当化は排除されている。

これに対してレーンキスト首席裁判官の解釈は、営利的言論法理に関する正当化根拠を網羅的に援用している。そこでは言論の価値論や機能論（民主的自己統治論）あるいは抑圧への耐久性論、さらには表現の自由の水準化防止論が重畳的に展開されているのである。この議論からは、営利的言論が保護される余地はほとんど考えられない。

---

44) それゆえ、レーンキスト裁判官における「営利的言論」カテゴリーは、利益衡量のための分類ですらないと考えることも可能である。

45) City of Renton v.s Playtime Theatres Inc., 457 US 41, 48 (1986).

営利的言論法理をどのような観点から正当化するかは、いかなる営利的言論をどの程度保護するかという解釈論上の結論を左右する重大な問題である。しかし、連邦最高裁判所は、この点に関するコンセンサスをいまだ形成しているわけではない。むしろ、「常識的差異」論、「真実の証明可能性」論、「言論の価値」論、「民主的自己統治」論などが複雑に絡み合って、にわかには収束しそうにないという現状にある。しかし、営利的言論の正当化議論は、高度に発達した情報資本主義社会における「情報」の意味と保護を考える上で不可避な問題なのである。

以上の分析を前提にして、次章では営利的言論への正当化議論を批判的に検討する。

3．営利的言論をめぐる学説の現況

（1） 学説状況の俯瞰

営利的言論をめぐる如上の判例状況を前に、学説の対応も様々に分岐している。まず、営利的言論を表現の自由の領域外に置き、あるいはそれに対して表現の自由の下位の保障を与えるにとどまると解釈する学説群がある。換言すれば、連邦最高裁の営利的言論法理を正当化する立場である。他方、営利的言論にも他の保護される表現と同様な憲法保障が与えられるべきだと主張する学説群がある。この立場は、連邦最高裁における営利的言論解釈の非一貫性を衝き、高度消費社会における営利情報の重要性を強調することで、営利的言論法理のあり方を批判する。

営利的言論法理を擁護する立場は、次の六つに分けることができよう。
① 表現の自由は主権意思表明の手段であり、政治的言論だけが保護されるとする政治的言論あるいは公的言論中心の解釈、これは、政治的言論中心主義と司法審査の役割理論を結びつけ、政府批判の表現や立法課題にかかわりのある表現のみを保護する解釈を派生させるとする立場。
② 憲法が保障するのは、私的利害から離れて公共の利益を実現する過程で

あるという共和主義的な憲法観に立ち、表現の自由は私的な経済的利益ではなく公的な問題を討議する (deliberation) 権利を保障したものと解釈する立場。
③　表現の自由の中核的価値を政治的言論には求めないが、営利的表現保護が表現の自由全体の保護を希薄化させることを危惧する立場。
④　営利的表現が保護される根拠を消費者への情報提供ととらえ、その限度でのみ営利的表現が保護されると解釈する立場は、営利的言論のうち情報伝達広告のみを保障する解釈に結びつく。
⑤　営利的表現は、現代の消費文化を助長し、西欧合理主義や西欧的文化を根底から覆すと批判する立場。
⑥　その他、営利的言論は、他の言論に比べて抑圧に対する耐久性 (durability) が認められ、あるいは、言論内容の真偽が比較的容易に証明できるから、通常の言論に適用される高次の保護は必要ないとする立場。

これらの学説は、それぞれきわめて堅牢な理論構成に基づいて営利的言論法理を正当化しようとしている。しかし、後に述べるように、このような解釈が高度消費社会における営利情報の意義を適切に把握しきれているか、あるいは情報の意味が変貌している現代社会における表現の自由に十分な考慮を払っているかについては、いささかの疑問がないとはいえないのである。以下、上の立場を批判的に検討する[46]。

（2）　営利的言論法理の正当化議論

1)　政治的言論中心主義と営利的言論
①　マイクルジョン、ボーク、ジャクソン・ジェフリーズ

連邦最高裁の表現の自由解釈に決定的な影響を与え、同時に営利的言論法理に解釈の基礎を提供した学説はA. マイクルジョン (Alexander Meiklejohn) の自

---

46)　営利的言論解釈の分岐やその対立状況については、拙稿「表現の自由と商業的言論」比較法雑誌20巻1号（1986）で紹介、分析している。本稿では、右拙稿を補足し、その後に公にされた論考を中心に分析することにしたい。

己統治理論である[47]。A. マイクルジョンによる憲法解釈[48]は、修正1条表現の自由を市民の主権行使の手段ととらえ、これを絶対的に保障されるべき権利と理解する。この解釈は、市民集会をモデルとして、十分な教養と判断能力を備えた市民が、所定の手続に従って理性的に討論を行うことを想定する。表現の自由は、その討論の手段として、あるいは討論のための情報を獲得する手段として措定されているのである[49]。これによれば、私的利害にかかわる営利的表現は表現の自由の領域から排除される。A. マイクルジョン的解釈は、その後1964年のニューヨークタイムズ対サリヴァン判決[50]で採用され、それを積極的に評価したH. キャルヴァン（Harry Kalven Jr.）を経由して[51]、連邦最高裁における営利的表現解釈の方向性を決定づけたのである[52]。今日では、「公的関心（public concern）」理論[53]や「公的討議（public discourse）」理論がこの立場を継承している。

さて、A. マイクルジョンは、表現の自由を自己統治（self government）の手段として理解する[54]。他方、H. キャルヴァンは、表現の自由の中核的役割を政

---

47) See e. g. Donald E. Lively, The Supreme Court and Commercial Speech: New Words with an Old Message, 72 Minn. L. Rev. 289, 304 (1987).

48) Alexander Meikeljhon, First Amendment is an Absolute, in Freedom Speech and Association, (Phillip Kurlamd ed. 1975).

49) Id. at 11.

50) New York Times Co. v.s Sullivan, 376 US 254 (1964).

51) Harry Kalven Jr., The New York Times Case: A Note on "The Central Meaning of the First Amendment" in Freedom Speech and Association (Phillip Kurlamnd ed. 1975).

52) 営利的言論の文脈を越え、キャルヴァン理論が保護される表現と保護されない（もしくはより少ない保護しか受けない）表現という二段階（two level）理論に与えた影響については See Laurence H. Tribe, American Constitutional Law, 929 n. 2 (Second ed. 1988).

53) Cynthia L. Estlund, Speech on Matters of Public Concern: The Perils of an Emerging First Amendment Category, 59 Geo. Wash. L. Rev. 1 (1990). ただし、エストランド自身は、司法審査における審査基準としての、すなわち何らかの規範的意味をもつものとしての公的関心テストには批判的である（at 28, 32-9）。

府批判に置いている[55]。いずれも、政府のあり方や公的事項への市民のコミットメントを表現の自由の役割と解釈するのであるから、営利情報は修正1条の範囲から排除される。このように、表現の自由を自己統治の観点から基礎づける立場は、表現の自由の重要性を認識させ、営利的表現やわいせつなどの表現類型への処遇を差別化するに際して、整合的な解釈を提供した。表現の自由に対する「絶対的保障（absolute protection）」というやや誇張された言い回しは、表現の自由と自己統治を結びつける解釈を流布するには十分な力を発揮したのである。

　他方、表現の自由に関するマイクルジョン的な解釈はR. ボーク（Robert Bork）に継承され、彼特有の司法消極主義と結びつけられて展開された[56]。この解釈は、司法審査が特定の価値の実現に結びついてはならないという司法審査観を基に、特定価値の実現を立法府に完全に委ねるところに特徴がある。修正1条は、立法過程での意思決定にかかわる表現のみを保護し、それ以外の表現は修正1条の範囲外にあるとするのである[57]。

　この解釈を営利的言論の問題に適用したのがT. H. ジャクソンとJ. C. ジェフリーズ（Thomas H. Jackson & Calvin Jeffries Jr.）であった[58]。彼らは、ボーク流のきわめて限定的な司法審査理論と表現の自由の保障範囲の観点から、営利的言論保障を経済的デュープロセスの復活として糾弾する。連邦最高裁においては、レーンキスト首席裁判官がこの立場に立脚している[59]。

---

54)　Meilkejohn, supra note 48 at 11.
55)　Kalven supra note 51.
56)　Robert Bork, Neutral Principles and Some First Amendment Problems, 47 Ind. L. J. 1 (1971) ; Lilian BeVier, The First Amendment and Political Speech : A Inquiry into the Substance and Limits of Principle, 30 Stan. L. Rev. 299 (1978).
57)　それゆえ、ボークにおける修正1条保護の領域はマイクルジョンの解釈よりはるかに狭い。See Estlund, supra note 53 at 46.
58)　Thomas H. Jackson & Calvin Jeffries, Jr., Commercial Speech : Economic Due Process and the First Amendment, 65 Va. L. Rev. 1 (1979). なお、ジャクソン・ジェフリーズ理論の概要については、拙稿前掲1）を参照。
59)　Posadas de Puerto Rico v.s Tourism Company of Puerto Rico, 478 US 328 (1986).

② 政治的表現中心主義への批判

すでに多くの学説が指摘するように、サリヴァン・キャルヴァン・マイクルジョン理論は、公的表現と私的表現の区別可能性や妥当性に関する難点を払拭できない。すなわち、なぜ私的な表現が政治的表現に劣後しなければならないのか満足な説明がなされていないこと[60]、私的な経済利益にかかわる表現でも、究極的には民主プロセスで討議されるべき可能性をもつ潜在的な公的表現であること、マイクルジョン自身の具体的解釈が示唆するように、公的表現の範囲は限定できないということが指摘されるのである[61]。また、公的表現概念の曖昧さは、表現抑圧の装置として機能することも指摘されるであろう[62]。つまり、マイクルジョン解釈は、政治的言論の重要性は論証できても、なにゆえ営利的言論が保護されないのかを十分に正当化できていないのである。

たとえば、S. シフリン（Steven H. Shiffrin）は、彼らの議論では「政治的」なものの範囲（scope）を確定することができず、仮にそのような確定が可能であるとしても、政治的意思決定のプロセスにかかわらない表現を排除する満足な理由が提示されていないと批判する[63]。民主的意思決定プロセスと裁判所の役割を結びつける司法審査理論は説得的であろうが、その役割と表現の自由の範囲が一致しなければならない必然性はない[64]。

また、どのような表現でも何らかの意味で「政治的」重要性をもつことも指

なお、ジャクソン・ジェフリーズ、ボークとレーンキスト裁判官の解釈の関係については、Note, Commercial Speech After Posadas and Fox : A Rational Basis Wolf in Intermediate Sheep's Clothing, 66 Tul. L. Rev. 1931, 1955-6 (1992) 参照。

60) Steven H. Shiffrin, The First Amendment and Economic Regulation : Away from a General Theory of the First Amendment, 78 Nw. U. L. Rev. 1212, 1225 (1983).
61) Estlund, supra note 53.
62) Robert C. Post, The Constitutional Concept of Public Discourse : Outrageous Opinion, Democratic Deliberation And Hustler Magagin v.s Falwell, 103 Harv. L. Rev. 672 (1990) ; Lee C. Bollinger, Free Speech and Intellectual Values, 92 Yale. L. Rev. 438, 440 (1983).
63) Shiffrin, supra note 60 at 1226-8.
64) Note, supra note 59, at 1956.

摘されなければならない。アメリカ型のデモクラシーが、大量消費社会と民主主義の相互依存関係において存立しているという指摘[65]や経済的な自由が民主的意思決定の基礎的条件であるという指摘に鑑みれば、政治的なものと経済的なものを区別し、あるいは公的な事柄と私的な事柄を区別する思考方法が、どれほどまでに有効なのかについては疑問が提起されるであろう。

2) 共和主義的憲法解釈と低価値の言論理論
① C.サンステインにおける政治的熟慮

マイクルジョン的伝統にはある程度の距離を置きながら、結論として同様な解釈を提示するのがC.サンステイン（Cass R. Sunstein）である[66]。

サンステインの表現の自由理論にも若干の変遷が見られるが[67]、その主張の要点は、「憲法が保障するのは私的利益でも、自己利益に占有された代表制でもない」ということ、すなわち、憲法は、私的な経済利益ではなく、そのような利害を離れて公的な利益を討議し、それを実現するシステムを保護するという考え方である[68]。彼は、ポルノグラフィーに対する（フェミニズム的観点から

---

65) 西垣通『マルチメディア』（1994）130頁。

66) Cass R. Sunstein, Pornography and the First Amendment, 1986 Duke L. J. 589 [hereinafter cited as Sunstein 1986]; Low Value Speech Revisited 83 Nw. U. L. Rev. 555 (1989) [hereinafter cited as Sunstein 1989]; Free Speech Now, 59 U. Chi. L. Rev. 255 (1992) [hereinafter cited as Sunstein 1992]; Speech in the Welfare State: The Primacy of Political Deli-beration in The Partial Constitution (1993) [herienafter cited as Sunstein Wllfare State].

67) サンステインは、当初、ポルノグラフィーに対する規制が逆に表現の自由を実現するというフェミニズム派の主張に消極的であった。しかし、後に、表現の自由を実現するための積極的政府介入が許容される場合があることを認めるに至っている。サンステインにおける表現の自由は「個人の権利」にとどまるのではなく、「思想市場」という一種の公序をも意味しているから、市場の失敗を回復するための政府介入（メディアへのアクセスや団体献金の禁止など）は個人の権利とは異なる次元の問題として構成される。Compare Sunstein 1986 at 621 with Sunstein 1992 at 273-4.

68) Sunstein 1986 at 622.

の）規制を検討する際に、右のような考え方を表現の自由に導入し、「低価値の言論（Low Value Speech）」という概念を構築した。

　表現の自由が、単なる不快感や反感ゆえに抑圧されてはならないことは誰しもが認めるところであり、その旨を明言した判例も少なくはない。しかし、多くの表現を一律に扱い、その規制立法に対して同一の司法審査基準を課すことが適切だとは言い切れない。そこで、サンスティンは、表現の自由を共和主義的な憲法観から解釈し、政治的な熟慮あるいは討議（deliberation）にかかわる表現こそ優位に立つことを主張する[69]。彼は、様々な表現にカテゴリーを設け、それぞれに異なる処遇を施すためには、民主制と政治（democracy and politics）を強調するのがベストであると断言している[70]。サンスティンは、表現の価値を決定する要因として、次の四つのファクターをあげている。

① 公的問題への有効な民意のコントロール（effective populor contorole）が高次の保障を受ける表現である。

② 人の理性に訴えかける表現（cognitive）は、人の感情などに訴えかける表現（noncognitive）よりもより厚い保護に値する。

③ 話者の目的がメッセージを伝えることにあるかどうかが保護のレベルを左右する。

④ 価値の低い表現には様々なクラスがあるが、これらに対する規制は、通常、憲法上の問題を生じさせるおそれが少ない[71]。

この四つは、それぞれ次元を異にする決定要素であるといえるが、サンスティンは、これらを重畳的に適用することで表現の価値を決定しようとするのである。そこでは、まず明らかな政治的言論（政府批判や立法の改廃の要求）が選別される。次いで、人を議論で説得させようとする表現が抽出される。さらに、何らかの主張を伝達しようとする表現が取り出される。最後に、ハードケースにおいては、規制が憲法上の問題を生じさせるかどうかが検討される[72]。

---

69) Sunstein 1986 at 603 ; Sunstein Welfare State 236.
70) Sunstein Welfare State 236.
71) Sunstein 1986 at 603-4 ; Sunstein 1989 at 559.

なお、後にサンスティンは、上記要素のうち③を修正し、話者の意図と情報受領者の理解を判断要素に掲げている[73]。いずれにせよ、サンスティン理論の特徴は、高い価値の言論を多面的に判断するところにある[74]。サンスティンは、ボークの政治的言論理論を批判しているが、それは、政治的言論の範囲に関する理解の違いを理由としているのである[75]。

このような一般的な立場に立ち、サンスティンは、営利的言論が低価値の言論に分類されると明言する[76]。営利的言論は、政府に対する人民のコントロールに関係なく、人々の理性に訴えかけず、議論を誘発するものでも、何らかの主張を表明するものでもなく、なにより「私的利益に占有された言論」という、合衆国の憲法システムが否定する表現だからである。もっとも、サンスティンが低価値の言論への保障を完全に否定しているかといえば、そうではない。彼は、低価値の言論であっても「合理性の審査以上のものが適用される」と述べている[77]。

ここで、「合理性の審査以上のもの」とは何を指すのか必ずしも明らかではないが、虚偽のあるいは誤解を招くような表現規制に際して、害悪の発生を緩やかな証明で認め、規制の必要性を認定するという姿勢であると考えられよう[78]。この解釈は、結論においては、連邦最高裁における営利的言論法理をほぼ追認するものといってよいであろう。

---

72) Sunstein 1986 at 616-7.
73) Sunstein Welfare State at 237. また、Sunstein 1989 at 556 は、表現の意味とは、話者とテクストが重要かつ相互的な役割を演ずるプロセスであると明言されている。つまり、何が高い価値の言論なのかは、表現物と話者の意図そして情報受領者の理解という三面関係で決定されるのである。
74) Sunstein 1992 at 259.
75) Sunstein 1992 at 260.
76) Sunstein 1986 at 602, 607 ; Sunstein Welfare State at 245.
77) Sunstein Welfare State at 242 ; Sunstein 1989 at 555.
78) Sunstein 1989 at 558.

② 低価値の言論理論への批判

さて、右のようなサンスティン理論は、マイクルジョン理論より明快で、ボーク理論より柔軟なフレームワークを提供するものといえよう。しかし、サンスティン理論には次のような問題点が指摘される。

まず、サンスティンは、表現の自由を民主制や政治にとっての手段としてとらえている。表現の自由は、設定された目的や理念を実現するから価値があるのであって、それ自体では価値をもたないとする立場を採用するものである。これは「問題は言論ではなく言論の自由である」とする解釈を踏襲するものであろう。だが、なぜ言論はそれ自体何らかの価値が付与されるものと考えてはならないのであろうか。換言すれば、言論を手段的な観点からのみ正当化することは可能、あるいは妥当であろうか。L. アレクサンダー（Larry Alexander）は、このようなサンスティン理論の前提を批判する[79]。

次に、サンスティンは低価値の言論というカテゴリーを一括して処理するが、このカテゴリーにあてはまるとされる表現は多様である。名誉毀損と営利的言論の問題状況は異なるであろうし、対立利益も一致しない。それにもかかわらず、低価値の言論というカテゴリーを設定し、これらを同一の問題として処理するのは妥当であろうか。サンスティンにおいても、これら各言論領域で展開されてきた審査方法や基準を否定する主張が行われているわけではないので、営利的言論におけるセントラルハドソンテストや名誉毀損におけるサリヴァンあるいはガーツ法理の適用が否定されているわけではないであろう。そうであるなら、「低価値の言論」というカテゴリーは、記述的な意味（descriptive meaning）をもつにとどまり、何らかの規範的な意味（normative meaning）をもつことにはならないのではなかろうか[80]。

---

79) Larry Alexander, Low Value Speech, 83 Nw. U. L. Rev. 547 (1989).
80) R. ポストは、「公的討議（public discourse）」概念が規範的に、したがって、何らかの法的効果をもたらす概念として用いられる場合と、記述的に、したがって、特定の法的効果をもたらすわけではなく、事象の分類のために用いられる場合があることを指摘しているが、それは低価値の言論概念についても妥当するであろう。

また、サンステインの用いる「理性に訴えかける (cognitive) 言論」と「感情に訴えかける (noncognitive) 言論」という区別も批判の対象となる。彼は、私的利害を離れた理性的な討議が共和主義の根幹的要素であると考えている。したがって、単なる不平不満や感情の吐露よりも、理性に訴えかけ、討議に参加する表現を重視する解釈が提示されるのは当然であろう。しかし、「理性に訴えかける」あるいは「認識作用に訴えかける」とはどのように判断されるのであろうか。L. アレクサンダーは、表現媒体 (文字か映像か、あるいは言語的か非言語的か) によっても話者の意図によってもこれらが区別できないと指摘する[81]。さらに、このような区別の背景には、高い教育水準をもち、平均以上の生活を営んでいる者の偏見が投影されていると考えることも不可能ではない

最後に、サンステインが想定する共和主義的憲法解釈とその帰結としての政治的熟慮 (political deliberation) に関する問題が指摘される。サンステインは、政治 (politics) を単なる「私的利益の集合」ではないととらえている[82]。しかし、私的利益と公共の福祉の実現が常に相反関係にあると考える根拠は明らかではない。むしろ、私的利害に裏づけられた政治活動の活発化が公共の福祉を増進すると考える余地もまったくないわけではない。したがって、営利的言論の自由が公的利益を促進しないとは言い切れないのである。多元主義的憲法解釈に立脚すれば「政治的熟慮」概念は拡大されるのである。P. スターン (Paul G. Stern) はこのことを指摘している[83]。

R. C. Post, supara note 62 at 667.

81) Id. at 548-9.

82) Sunstein Welfare State 253-4.

83) Paul G. Stern, A Pluralistic Reading of the First Amendment and Its Relation to Public Discouse, 99 Yale L. J. 925, 930-34 (1990). スターンは、表現の自由を整合的に解釈する理論としてマイクルジョンに源流を有する政治的言論理論が適切であると述べるが、マイクルジョン理論の不十分さを踏まえて、公的自律 (public autonomy) の概念を再構成しようと試みる (at 933)。

3) 表現の自由保障の希薄化防止

① シャウァー理論の概要

上に見た諸学説と同様、表現の自由には中核部分と周辺部分があることを認め、周辺部分への保障が中核部分への保障水準を希薄化させてしまうことを危惧し、そのような効果の防止を力説するのがF. シャウァー（Frederick Schauer）である[84]。

シャウァー理論の特徴は、表現の自由の個々の法理が、それ自体独立に存在するものと考えるのではなく、表現の自由という構築物（architecture）の要素として、相互に関係をもちながら機能していると解釈するところにある。彼は、表現の自由が複数の中核部分をもつと主張する。そして、この中核部分は、マイクルジョンやカルヴァン、あるいはボークが想定するものよりは広く、V. ブラジ（Vincent Blasi）の権力監視理論（The Checking Value）[85]とほぼ同じ内容からなり、いわゆる思想の自由市場理論がカバーする領域よりも広汎に及ぶと述べる[86]。しかし、「営利的言論と呼ばれる様々なコミュニケーションは、少なくとも修正1条の複数の中核からはいくぶん隔たっている」として、営利的言論が表現の自由体系の周辺部に所在することを明らかにしている[87]。

問題は、何が営利的言論として、表現の自由の周辺部分に置かれるのかであるが、シャウァーは、営利的言論の精確な定義が画定されてこなかったことを認めつつ、あまりに堅牢な定義は、かえって実際の問題処理を困難にさせると述べている。シャウァーは、法理論と実際の紛争が相補的な関係にあり、法理論は実際の問題解決の蓄積によって洗練されていくと考えるのである。むしろ、柔軟なラインを用意しておく方が、具体的な問題解決を容易にするとい

---

84) Frederich Schauer, Commercial Speech and the Architecuture of the First Amendment, 56 Cinn. L. Rev. 1181 (1988).
85) Vincent Blasi, The Checking Value in First Amendment, 1977 Am. B. Found. Res. J. 521.
86) Schauer, suora note 84 at 1186.
87) Id. at 1187.

う。彼の「戦略的なバッファーゾーン（a buffer zone of strategic protection）」という考え方は、一種のコモン・ロー的伝統に立つものである[88]。

もっとも、彼も、営利的言論が表現の自由の周辺部に位置すると考えることが、ただちに保障の否定にはつながらないと考えている。周辺的表現であっても、何らかの修正1条保護を受けることは認められる。だが、重要なのはその程度であろう。これについてシャウァーは、営利的言論の保障の可否や程度が表現の自由全体の構造の中で決定されなければならないという。そして、従来の表現の自由が、政治的な表現を中核として形成されてきた以上、新たに営利的言論にまで保障の範囲を及ぼすならば、全体として保障の水準化・希薄化が生ずると述べるのである。

たとえば、有害広告規制を明白かつ現在の危険テストで審査することは適切ではない。つまり、営利的言論への憲法保障は、中核的表現の保障を希薄化させない限度で認められるという解釈が提示される[89]。

他方、シャウァーは、表現の自由の問題が個別利益衡量による解決にはなじまないことを指摘する。個別利益衡量は、あらゆる表現を同様に扱うことによって、先に見た中核部分を弱体化させるというのである[90]。つまり、中核・周辺という思考方法は、個別的利益衡量によるルールの浸食を防止するメリットをもつというわけである。このように、シャウァーは、既存の表現の自由理論との関係や中核的位置に所在する表現への保障との関係などを考慮に入れながら、「戦略的に」営利的言論の問題が解決されなければならないと主張するのである。

② 希薄化議論への批判

営利的言論への憲法保障の付与が表現の自由全体の保障水準を低下させるという議論は、オーラリク対オハイオ州法律家協会判決パウエル裁判官法廷意

---

88) Id. at 1191.
89) Id. at 1197.
90) Id. at 1199.

見[91]などで明言されている。シャウァーは、このような議論を踏まえて、営利的言論解釈を展開した。

この解釈は、彼自身が戦略的と述べているように、営利的言論の価値や表現の自由の目的に直接言及することを避け、既存の表現の自由体系に営利的言論を付加することによって生ずるであろう効果を問題にする。したがって、このような方法は、従来の学説が直面する価値論争という難問を回避するという意味で、きわめて tactical な性格をも有しているとみることもできよう。これは、営利的言論に関する定義画定作業の放棄にも看取できる。しかし、営利的言論への保護が表現の自由保障の水準を全体的に低下させるかどうかは経験的な事実としては証明されているわけではない[92]。たしかに、虚偽や有害な商品に関する広告規制に明白かつ現在の危険テストが適用されることには相当な抵抗が予想される。しかし、営利広告のすべてが虚偽や実害惹起の可能性を有しているわけではない。営利的言論規制の中には、厳格な審査が適用されて然るべきものもある。それゆえ、シャウァーの議論は、例外で原則を説明するという批判を受けざるを得ないであろう。

また、彼は営利的言論の外延を明らかにしていない。たしかに、営利的言論カテゴリーには様々な種類・内容の広告が含まれている。彼は、これらを柔軟なラインを用いて選別することを企図している。これは、手法の上では、個別利益衡量と変わるところはない。それゆえ、シャウァーが危惧する中核的表現保障の弱体化を回避するのであれば、やはり精確な定義が必要なのではなかろうか。彼自身、別の論考において、営利・非営利の区別が話者の動機によっては判断できないという立場を明らかにしているが[93]、そうであるならば、この区別の標準をどこに求めるのかが重要になろう。しかし、いずれにせよ、シャ

---

91) Ohralik v.s Ohio State Bar Association, 436 US 447, 455-6 (1978).
92) Daniel F. McGowan, A Critical Analysis of Commercial Speech, 78 Cal. L. Rev. 359, 371 (1990). マクゴーワンは、保護の水準低下や希薄化をもたらす要因は「言論それ自体にあるのではない」と述べている。
93) Frederick Schauer, Free Speech : A Philosophical Enquiry, 158-60 (1982).

ウァー理論は、その理論目標を達成するには不十分であり、営利的言論法理を十分に正当化できていないのである。

4) 情報広告に対する限定的保護
① 情報広告と非情報広告の区別

次に、営利的言論が保障されるのは、消費者への情報提供機能に着目してのことであって、その機能を果たさない営利広告は保護を受けないとする議論がある。D. H. ローウェンシュタイン（Daniel Hays Lowenstein）がこの立場に立つ[94]。ローウェンシュタインの解釈は、二つの点に特徴を見いだすことができる。まず、彼は、たとえ合法活動に関する真実の情報であっても営利広告は規制できると考えている。これは、直接にはたばこ広告規制を正当化するために展開された主張であるが、たばこの製造販売が合法的活動であり、その広告が真実で、誤解を招くようなものでなくても、たばこ広告は規制できると考えるのである[95]。この結論を導くにあたり、ローウェンシュタインは、営利広告に対するパターナリスティックな規制が許されると解釈する。彼によると、パターナリスティックな規制とは「消費者の無分別な行動から消費者自身を保護することを意図して行われる規制」と定義される[96]。この種の商品広告では「可能な限りその有害さから注意をそらし、想像上の利益を強調することで、その有害さをもみ消そうとする」一種の情報操作が行われており、広告者に真実の情報提供を期待することができず、したがって、国家が後見的な規制を行わざるを得ないというのである。

ローウェンシュタイン理論の第二の特徴は、情報伝達広告とそれ以外の広告が厳格に峻別されていることである。彼は、1975年から1988年までに判示された営利的言論判例を整理し、13判例のうち9判例が憲法に反すると判断さ

---

94) Daniel Hays Lowenstein, "Tow Much Puff": Persuation, Paternalism, and Commercial Speech, 56 Cinn. L. Rev. 1205 (1988).
95) Id. at 1208-24.
96) Id. at n. 1209.

れたこと、その9判例のうち8判例が情報伝達広告に関するものであったことを明らかにする[97]。つまり、連邦最高裁においても情報・非情報という区別が採用されており、同裁判所は、セントラルハドソンテストの適用に先行して、あるいはそれと同時にこの解釈基準を適用しているというのである。

② 情報・非情報の区別について

ローウェンシュタインの議論は、連邦最高裁における営利的言論法理、つまりセントラルハドソンテストの意義と射程を理論的に明確化したものだといってよい。また、たばこ広告規制のようなきわめて微妙な問題に対して論理整合的な解答を提示しているところにも、彼の立論の妙味がある。

ところで、ローウェンシュタインは、営利広告が消費者の合理的意思決定に奉仕する限りで保障されるという前提に立っている。情報広告は、商品やサービスの品質、価格分量を伝達することで、消費者の合理的な選択に奉仕するというのである。しかし、それでは政治的言論は常に主権者の合理的意思決定に奉仕しているであろうか。選挙キャンペーン広告が、候補者の政策を詳述し、公約を具体的に明示しているかといえば、そうではない。選挙キャンペーン広告においても、有権者の合理的意思決定作用に対してではなく、イメージや感情に訴えかける手法が一般的に採用されている。つまり、情報・合理的意思決定という思考方法では、営利広告と政治広告は区別できないのである。マクゴーワンは、ローウェンシュタイン理論のこの欠点を衝いている[98]。

次に、ローウェンシュタインにおける「情報」のとらえ方にも批判が提起されるであろう。彼の議論の文脈からすると、「情報」とは数値や形態などの事実の記述の限定される。真実の情報であるからには、その真実性の証明が容易でなければならないであろうし、消費者の「合理的」意思決定に奉仕するためには、広告内容が抽象的であったり、感覚に訴えかけるものであっては不都合だからである。しかし、数値や物理的な特徴からのみ構成されている広告は、

---

97) Id. at 1228, n. 82, n. 83.
98) McGowan, supra note 92 at 414.

消費者の合理的意思決定に奉仕するであろうか。日常の消費行動はそのような合理性に支えられているわけではない[99]。ローウェンシュタインの議論は、理想化された消費活動を前提にして、情報の意義を規定しているのである。さらに、実際に情報と非情報の境界設定が可能なのかに関する疑問も提起されるであろう。ローウェンシュタインが述べているとおり、営利的言論は、その情報伝達機能に鑑みて修正1条の領域内に取り込まれたのである。しかし、営利的言論の内容は、彼が指摘する以上に複雑であり、その形態もはるかに多様化している。営利的言論に対する消費者（情報受領者）の期待も急激な変化を遂げつつある。高度消費社会において、我々は営利広告に単なる商品情報だけを期待しているのではない。営利広告がその時代の文化のありさまを反映し、消費スタイルやライフスタイルの変化に歩調を合わせて変貌を遂げつつあることに目を向けなければ、消費社会における情報の意義を適切に評価できないのではなかろうか。

5) 消費文化批判と営利的言論
① 営利広告のインパクト

これまでに考察した営利的言論法理の正当化議論は、程度の差こそあれ、政治的言論や公的言論の優位を前提にして営利的言論保障の可否や程度を論ずるものであった。しかし、次にみる R. K. コリンズ（Ronald K. Collins）と D. M. スコバ（David M. Skover）は[100]、このような議論とは異なり、営利的言論に代表される消費文化が公と私、政治と営利活動を峻別してきた西欧社会の基盤を揺るがしているという観点から議論を展開している。

彼らは、コミュニケーションが営利活動の侍女（handmaiden）であると断言する。そして、高度情報化社会における公的議論（public discourse）がコマー

---

99) もちろん、日常的な投票行動も合理性のみで支えられているわけではない。
100) Ronald K. Collins & David M. Skover, Commerce & Communication, 71 Tex. L. Rev. 697 (1993). テキサス・ロー・レヴューは、同号において、コミュニケーションと商業主義のあり方に関するシンポジウムを特集している。

シャリズムの影響下にあるという事実を適切に見極めなければ、現代（アメリカ）社会における公的議論の意味を見誤ると述べている[101]。

彼らは、現代社会における営利広告が、単に商品情報を伝達するものから、次第にライフスタイルやイメージを伝えるものへと変貌を遂げ、現在では、商品・サービスの機能的な価値とは別の象徴的な意味（symbolic meaning）を付加する役割を営んでいると指摘する[102]。言い換えると、営利広告は、消費者に対し商品情報のみならず、その商品の人格性（product-personality）やイメージを伝達するのである[103]。しかし、広告の機能がこのように変化すると、営利広告の守備範囲は際限なく拡大する。彼らは、「一般的には、大衆広告のプロセスは、文化の価値を損ない……文化のイメージと思想を私物化」すると述べ、営利広告の興隆に警戒心を表明する[104]。たとえば、選挙キャンペーン広告においても、具体的な政策や立法課題ではなく、候補者のイメージを売り込むという手法が採用されるようになった。政党や候補者の政策そのものではなく、その

---

[101] Id. at 698-9.

[102] 彼らが、このような議論を展開するに際して参照しているのは、フランスの哲学者ジャン・ボードリャール（Jean Baudrillard）である。消費することや商品を購入することにおける商品・サービスの記号としての価値は、その使用価値を超え、文化の中での意味やシンボルを生産する機能を果たしている。商品を単に使用価値や交換価値の観点から考察するのでは、消費することや商品に関する情報を生産し、逆に受領する行為の意味を一面的にしかとらえられなくなるであろう。営利的言論がその時代の文化状況を反映し、反対に営利広告がその時代のあり方に影響を及ぼすことを考慮しなければ、営利的言論に関する解釈も一面的なものにとどまるのではなかろうか。なお、ボードリャールに関しては以下の文献を参照した。ジャン・ボードリャール『消費社会の神話と構造』（今村仁司、塚原史訳 1995）、今村仁司『現代思想の基礎理論』（1992）160-804 頁、同『現代思想の展開』（1995）170-85 頁、宇波彰『記号論の思想』（1995）60-89 頁。

[103] ここで、「商品の人格性」とは、商品がその購入者の人格的な特性や社会的地位、所属階層等を象徴するという意味である。彼らは、「広告産業は、個人と社会集団や経済的階層を結びつけ、同時に、製品とその集団や階層の消費スタイルを結びつけるストーリーを語る」とも述べている。Cokkins & Skover, supra note (51) at 705.

[104] Id. at 709.

イメージを拡散するのである。コリンズ・スコバは、このような広告手法が、あらゆるものを商品化し、商品そのものよりもライフスタイルが、事実よりイメージが、現実よりロマンが重視される社会をもたらすことを危惧している[105]。そして、「大衆広告は、商業的に再構成されたイメージと思想によって、かつてはその思想に結びつけられていた規範的な価値を損なう」こと、「マスメディアは広告収入に依存しているから、広告者は、コミュニケーションの内容に直接影響を及ぼすこともできるし、間接的に、広告者のイメージどおりにメディアを作り変えることもできる」こと、「あるメッセージが、その市場価値を理由として広く拡散した場合には、市民的デモクラシーの理想は、消費者デモクラシーの理想に屈服する」こと、そして、「政治家が大衆広告の戦略を模倣すれば、重要な政治的討議と広告の差が曖昧になる」という結論を明らかにするのである。

② 営利的言論と消費文化

かつて、C. E. ベイカー（C. Edwin Baker）は、営利的言論が市場によって強制された言論であり、個人の自由意思に根拠を有する表現の自由の基礎と相容れないと批判した[106]。ベイカーは、表現の自由の理念を個人の自己実現に設定し、とくに、コマーシャリズムの影響から「話者」の自由意思を徹底的に解放することを主張したのである。コリンズ・スコバの議論は、その分析視角を若干異にしてはいるが、ベイカーと同様な方向に立つものといえよう[107]。

---

105) Id.
106) C. Edwin Baker, Commercial Speech : A Problem in the Theory of Freedom, 62 Iowa. L. Rev. 1, 3 (1976). ベイカーの表現の自由理論に関しては、拙稿「表現の自由と商業的言論」4) 83-6 頁参照。なお、営利的言論を始めとするベイカーの表現の自由に関する論考は、C. Edwin Baker, Human Liberty and Freedom of Speech (1989) にまとめられている。
107) 近時、ベイカーも民主主義におけるプレスの役割を正常化するため、広告収入に頼るプレスのあり方を検討する膨大な論文を公にしている。これは、コリンズ・スコバの指摘する、広告によるプレスの支配という問題と同様な視点に立つものであ

彼らの議論は、営利広告が西欧文化のあり方に根本的な変化をもたらし、政治的な討論のありさまにも（マイナスの）影響を与えているというものであった。換言すると、商業主義が公的な討論の形態や内容までを浸食しているということへの危惧の表明であった。たしかに、彼らが指摘するように、理性的な説得よりも感情やイメージに訴えかける表現手法が社会に浸透しつつあるように思われる。また、広告主に配慮した番組編集への批判も有力である。営利広告がもたらしている弊害は事実として認めざるを得ないであろう。

　コリンズ・スコバは、営利的言論が右のような商業主義の象徴であり、それが文化のあり方に決定的なマイナス効果を及ぼしていると批判した。しかし、R. A. スモーラ（R. A. Smolla）が指摘するように、そのような文化へのマイナス効果を許容することこそ、表現の自由の理念であるともいえる[108]。コリンズ・スコバは、表現の自由が何らかの社会的価値の増進に貢献するものでなければならないという前提に立っている。これに対して、スモーラは、現代の表現の自由理論の役割は、「問題の言論が社会において積極的な意味をもつ（socially constructive）ものでなければならず、その話者が社会の一員として貢献していなければならない、という要求から言論の自由の理念を解放すること」に置かれるべきだと述べている[109]。つまり、表現の価値が表現の保護を決定するのではないという立場を明らかにしているのである。

　このように考えると、コリンズ・スコバの議論も、表現の価値や文化への貢献の度合いを重視し、そのような積極的役割の有無で営利的言論の問題を処理していることが理解できるであろう。その背景には、合理的討論や非営利的活動の優位という意識が控えている。もっとも、コリンズ・スコバに見られるような商業主義への嫌悪は、営利的言論法理を正当化するほとんどすべての議論

　　　る。C. Edwin Baker, Advertising and A Democratic Press 140 U. Pa. L. Rev. 2097, 2102 (1992).
[108]　Rodney A. Smolla, Information, Imagery, and the First Amendment: A Case for Expansive Protection of Commercial Speech, 71 Tex. L. Rev. 777, 786 (1993).
[109]　Id. at 792.

の背景に控えている。民主的意思決定や合理的判断を商業主義の浸食から保護するという建前は、政治的言論優位の解釈にも、共和主義的解釈にも、さらには、情報広告に限定して憲法保護を認める立場にも共通して見いだすことができる。しかし、「合理的判断」や「理性」が人間の活動に重荷を課す場合があることも忘れてはならない。何が聞くに値し、何に耳を塞ぐべきかは、公権力ではなく個々人の決定に委ねられるべきことが原則ではなかろうか。

6) 営利的言論の耐久性と真偽の証明可能性

最後に、営利的言論自身がもつ特性から営利的言論法理を正当化する議論を検討しよう。これは、言論の価値や役割という観点から、営利的言論の性格に議論をシフトさせる点に特徴がある。

まず、営利的言論の耐久性に関する議論は、営利的言論が営利という動機に裏づけられており、政治的言論のような無私の言論に比べて、萎縮効果が少ないという前提に立つものである。営利目的で行われる表現行為は、抑圧に遭遇しても、私的利益というインセンティブが機能する以上、回復力が早いと考えるのである。古くはヴァージニア州薬事委員会判決において、営利的言論の憲法上の地位を正当化するために用いられた議論である。ディスカヴァリー・ネットワーク社判決で、レーンキスト首席裁判官もこの解釈に言及していた。

しかし、当然のことではあるが、営利的言論の話者が抑圧に対して萎縮効果を感じないとは言い切れない。むしろ、言論に対する萎縮効果は、話者の動機ではなく、待ち受ける刑事制裁や不法行為による損害賠償の額に依存すると考えるべきではなかろうか[110]。また、表現の自由の萎縮効果は、表現主題ではなく、話者の損益計算によって決定されると考えるのが適切であろう。

次に、表現内容の真偽が比較的容易に証明できると考える解釈は、現在でも有力である。連邦最高裁においてはブラックマン裁判官がこの考え方を採用している。しかし、この解釈も、営利的言論という言論カテゴリーが一般的に存

---

110) Note, Corporate Image Advertising and the First Amendment, 61 S. Cal. L. Rev. 459, 491 (1988).

在するという前提に立ち、それを内容の真実性の証明の程度から基礎づけているに過ぎない。営利的言論にも様々な種類があり、その表現方法はいっそう多様化している。典型的な価格広告は別として、およそ一般的に営利広告の真実性が証明可能だという前提には疑問が提起されるのである。また、選挙キャンペーン広告においても、内容の真偽が証明不可能だと断定できないものもあるから、真実性の証明可能性の観点から営利的言論への特殊な処遇を正当化するのは不十分であろう。

以上の分析から、営利的言論法理への修正1条保護の否定や限定は、いまだ十分には正当化されていないことが明らかとなった。そこで、次に、営利的言論が有する積極的意義を評価し、高度情報化社会、情報資本主義社会における営利情報の保護について考えよう。

4．消費社会における情報の意味

(1) 消費社会と営利情報

1) 営利的言論の多様化

他の法理論と同様に、営利的言論へのアプローチも時代の環境や人々の意識あるいは技術的な革新から影響を受けざるを得ない。1940年代初めには当然とされたことが今日でも当然に妥当するわけではない。A. コジンスキーとS. バナー（Alex Kozinsky & Stuart Banner）は、営利的言論というカテゴリーが1940年代特有の時代背景に規定されていることを解明したが[111]、現在、我々

---

111) Alex Kozinsky & Stuart Banner, The Anti-History and Pre-History of Commercial Speech, 71 Tex. L. Rev. 747, 756-63 (1993), herinafter cited as Kozinsky & Banner 1993. 彼らは、ヴァレンタイン対クリステンセン事件の時代には営利的言論という概念そのものが存在しなかったこと、しかも同判決は、修正1条が各州に適用されることが明らかとなってからわずか9年後に判示された判決であったこと、したがって、営利情報に関する憲法保障の問題は、どうしても営利活動に関するデュープロセスの問題として処理されざるを得なかったことを指摘し、今日、このような時代的な制約を受けて生み出されてきたヴァレンタイン判決の法理に拘束されること

が目にしている広告は、ヴァレンタイン判決におけるようなビラとは比較にならないほど多様化し、複雑化し、そして洗練されていることに注意する必要がある。

営利広告の多様化は、広告内容と伝達メディアの二つの側面に現れている。

① 広告内容の多様化

多くの学説が指摘するように、営利広告は、⑦商品・サービスの価格や性能、販売場所などを告知する情報広告（informational advertising）と④消費者の要求に訴えかけ、販売促進を図る説得広告（persuational advertising）に分類される。しかし、今日では、この両者の間に無数のヴァリエーションが存在する。商品情報とその商品イメージを結びつけたイメージ広告（image advertising）やケーブルテレビを用いて、商品の性質や利点を周知させることで購入を促すインフォーマーシャル（informarcial）などの広告手法が開発されているのである[112]。また、企業や団体は、単に消費者に向けて広告を行うのみならず、他企業や市場全体さらには社会一般に向けてメッセージを伝達しようと試みるケースも少なくない。そのような場面で、企業や団体は、社会的に固定したイメージを改善したり、より積極的な社会的イメージを獲得しようとして広告活動を行っている[113]。また最近では、地球環境の保全に対する企業の姿勢と商品・サ

は時代錯誤もはなはだしいと批判する。Id. at 772-5.
112) 広告のヴァリエーションについては、さしあたり、梶山皓『広告入門 新版』30-42頁（1995）を参照。広告手法や表現方法は、広告される商品の特性によっても異なる。石鹸やシャンプー、食塩や砂糖あるいは自動車では採用される広告手法がまったく異なっている。また、同じ自動車でも大衆車と高級車では広告ターゲットを始めとする様々な差異がある。したがって、商品の販売促進においては、商品特性に応じた広告内容・手法のヴァリエーションが設定されているのである。参照、水口健次『マーケティング戦略の実際 [第2版]』（1991）107、115-20頁。
113) 特定の市場や消費者を想定するのではなく、企業それ自体を広告宣伝する「戦略広告」の手法が注目されている。参照、小林貞夫『「戦略広告」の時代 会社の価値をどう知らせるか』（1995）31-110頁。なお、イメージ広告の目的については、Note, Corporate Image Advertising and the First Amendment, 61 S. Cal. L. Rev. 459,

ービスの提供を関連づけた広告に代表されるように、情報提供とメッセージ、企業イメージが混合された広告も存在する[114]。そして従来は広告活動になじまないと考えられていた業種の広告も活発に行われるようになっているのであるから[115]、営利的言論法理に包摂される営利広告の内容はヴァレンタイン判決における潜水艦展示の宣伝とは比較にならない程多様化している。

② 広告メディアの多様化

広告内容の多様化と同時に、宣伝手段の多様化にも注目する必要があろう。マスメディアとマルチメディア（コミュニケーションネットワーク）が共存する時代においては、新聞やテレビ、ラジオによる大衆広告（mass advertising）のみならずコンピュータネットワークを通じて行われるオンライン広告も有効な広告手段と考えられる[116]。またネットワークを利用した通信販売が普及しつつあることは、購買形態の変化が広告形態にも影響を及ぼす可能性があることを示唆している。マルチメディアを利用した広告方法は、新聞テレビなどの大衆

462-7 (1988) を参照。これによると、(1)会社の望ましい活動を公にする（to describe）、(2)特別な批判に反論し、会社のパブリシティ（の欠如）に起因する誤解を訂正する、(3)会社の業績に影響を及ぼす特別な政治的事項に対して意見を表明する、(4)会社の活動に対する敵意を軽減するため、公的な奉仕のメッセージに支援を与える、(5)会社に対する公衆の注目を増大させる、ことがイメージ広告の目的であるとされている。なお、この論文は、イメージ広告と情報広告の境界線が曖昧になり、両者の区別によって保護の程度を決定する解釈が不適切であることを指摘している。先に見たローウェンシュタインの解釈とはまったく逆の解釈を提言している。Id. at 477-96.

114) イタリアのアパレルメーカー、ベネトンの広告がその典型であろう。同社の広告については、小林前掲2) 76-9頁参照。

115) 私立大学のイメージ広告がその典型である。参照、日経広告研究所『広告白書平成七年度版』60頁。

116) オンライン広告については、『パソコン通信』1995年6月号24頁を参照。そこではオンライン広告の可能性とルール作りの必要性が説かれている。また、連邦取引委員会（FTC）がオンライン広告への規制を検討し始めていることも報告されている。

広告と異なり、より個別的で詳細な商品情報を伝達できる利点を含んでおり、ここでも従来の広告形態を想定して形成された営利的言論法理の限界が明らかになるのである[117]。

以上の点から、営利広告の内容においても、またその伝達方法においても営利的言論法理のあり方が再検討されなければならない時期にさしかかっていることが理解できるであろう[118]。

2) 情報受領権の意義と多様化

すでに明らかにしたように、営利的言論に対する憲法保護は、情報受領者(消費者)の知る権利に着目して認められたのであった。そこでは、営利的言論が情報受領者の合理的な意思決定を支援することが強調されていたのである。

このこと自体にはさしたる異論はない。個人の合理的意思決定を実現するためには十分な情報受領が前提条件である。だが、そこでいう「合理的意思決定」が具体的に何を指すのかは必ずしも明らかにされているわけではない。同一の性能をもつ商品間ではより価格が低い方が選択されることが合理的意思決定の代表例であろう。したがって、ローウェンシュタインが営利的言論の保障を情報広告に限定したのには根拠がないわけではない[119]。しかし、このような合理的行動に直接奉仕しない広告は憲法保護の対象とはなり得ないのであろうか。また、性能と価格に関する情報が与えられさえすれば合理的な意思決定が可能となるのであろうか。企業イメージや企業姿勢、ブランド名に付着したシンボル作用等が日常の消費活動を規定していることは、ボードリャールやコリンズ・スコバの指摘をまつまでもなく明らかであろう。我々は、商品に使用価

---

117) この点については日経広告研究所『広告白書 平成七年版』11-2 頁を参照。

118) そもそも営利的言論概念自体が漠然としたものであり、連邦最高裁の定義も必ずしも一貫したものではなかったことにも注意すべきである。See Steven H. Shiffrin, The First Amendment and Economic Regulation : Away from A General Theory of the First Amendment, 78 Nw. U. L. Rev. 1212, 1215 (1983).

119) Daniel Hays Lowenstein, "Too Much Puff": Persuasion, Paternalism, And Commercial Speech, 56 Cinn. L. Rev. 1205, 1208-23 (1988).

値や交換価値のみならず象徴的な価値を見いだしている。そうであるならば、同時に商品広告にも性能や価格だけでなく、イメージやシンボルの形成を要求しているのではなかろうか。近時、消費者概念を「合理的選択」やその背後にある「合理的人間像」から解放する必要性が指摘されている[120]が、それは、営利情報における「合理性」についてもあてはまるであろう。イメージや雰囲気あるいは個人的な感情を「不合理」だとして憲法保護の領域から放逐することは、現在の（そして今後の）営利情報の役割を過小評価することにつながりはしないだろうか。

　また、先に述べたように、新しいメディアの開発は、より細分化された広告に可能性を開いた。コンピュータネットワークは、マスコミュニケーションとは逆に分散型のコミュニケーションを可能にし、同時に双方向のコミュニケーションを実現しようとしているが、そこでは消費者の要求に呼応した営利情報の伝達が行われ得るのである。つまり、情報受領者が自己の選択によって情報を選別する基盤が整いつつあることにも注目する必要がある。それゆえ、情報受領者の権利は、合理的意思決定という側面のみならずより広く、受領者の自律（autonomy）や自己充足、自己実現（self-fulfillment, self-realization）を背景にした選択という観点からとらえ直されなければならないであろう。

3) 言論の価値について

　あらゆる表現を営利性を有するものとそれ以外のものに二分することは困難でもあり、また不適切でもあるが、そのような困難を前提にして、我々がとり得るオプションは二つある。一つはコジンスキー・バナーが提言するように、両者の区別を廃止することである。他は両者の区別の困難さを承認した上で、あえて営利的言論という範疇を維持するというシャウァーの戦略的解釈に帰依することである。

　しかし、すでに検討したように、営利的言論と非営利的言論を区別する根拠

---

[120]　金子勲「情報化社会と消費者」白鳥令編『社会の情報化とコミュニケーション』（1995）第7章72頁参照。

は説得力を失いつつある。政治的意思決定（投票行動）が営利的意思決定（消費行動）に比べて常に合理的であるとはいえないし[121]、営利的意思決定が政治的意思決定に劣後すると考える理由が説得的に明らかにされているわけでもない。むしろ、個人の意思決定においては、政治的選択も営利的選択も同等の価値をもち同様な機能を果たしていると考えるべきであろう[122]。

ところで、コジンスキー・バナーが指摘するように、言論の間に階層を設ける思考方法は、所定の理念や価値を所与のものとして設定し、そこから言論の保護を割り出すという点で共通の基盤に立っている[123]。しかし、なぜそのような価値が設定されなければならないのかについては、マイクルジョンもボークも十分な論証を展開しているわけではない。たしかに、マイクルジョン的な表現の自由解釈が、政府批判を活性化させ、国民の政治参加を促したことは事実である。しかし、そのことが営利情報の劣後をただちに帰結するものではないはずである。逆に、コジンスキー・バナーは、表現の自由保障の背後に反多数者主義（antimajoritarianism）を看取し、多数者の選好や意思決定に飲み尽くされない表現保障の重要性を力説するが[124]、これは、情報受領における個人の自律を尊重するものといえよう。何が有益な情報なのかは、国家ではなく個人の決定領域に属するというのが彼らのスタンスである。あらかじめ情報の価値を決定し、その価値によって情報の流通量をコントロールすることは修正１条の

---

121) この点については宮澤節生『法過程のリアリティ法社会学フィールドノート』70頁以下（1994）等参照。なお、営利的言論が政治的言論に比べて低価値にあるという主張は、インテリの偏見であると論難する立場がある。森村進『財産権論』(1995) 90頁以下を参照。

122) コジンスキーとバナーは、1990年に公にした論文の中でも、営利広告と他の表現が区別できないことを力説している。彼らは、営利広告が「短いフィクション映像」であり、単に商品交換を目的としているわけではなく、表現動機の点からも他の表現との区別がつきにくくなっていることを指摘した。Alex Kozinsky & Stuart Banner, Who's Afraid of Commercial Speech, 76 Va. L. Rev. 627, 639-40 (1990), hereinafter cited as Kozinsky & Banner 1990.

123) Kozinsky & Banner 1993 at 750.

124) Id. at 754.

基礎とは相容れないというのである[125]。このことは、夙に M. H. レディッシュ（Martin H. Redish）が1970年代の初めに指摘していた点ではあるが、今日いっそう強調されるべきことのように思われる[126]。つまり、情報をめぐる今日の状況は1940年代とは大幅に異なっている。高度情報化社会、あるいは情報資本主義社会においては、自分に必要な情報を選択する権限が諸個人に留保されていなければ、自己実現の企図すら不可能なのである。次にこの点をもう少し敷衍しておこう。

4) 個人の自律と営利情報の選択

① 政治的領域と生活領域の融合

営利的情報の地位を何らかの価値や理念、あるいは司法審査システムから決定することは不可能である。すでに分析したように、営利的言論を修正1条の周辺部に位置づける試みは、営利情報がもつ多様性を十分斟酌せず、また情報資本主義社会における営利情報の機能や役割を適切に評価しきれていない。他方、市民生活における生活情報のあり方には急激な変化がみられる。今日、主権者として政治的な意思決定を迫られる領域と生活者として営利的な意思決定が要求される領域は判然とは区別できなくなっているのである。食糧管理制度の現状への判断や米価の決定システムへの評価は、米の購買と不可分に結びつけられて行われるという例が示すように、具体的な日常生活を離れた抽象的存在としての主権者はフィクションである。日常の消費活動をまったく捨象して主権者の判断を想定することは不可能である。それゆえ、国家政策や立法課題は、市民の具体的な営利活動をとおしてインフォームされていることがいま少

---

125) Kozinsky & Banner 1993 at 754.
126) Martin H. Redish, The First Amwndment in the Marketplace : Commercial Speech, 39 Geo. Wash. L. Rev. 429 (1971). なお、個人の自己実現と情報受領の自由を基調とするレディッシュ理論については、拙稿「言論の自由と商業的言論」86-9頁に詳細した。なお、レディッシュの主たる論考については同91頁注1）を参照。また、レディッシュの表現の自由理論は、後に、Martin H. Redish, Freedom of Expression, A Critical Analysis (1984) に纏められている。

し強調されなければならないのではなかろうか。政治的領域と生活領域のオーバーラップ、換言すれば公共圏の拡大に伴う営利広告の変容は、すでに1960年代の初めにユルゲン・ハーバマス（Jürgen Habermas）が指摘したところではあるが、今日この変容はさらに顕著になっているように思われる[127]。

② 情報受領者の自立的判断

さて、公的情報と私的情報が融合した状況では、政府が、何が有益で、何が有害な営利情報なのかを区別することはできなくなってくる。この点につき、個人の自律を根底に据えて、情報受領における政府介入の排除を力説するデイヴィッド A. ストラウス（David A. Strauss）の見解が注目に値する。彼は、現在の表現の自由の主たる原理が、ホィットニー対カリフォルニア州判決ブランダイス裁判官補足意見[128]で宣言された"more speech theory"から派生したものであることを指摘する。そして、基本的にリバータリアンの立場に立脚し「政府はある表現が説得的であるからという理由を基にしてその表現を規制してはならない」という「説得原理（The Persuasion Principle）」を展開する[129]。

ストラウスの「説得原理」は、きわめて広汎な領域に適用可能な一般理論として構想されているが、そこでは、カント的な道徳理論を援用しつつ「個人を道具として扱ってはならないこと」が強調され、それゆえ一定の政府目的のために情報の開示・秘匿を行うこと（情報操作）や意図的に虚偽の情報を流通させる行為が禁止されるのである[130]。したがって、ストラウス理論では、営利的言論へのパターナリスティックな規制も排除される一方、虚偽で詐欺的な営利広告の規制可能性も導き出されるのである[131]。

---

[127] ユルゲン・ハーバマス『公共性の構造転換［第2版］』（細谷・山田訳 1994）262頁。

[128] Whitney v.s California, 274 US 357 (1927).

[129] David A. Strauss, Persuasion, Autonomy, And Freedom of Expression, 91 Colum. L. Rev. 334, 335 (1991).

[130] Id. at 355-7.

[131] Id. at 357. ストラウスは、この観点から、1986年のポセイダス判決を批判してい

③ 聴者中心理論の弱点と自律

　ストラウス理論は、人間の尊厳という観点から、許されない表現規制と同時に保護されない表現活動を描き出すのに成功した。ストラウスが強調するのは、個人の自律であるから、話者、聴者の別にかかわらず、個人の人格的尊厳を否定する表現規制や表現活動は許されないのである。そこでは、何を話すべきか、何を聞くべきかの判断が個人に委ねられる。情報の効果（persuasiveness）を危惧して行われる規制は、パターナリスティックなものとして排除される。この理論では、情報の価値や重要性は個人が判断すべき事柄となる。

　ところで、営利的言論への憲法保障は、情報受領者の権利、正確にいえば、情報受領者の合理的意思決定に奉仕するという観点から認められてきた。それゆえ、この観点からは、情報受領者の合理的意思決定に奉仕しない情報は保護に値しないという結論が容易に導き出される傾向がある。知る権利に依拠する限り、パターナリスティックな規制を認めざるを得ないのである。しかし、この解釈は個人の自律的意思決定の要請と相反する。この点に関して、バート・ニューボーン（Burt Neuborne）は、聴者中心理論がもつこのような弱点を克服するため[132]、聴者の「合理的意思決定」に対して「十分情報を受けた上での自律的な選択」（informed and autonomous choice）という目的を代置する[133]。ニューボーンは、聴者中心理論が、その instrumental な性格から、表現の自由に対して必然的に弱い正当化しか与えないことを指摘する[134]。とくに話者の自己表現を観念できない会社の言論は、主として手段的な根拠（情報受領者の自己決定権）に基づいて保障が認められざるを得ないのである[135]。そこで、彼は話者中心理

　　る（id. at 359）。

132) 　Burt Neuborne, The First Amendment and Government Regulation of Capital Markets, 55 Brook. L. Rev. 5, 29 (1989).

133) 　Id. at 30.

134) 　Id. at 30.

135) 　ニューボーンは、話者中心の表現の自由理論が、個人の自己表現に対する寛容の理念によって支持されていることを表明しつつ、表現の自由における手続的保障、たとえば、事前抑制の法理や過度に広汎を争うスタンディングは、政府判断すべ

論と聴者中心理論が相補的な関係にあると主張し、話者、聴者、傍観者、それに規制主体としての政府、および情報流通者（conduit）を加えた五つの主体の観点から表現の自由理論が再構成されなければならないとするとともに[136]、より外延が広い「自律」という概念を導入するのである。つまり、会社の表現という弱い自由は、聴者の自由によって初めて十全な保障を受けることができるのである。

（2）　具体的問題

1）　個別的考慮の必要性

本稿は、営利的言論がアプリオリに表現の自由の下位に位置づけられることを否定する。如上のとおり、営利的言論と非営利的言論の区別は程度問題であり、営利的言論というレッテルが表現の保護をただちに決定するわけではない。しかし、このことはあらゆる営利的言論が規制を免れることを意味しない[137]。換言すれば、本稿は、営利的言論という包括的原理によってではなく、より個別的な考慮によって問題が処理されるべきことを主張する。

それでは、営利的言論規制に際しては、いかなる要素が勘案されなければならないのであろうか。ここでは、とくにわが国の広告状況を参照しながら、情報の非対称性と反対言論の可能性、そして広告主体の状況について検討する。

　　て、この寛容の理念から派生したもので聴者中心の表現の自由理論には認められないと述べる。このとらえ方が適切かどうかは、それ自体重要な論点を構成するであろうが、手段的な（instrumental）観点からだけでは、表現の自由理論の基礎づけが脆弱とならざるを得ないことを明らかにしていることは、きわめて示唆的ではなかろうか。

136）　Id. at 25.
137）　See David E. Lively, The Supreme Court and Commercial Speech : New Words with an Old Message, 72 Minn. L. Rev. 289 (1987). ライヴリィも本稿と同じく、営利的言論の区別を支えてきた根拠が揺らいでおり、もはや営利的言論というレッテル貼りでは問題が解決され得ないことを指摘している。

2) 情報の非対称性と反対言論の可能性

　消費者が入手できる商品情報と企業が保有する情報の間には著しい不均衡が存在する。それゆえ市場メカニズムは、情報の非対称性の上で機能している。そして、通常販売活動に障害となる情報の自発的な開示には多くを期待できないのであるから[138]、消費者保護の観点から正確な情報開示を企業に義務づけることの可否が問題となってこよう。

　これについて、レディッシュは、たとえ不正確な情報が様々な法益を侵害する可能性があるとしても、その害悪の蓋然性は、法律による統制によるのではなく、反対言論によって縮減されるべきだと明言している[139]。もちろん、第一義的には、誤った情報の是正は、競争業者や消費者団体による反対言論によって行われるべきであろう。しかし、市場構造や商品特性によっては、反対言論の提起がほとんど期待できない領域もある。この点につき、前述のストラウスは、リンマーク対ウィリンボロ判決[140]における人種統合政策と持ち家の「売り家」表示禁止を例にあげ、そこでは、実際上人種統合政策反対の表現が不可能であったことを指摘する[141]。

　営利的言論の場合、不正確な情報、あるいは虚偽の情報によって惹起される害悪は様々である。広告商品が食品や医薬品である場合と不動産やパック・ツアーである場合では侵害される利益は同一ではない。また、市場特性や商品特性によっては、反対言論の提起がかえって情報の錯綜や混乱を招くことも考え

---

138) もっとも、市場における競争が情報開示を促す可能性も否定できない。たとえば、地球環境への関心が販売促進要因となる場合では、商品の正確な情報が一種の価値を構成する場合がある。しかし、商品によってはそのような調整機能が期待できない市場構造に置かれているものもあり、正確な商品情報より商品名の印象づけが選択される場合が少なくない。参照、梶山前掲112) 12-4 頁。

139) Martin H. Redish, Product Health Claims and the First Amendment : Scientific Expression and the Twilight Zone of Commercial Speech, 43 Vand. L. Rev. 1433, 1461 (1990).

140) Linmark v.s Willingboro, 431 US 85 (1977).

141) Strauss, supra note 129 at 347.

られる。だが、いずれにせよ、企業と消費者の間には情報の非対称性が存在しているのであるから、情報に関して対等な攻撃防御方法が分配されているわけではない。そこで、商品や市場状況によっては、企業に対して、正確な情報の開示が義務づけられることが是認される[142]。また、商品の特性によっては、反対言論による市場淘汰になじまないものもあろう。わが国においては、食品衛生法や薬事法上、一定の事項の表示義務が課されているが、これは、商品の性質上誤った表示から生じる危害が重大であることと食品、医薬品に関する知識には著しい偏在があることから正当化されるであろう（第11条による厚生大臣の表示基準の定立、食品添加物の表示義務については食品衛生法施行規則第5条、医薬品広告の表示義務については薬事法第44条、第52条および第53条を参照）。要するに、惹起される被害や市場構造、商品特性によっては、国家の後見的介入も是認されないわけではないのである[143]。むしろ、そうすることが情報受領者の自律を積極的に助長する場合もある。

3） 広告主の状況・商品特性および特定商品への広告規制

高度情報化社会における商品交換は、商品自体でなく商品情報を比較することで営まれるが、わが国の場合、実際には広告の主体は寡占状態にあることが報告されている。つまり、広告という形態をとって行われる競争は、実際には機能していないことが明らかにされているのである[144]。このような状況は、優

---

[142] この結論は、営利的言論に対する特別な処遇を認めるものではあるが、それは営利的言論が低価値の言論であることから認められるのではない。なお、消費者の知る権利と企業の情報開示については、金子勲「消費者の知る権利とその実現」白鳥令編前掲8）85頁参照。

[143] 企業に対する強制的情報開示は、すでに決算公告の義務づけにおいて実現されている。それゆえ、一般的に企業情報の開示を法律で強制することは必ずしも不可能ではない。ただし、情報も私有財産の側面を有しているのであるから、トレードシークレット保護との調和が図られなければならないであろう。なお、製品情報の開示とフリーライダー問題については、金子前掲80頁参照。

[144] 山本明、藤竹暁編『図説　日本のマス・コミュニケーション［第2版］』（1987）222頁。

良な商品を製造し、販売する企業であっても、投下広告量において劣後すれば、市場における優位を確保できないことを意味している。

そこで、広告の量を規制する総量規制が憲法上容認されるか否かが問題となる。この点につき、たとえば、日本民間放送連盟基準は、広告総量を放送時間の18％以内と定めて自主規制を行っているが、法律という形態で同様な規制を課すことが可能かどうかが問われなければならない[145]。広告の総量規制は内容中立的規制であることが前提でなければならないが、地上波とBS、ケーブルテレビでは異なる扱いが行われるべきではなかろうか。また、マスメディアとマルチメディアという伝達方法の違いも考量されなければならないであろう。なお、コンピュータネットワークを通じて行われる広告活動のあり方は、今後の広告法制の最重要課題であろう。

他方、投下広告量において劣位に置かれている企業は、少ない広告量で最大限の広告効果を獲得すべく、消費者に対してよりアトラクティヴな広告活動を行うであろう。それゆえ、広告内容や手法の多様化や広告メディアの多元化は、商品情報間の競争を促進し、消費者の選択に奉仕する。この点からも、営利的言論が価値の低い表現であり、下位の憲法保護が与えられるにとどまるという解釈は、消費社会における情報の役割を的確にとらえていないことが理解できるであろう。

ところで、総量規制と同様に、広告場所や時間帯に関する広告規制も考えられる。たとえば、酒類のテレビ広告やたばこのテレビ広告を深夜の放送時間帯に限るといった規制方法が考えられる。このような規制は、内容に基づく分類を採用する時間規制である。それゆえ、表現内容中立原則の観点からの許容性が議論となろう。

---

[145] 梶山前掲2) 77-8頁参照。なお、ここでいう総量規制とはニュアンスを異にするが、屋外広告物における広告面積の規制がある。この種の規制は、都市の美観や周辺への安全という保護利益を達成するものであるが、少なくとも、後者の利益の観点からは、表現の方式規制として是認されるであろう。参照、拙稿「屋外広告物規制と表現の自由」中央学院大学地方自治研究センター『法と行政』5巻1号。

わが国においてもこの種の自主規制が存在するが、公権力による規制の可否については、必ずしも十分な議論がなされているわけではない[146]。これは、潜在的に有害だとされているが、製造販売自体は適法な商品の広告を規制できるかということと同時に、情報を受領しそれに基づいて自己決定する消費者の自律をどの程度規制できるかという問題が問われているのである。先述したローウェンシュタインは、たばこ広告が必然的に事実を隠蔽する傾向があることを強調して、時間規制はもとより全面規制の可能性を肯定するが[147]、デイヴィッド A. ロック（David A. Locke）のように、まずは政府や市民団体による反対言論に期待すべきであるという議論も有力である[148]。酒類やたばこの市場構造や広告方法の特性を検討する必要があるが、他の領域とは異なり、市民団体等の反対言論活動が活発であることを考慮すれば、消費者の自己決定を最大限尊重するという観点からは、ロックの主張に与したいと考える。

5. 結　　論

営利情報の価値は、政治的言説の価値に劣るわけではない。両者の間には、内容的にもまた機能上も憲法上の保護を決定づけるほどの差異はない。このことは、政治的意見だからといってサブリミナルな効果を狙った表現が規制されないわけではないことを想起すれば十分である[149]。情報の役割があまりに増大し、情報のもつ機能やヴァリエーションが多様化した今日、我々は、営利情報

---

146) アメリカにおいてですらこの種の規制の合憲性には議論がある。See Note, The First Amendment and Legislative Bans of Liquor and Cigarette Advertising, 85 Colum. L. Rev. 632.
147) Lowenstein, supra note 94 at 1207.
148) David A. Locke, Counterspeech as an Alternative to Prohibition : Proposed Federal Regulation of Tabacco Promotion in American Motorsport, 70 Ind. L. J. 217, 251-3 (1994) ; Note, supra note 113, at 652-5.
149) 玉井克哉「シンポジウム情報化の進展と近代法への挑戦　第2セッション　情報と財産権報告」ジュリスト1043号（1994）80頁参照。

だから低価値の表現だという先入観を捨て去るべき時期にさしかかっているといえるだろう。情報の価値は、それに基づいて何事かを成し遂げる「手段」的な側面に限られるわけではない。情報伝達のメディアや態様が多様に分岐した現代社会では、ともかくも情報を選択する行為自体が保護に値するのではなかろうか。オンライン広告の例が示すように、企業やマスメディアが用意した情報を受領するだけではなく、情報受領者の側から積極的に情報にアクセスする機会は飛躍的に増大するであろう。情報受領者のイニシャティヴを保護するには、情報を選択する行為自体が保護に値するという解釈が必要である。表現の自由を道具としてとらえる解釈から、それ自体を目的として設定する解釈へのシフトが要請されている。

　本稿は、営利的言論というレッテルが言論の保護を決定づけるという解釈を拒絶する。営利的言論規制の合憲性は、それが争われるコンテクストに応じて吟味されなければならない[150]。その際、商品や市場の特性や表現方法、規制目的、反対言論の可能性や効果等が総合的に勘案されるべきである。もちろん、これはカテゴリカルな思考方法に比べて多大な労力を必要とする。しかし、法が現実の進展の速度に追いつくためには、当然払われるべきコストであるように思われる。

---

150) See Lively, supra note 137 at 309.

第 3 章

営利的言論法理の現在

1. はじめに

　合衆国最高裁判所の判例上、営利的言論は修正 1 条の保障を受けることに異論はない。しかし、営利的言論はどこまで保障されるのか。逆からいうと、営利的言論規制はどこまで憲法上許されるのかについては、いまだ明確な合意は存在しない。それ以上に、営利的言論とは何かについても判例・学説上のコンセンサスは得られていない。

　この小論は、混迷状態にある営利的言論法理の現状を可能な限り冷静にスケッチすることを目的としている。その際、上に掲げた二つの論点、すなわち、①営利的言論規制の合憲性判断基準の現状、②営利的言論概念の外延をめぐる議論の現状を描き出すことに焦点を合わせたい[1]。

---

[1] 私は、過去数回にわたって営利的言論の問題を考察したことがある。それは、1985 年からほぼ 10 年おきの間隔で行われてきた。ところで、外間寛先生は、私が修士論文として最初に営利的言論を扱った際に審査にあたられた経緯がある。そこで、先生から賜った学恩に報いるべく、再度営利的言論をテーマにした論考を執筆しようと考えた。先生のご健康を祈念して、この小論を献呈したい。

　なお、営利的言論に関するこれまでの小論として以下のものを掲出する。拙稿「商業的言論解釈の展開」比較法雑誌 19 巻 3 号（1985）47 頁、同「言論の自由と商業的言論」比較法雑誌 20 巻 1 号（1986）69 頁、同「営利的言論（一）（二・完）」法学新報 103 巻 1 号（1996）、6 号（1997）。

2. 営利的言論法理の現在

(1) セントラルハドソンテストの現状

1) セントラルハドソンテストの非一貫性

1980年以降、営利的言論をめぐる問題はセントラルハドソンテスト[2]の適用の問題となった。つまり、営利的言論規制の合憲性は、①問題となった表現が合法的な活動にかかわるものであって、公衆を誤解させるようなものでなければ、②規制利益が本質的なものであり、③その規制が利益を直接促進し、④その規制が利益を促進する以上に強力でないかどうかを問うことによって判定されることになったのである。

ただし、表現規制の合憲性は、「何を」審査するのか以上に、「どの程度」審査するのかに左右される。セントラルハドソンテストもこの例に漏れない。

1980年代をとおしてみると、合衆国最高裁判所におけるセントラルハドソンテストの厳格さは一定ではなかった。弁護士広告規制の合憲性が問題となったザウダラー判決（Zauderer v.s Diciplinary Council of the Supreme Court of Ohio, 471 US 626, 637 (1985)）では、弁護士会規則が厳格に審査されることによって、広告規制が退けられている。本判決では、営利的言論法理とは、虚偽もしくは誤解を招くような広告を規制する趣旨であるから、真実かつ誤解を生じさせないような広告を規制する場合には、より厳格な審査が適用されるべきだという姿勢が示されている。

一方、カジノ広告の規制が問題となったポセイダス判決（Posadas de PuertoRico v.s Tourism Company of PuertoRico, 478 US 328 (1986)）では、セントラルハドソンテストがきわめて緩やかに適用され、プエルトリコがギャンブル抑制のために採用した広告規制の合憲性が合理性の審査基準の下で審査されている。この姿勢は、「オリンピック」という商標の使用規制が問題となったサン

---

2) Central Hudson Gas & Electric Co. v.s Public Service Commission of New York, 447 US 557 (1980).

フランシスコ芸術・体育協会判決（San Francisco Arts & Athletics, Inc. v.s United States Olimpic Committee and International Olympic Committee, 483 US 522 (1987)）や商品のデモンストレーションを禁止した州立大学学則の合憲性が争われたフォックス判決（Board of Trustees of the State University of New York v.s Fox, 429 US 469 (1989)）でも維持されている。この一連のケースでは、ギャンブルを規制したり、商標を保護するために法が認めた規制権限には、当然のごとく広告規制権限も含まれるという論理がとられていた。つまり、「大は小を兼ねる（the greater includes the lesser）」という理屈が採用されていたことに注意が必要である。

営利的言論規制の場合、セントラルハドソンテスト①②をクリアしなければ③④の審査項目には進めない。通常、①をクリアしない営利的言論が憲法上の保障を主張するケースは考えにくく、また営利的言論規制は何らかの本質的利益を標榜するであろうから②をクリアしないケースも想定しがたい。したがって、営利的言論規制の合憲性はセントラルハドソンテスト③④をどの程度厳格に問うかがポイントとなる。営利的言論規制が規制目的とどの程度関連性があるか、その規制と規制利益との間の釣り合い（fitness）をどの程度厳密に問うか。このことによって営利的言論規制の合憲性に差が生じるのである。ザウダラー判決のラインはこれを厳格に審査した結果であり、ポセイダス判決のラインはこれを緩やかに審査した結果もたらされたのである。

2) セントラルハドソンテストの変貌

① クアーズ判決

しかし、1990年代に入り、合衆国最高裁判所は、セントラルハドソンテストに対する考え方を大きく転換した。そのきっかけとなった事件は、1993年のエーデンフィールド判決（Edenfield v.s Fane, 507 US 761 (1993)）であり、また1995年に判示されたクアーズ判決（Rubin v.s Coors Brewing Co, 514 US 476 (1995)）であったといえよう。

とくにクアーズ判決ではこの転換が顕著に表れている。本判決の争点は、ビ

ールのラベルにアルコールの詳細を記載することを禁止した連邦アルコール管理法の合憲性であった。同法の合憲性を主張するため、財務省が提示した規制目的はアルコール度数をめぐる販売競争の防止であった。法廷意見を述べるトーマス裁判官は、営利的言論に関する合衆国最高裁判所の先例をたどりつつ、営利情報の自由な流通がもたらす利益を強調する (514 US 482)。そして、本件事例にセントラルハドソンテストを適用するのであるが、同裁判官は、政府の主張する目的に対しては、ラベル規制よりも制限的でない規制方法があるはずだとして、財務省側の主張を退けたのである (514 US 491)。

トーマス裁判官は、セントラルハドソンテスト③の立証程度が単なる関連性では足りず、「直接かつ実質的に政府利益を促進する」ものでなくてはならないと述べている (514 US 486)。つまり、営利的言論規制の合憲性を主張する政府には、相当重い立証責任が課されることになる。ここにおいて、合衆国最高裁判所は、ポセイダス判決で採用されたような敬譲的審査をはっきりと放棄している。

一方、1980年代以降、営利的言論法理の展開に大きく貢献してきたスティーヴンス裁判官は、本件ラベル規制が目的達成にとって不十分であることを批判しながら、次のように述べている。

> 「私の考えでは、営利的言論のカテゴリー［と他の言論］の境界線は、法廷意見が想定したほどには明らかではない。そして4段階審査テストは、他の言論より営利的言論がより規制されることの理由には関係ないのである。」(514 US 493)

では、営利的言論法理を正当化するものは何か。この点につき、スティーヴンス裁判官は、「それはつまり、営利的言論が潜在的に誤解を招きがちだということにかかわっているのである」(514 US 494) と説明する。

しかし、スティーヴンス裁判官によると、営利的言論であるからといって、ただちに規制が正当化されるわけではない。営利的言論に対する規制は、営利的言論の中でも虚偽や誤解を招くような表現がもたらす弊害に着目して許されるというのである。

では、営利的言論に対するこのような特別の取り扱いはなぜ許されるのか。同裁判官は、次のように説明する。

「虚偽の営利的言論の弊害は、商取引に直接的に有害なインパクトをもたらすであろうし、虚偽の内容を操作するために営利的言論を流布する嘘つきの能力とも相俟って、この種の言論が他の多くの言論より政府の規制を許すのはなぜかを説明するのである。」(514 US 497)

その結果、営利的言論法理とは、「虚偽や誤解を招くような営利広告規制を容認する」ものととらえ直されることになる。逆からいうと、真実の情報を誤解を招かない方法で伝達するような営利広告を規制することは許されず、そのような規制は通常の表現内容規制と同レベルの「厳格な審査（stringent review）」に服するというのである（Id.）

スティーヴンス裁判官のこのような考え方の背景には、「より多くの言論やよりよく情報を得た市民が表現の自由条項の中心的目的である」（Id.）という信念があると思われる。

② 44 リカーマート判決

以上のような営利的言論法理の再構成は 1996 年に判示された 44 リカーマート判決（44 Liquormart, Inc. v.s Rhode Islamd, 517 US 484 (1996)）[3]でいっそう明確になる。

この判決で争われたのは、アルコール類の広告に価格を載せてはいけないと定めていたロードアイランド州法の合憲性であった。相対多数意見を述べるスティーヴンス裁判官は、次のように説示し、同州法が修正 1 条に違反すると判示した。

「本裁判所の判例法理が示すように、ロードアイランド州はすべての営利的言論規制が同一の表現カテゴリーを標的としている以上、同一の憲法審査の形態に服すると結論づけているが、これは間違っている。そのメッ

---

[3] 本判決については、Timothy R. Mortimer, 44 Liquormart Inc. v.s Rhode Island : a toast to First Amendment, 32 N. E. L. Rev. 1049 (1998) 等参照。

セージが商取引を提案するものであるという事実だけでは、それらのメッセージを抑圧する決定に適用される合憲性審査（constitutional analysis）は決まらないのである……州が誤解を招くような、虚偽または強引な商法から消費者を保護するために営利的なメッセージを規制する場合、あるいは消費者にとって有益な情報の開示を要求するような場合には、その規制の目的は営利的言論に対して憲法が与えている保護の理由に合致しているから、厳格な審査ほど厳しくない審査が正当化される。しかし、州が真実の、誤解を招くようなものでもない営利的メッセージを、公正な取引プロセスの維持といった理由とは無関係な理由で禁止しようとする場合には、修正1条が一般的に要求する厳格な審査から離脱する理由はない。」(517 US 501)

このような前提に立ち、スティーヴンス裁判官は、本件ロードアイランド州法を「言論の全面的禁止（complete speech bans）」と認定した。つまり、同州法は、虚偽や誤解を招くような営利広告に限定して規制するものではなく、営利広告であるという理由だけで広告を禁止するものであるから、厳格な審査に服するというのである (517 US 504)。

その結果、ロードアイランド州は、本件規制が規制利益を促進することの証明にとどまらず、それが実質的に促進するものであることの証明まで要求されることになり、同時に、規制目的と手段との間の関連性が必要以上に強力でないことの証明をも求められるのである (517 US 507)。これはエーデンフィールド判決からクアーズ判決を経て、本判決で確立された法理となったといえよう。

スティーヴンス裁判官相対多数意見は、「子細に検討してみると、今日我々はポセイダス判決が修正1条の分析を誤っていたと確信している」と述べる。つまり、合衆国最高裁判所は、ポセイダス判決を廃棄すべきだというのである (517 US 510)。

先に述べたように、ポセイダス判決では、カジノを規制する権限にはカジノ広告を規制する政府権限も含まれるという、いわば「大は小を兼ねる」論法が

とられていた[4]。リカーマート判決で、スティーヴンス裁判官はこの論法をも退ける。経済活動そのものを規制することとそれにかかわる表現を規制することは異なる。後者は前者より危険である。これが同裁判官意見の根底にある考え方であるといえるであろう。飲酒をコントロールすることとアルコールの広告を規制することは異なるのである。

このようなスティーヴンス裁判官相対多数意見に対して、スカリア裁判官補足意見は、本件ロードアイランド州法の合憲性は政治的表現規制に適用される厳格な審査ではなく、もう少し緩やかな審査で検討されるべきではないかと述べている。つまり、セントラルハドソンテストは、スティーヴンス裁判官相対多数意見がいうほど厳格な審査ではないが、このテストの厳格さを緩めて適用しても、同州法は修正1条に違反するというのである (517 US 517)。

一方、営利的言論保障の急先鋒、トーマス裁判官は次のように述べている。

「本件のようなケースでは、政府が主張する利益は商品やサービスを合法的に利用しようとする者を無知にしておいて、市場における選択を操作しようとするものである。セントラルハドソン判決で用いられた利益考量テストは、本件に適用されるべきではないと私は考える。むしろそのような利益はそれ自体不適切で非営利的言論を規制する場合に劣らず、営利的言論を規制することをも正当化することはない。」(517 US 518)

トーマス裁判官補足意見は、スティーヴンス裁判官相対多数意見以上に、消費者の意思決定に政府が介入することに警戒心を露わにしている。つまり、「適切な営利情報の抑圧を通じて消費者の選択や世論を操作することの誤り」(517 US 520) こそ修正1条の前提にある「反パターナリスティックな前提 (the antipaternalistic premises)」(Id.) だというのである。

本件の場合では、アルコール販売の時間規制や課税等、表現規制以外に州がとることのできる手段は多数考えられる。しかし、それらの検討をさしおいて広告という情報を規制することで目的を実現しようとしたこと。これは修正1

---

4) 478 US 341.

条の観点から許されない情報操作であると、トーマス裁判官は強い調子でロードアイランド州の主張を批判する。

本判決では、レーンクイスト首席裁判官、スータ裁判官、ブライヤー裁判官、オコンナ裁判官が結論に同調している。このことから考えて、ポセイダス判決は実質的に破棄されたと見ることができるのではなかろうか[5]。

③ グレーター・ニューオーリンズ社判決

このような傾向は1999年に判示されたグレーター・ニューオーリンズ社判決 (Greater New Orleans Broadcasting, Inc. v.s United States, 527 US 173 (1999))[6]でいっそう顕著となる[7]。

本判決の争点は、民営カジノに関する広告放送を禁止した連邦法 (18 USC§1304) およびそれを受けて実施されているFCC規制の合憲性であった。スティーヴンス裁判官による法廷意見はセントラルハドソンテストによりながら営利的言論規制の合憲性を審査し、同法および規制が合衆国憲法第1修正に違反するという結論を明らかにしたのである。

同裁判官法廷意見は、民営カジノの営業自体はルイジアナおよびミシシッピ州(グレーターニューオーリンズ社等が開局している州)で合法化されており、広告内容自身も虚偽もしくは誤解を生じさせるものではないことを確認する。

民営賭博広告の規制利益の本質性について、連邦政府は、(a)賭博やカジノに伴っている社会的費用 (social cost) の軽減と(b)各州がカジノ規制を試みる場合に求められる連邦政府の支援の必要性を主張した。これについて、スティーヴ

---

5) Arlen W. Langvardt & Eric L. Rochards, The death of Posadas and the birth of change in commercial Speech doctrine : implications of 44 Liqurmart, 34 Am. Bus. L. J. 483 (1997).

6) なお、本判決については、拙稿「アメリカ判例を読む(2)民営ギャンブルの広告規制と表現の自由」ジュリスト1173号167頁に紹介がある。

7) Katheleen E. Burke, Comment : Greater New Orleans Broadcasting Ass'n v.s Unites States, Broadcasters have lady luck, or at least the First Amendment on their side, 35 N. E. L. Rev. 471 (2001).

ンス裁判官は、「我々は、これら二つの利益が本質的であると認めることはできる。しかし、その結論は決して自明のものではない」として、後述するような広告規制に対する様々な適用除外の制定によって、「賭博規制政策が決定的に曖昧になっている」(527 US 187) と述べ、規制利益の本質性に疑問を投げかけている。

セントラルハドソン③および④について、同裁判官はエーデンフィールド判決を引用しながら、次のように述べる。

> 「この立証責任は単なる仮定や推測では満足されない。むしろ、営利的言論への規制を維持しようとする政府は、列挙する害悪が現実的であること、そしてその規制が実際上かなりの程度までその害悪を緩和することを立証しなければならない。」

また、規制と目的の釣り合いについては、

> 「政府は、最も制限的でない規制手段をとるよう求められているわけではないが、主張している規制利益に対して、争点となる規制が狭く定められていることを立証しなければならない……つまり、(その) 釣り合いは完全なものである必要はないにせよ、合理的なものでなければならない。」

(527 US 188)

スティーヴンス裁判官が問題とするのは、賭博規制政策の非一貫性であった。すなわち、連邦政府は民営ギャンブルの広告放送を禁止する一方で、(たとえば、インディアン居住地域でインディアンが運営する場合の賭博を許容しているような) 適用除外を認めてきている。その結果「§1304 の機能とそれに伴う規制制度は、適用除外や非一貫性によって空洞化して」(527 US 194) いると判断したのであった。

そして、同裁判官は、「それ以上に、たとえ連邦政府が達成しようとした政策には、連邦の他の政策に比べても一貫性があり、行動の必要性があるとしても、§1304 は合法活動に関する真実の言論をかなりの部分犠牲にしている」(Id.) と述べ、真実の情報を伝える営利的言論は規制できないとの姿勢を確認しているのである。

また、規制手段のインパクトについては次のように述べている。

「連邦政府は、少なくとも連邦法上規制されていないカジノの言論の自由を侵害する前に、（インディアン賭博を許可したように、営業そのものへの許認可権限と）同様な規制を検討することもできたはずである。」(527 US 195)

すなわち、代替的な規制手段を考慮することなく、広告規制を採用した政府判断は間違っているというのである。

④　ロリラードたばこ社判決

2001年には、紙巻きたばこ、無煙たばこおよび葉巻の販売広告を全面的に禁止した連邦法の一部を修正1条に違反するとした合衆国最高裁判所判決が下されている。オコンナ裁判官法廷意見は、この規制の一部をなす、無煙たばこと葉巻の屋外広告規制が修正1条に違反して無効であると判断した（なお本判決の争点は多岐にわたるが、ここではセントラルハドソンテストのありように限定して判例を整理する）[8]。

オコンナ裁判官法廷意見は、この連邦法規定がセントラルハドソンテスト④を満足しないという。同裁判官は、たしかにマサチューセッツ州（本連邦法は、州法に優先適用されるpreemption規定を置いており、その結果、マサチューセッツ州が本連邦法の実施にあたる立場にあった）は、本連邦法の目的である未成年者の喫煙防止は「根拠のない空論や憶測に基づくものではない」としつつも、「ある場所では、これら規制は、無煙たばこや葉巻についての真実の情報をおとなの消費者に伝達することをほとんど完全に禁止するものである」(533 US 562)という解釈を示すのである。つまり、このような「規制の効果は農村地帯や郊外、都心部という地域ごとに様々であるだろうが、場所を包括的に広く制限することは、規制のかけ方として妥当性を欠いている」(533 US 563) と述べるのである。

---

8) 本判決に対する批判も根強い。David S. Modzeleski, Lorillard Tabaco v.s Reilly : Are we protecting the integrity of the First Amendment and commercial free speech doctrine at the risk of harming our youth, 51 Cath. U. L. Rev. 987 (2002).

同裁判官は、続けてこのように述べている。

「私たちは、たばこの小売業者や生産者が成人に対してたばこ製品について真実の情報を伝える利益をもっているのかどうか、そして成人もたばこ製品について真実の情報を受けとる利益をもっているのかどうかを検討しなければならない。……［その結果］私たちは、マサチューセッツ州司法長官が無煙たばこや葉巻の屋外広告物規制が、未成年者の喫煙防止という州の本質的利益を促進するために必要以上に強力ではないことの証明に失敗したと結論づけるのである。」(533 US 565)

一方、トーマス裁判官補足意見は、法廷意見の結論に同調しつつも、真実の情報を誤解を招かない方法で伝達するような営利的言論を規制することが許されるかどうかは、むしろ厳格な審査によって判断されるべきだという考え方をあらためて示している (533 US 581)[9]。

(2) 営利的言論法理の現在

1) 合衆国最高裁判所における営利的言論法理の転換
① 営利的言論判例の傾向

以上の判例分析から理解できるように、合衆国最高裁判所における営利的言論法理は、その姿を大きく変えようとしている。その転換点となったのが1995年のクアーズ判決と翌年に判示されたリカーマート判決であった。図らずもアルコール広告が問題となった事例において、合衆国最高裁判所は、広告規制を厳しく戒める判断を示したのである。この流れは現在まで続いていると見てよい。

ただし、広告規制を厳しく審査する場合、合衆国最高裁判所には二つの考え

---

9) また、スティーヴンス裁判官一部同意、一部反対意見は、マサチューセッツ州が屋外広告物規制の広汎性について十分な立証を行ってこなかったことを指摘し、この部分について原審に差し戻して審理をするよう求める判断を示している。なお、ケネディ裁判官（スカリア裁判官同調）は、結論に同意しつつ、セントラルハドソンテスト③の検討は本件では不要であったとの考え方を示した。

方が共存しているように思われる[10]。それは第一に、セントラルハドソンテスト③④を厳格に適用するものであり、エーデンフィールド判決ケネディ裁判官法廷意見やロリラード判決オコナ裁判官法廷意見に見られる考え方である。これは、営利的言論規制にはセントラルハドソンテストが適用されることを前提にした立場であると考えてよいであろう。

第二に、セントラルハドソンテストの適用範囲を限定して、むしろある種の営利的言論規制には、政治思想表現の規制と同様な厳格な審査が適用されると考えるものである。これは、クアーズ判決スティーヴンス裁判官補足意見やリカーマート判決スティーヴンス裁判官相対多数意見あるいは、トーマス裁判官補足意見などに見られる考え方である。とりわけ、リカーマート判決トーマス裁判官補足意見は、正確で、誤解を招かないような営利情報の規制についてはセントラルハドソンテストは適用されないと明示的に述べていた。むしろ、この種の規制は内容規制に比肩する危険性をもっているというのである。

この点について、キャサリーン・サリヴァンは、トーマス裁判官がこの種の規制をそれ自体違憲であると考えているのではないかと指摘する[11]。トーマス裁判官にとっては、正確な情報を適切な方法で伝えることは禁圧できず、そのような規制は個々人の意思決定に介入する許されないパターナリズムであると考えられるのであろう。

したがって、トーマス裁判官にとって、セントラルハドソンテストの適用範

---

10) Kathleen M. Sullivan, Cheap Spirits, Cigarettes, and Free Speech: The Implicationas of 44 Liquormart, 1996 S. Ct. Rev. 123. at 141. ただし、サリヴァンは、合衆国最高裁判所における営利的言論法理が現在三つに分岐していると指摘する。第一に、パターナリズムに基づく広告規制はそれ自体許されないと考える立場であって、トーマス裁判官がよって立つ立場である。第二に、パターナリズムに基づく広告規制には厳格な審査が適用されると考える立場であって、スティーヴンス裁判官やケネディ、ギンズバーグがあてはまるという。第三に、政府の規制権限を認めながら、それは広告規制という手段ではなく、直接的に行動を規制する方法をとるべきだと考える立場があるという。これにはオコナ裁判官が分類されるという。

11) Kathleen M. Sullivan, id.

囲は非常に限定されたものになる。むしろ、セントラルハドソンテストは営利的言論規制の審査基準としては廃棄すべきだと考えているともいえよう。デイヴィッド・ハドソンが指摘するように、セントラルハドソンテストは、「クラレンス・トーマスの筆から放たれる重い法的なボディブロー」[12]に耐えられるかどうかの瀬戸際にあるということもできるであろう。

② 経済活動規制権限と広告規制

かつて、ポセイダス判決の中で、レーンクイスト主席裁判官は、ある活動に対する州の規制権限は、当然にその活動にかかわる広告を規制する権限を含むと解釈していた。いわば、「大は小を兼ねる (The greater includes the lesser)」的な論法がカジノ広告規制を正当化していたのである。

しかし、この考え方はリカーマート判決スティーヴンス裁判官相対多数意見とグレーター・ニューオーリンズ判決において完全に廃棄されることになった。

ある経済活動に対する規制権限が広告規制の権限を当然に含むものではないとすると、政府は目的達成手段として当然には広告規制を採用することができなくなる。この点について、ミッチェル・バーマンは、合衆国最高裁判所におけるこのような姿勢は行き過ぎであると批判する[13]。だが、このような姿勢の背景には、表現規制に関する合衆国最高裁判所の二つの考え方が控えているように思われる。

第一に、広告規制は直接規制より重大なインパクトを及ぼすという考え方である。ロリラード社判決オコナ裁判官法廷意見にあるように、正当な規制利益ならば、その行為自身を規制することを含めた代替的規制方法をとるべきで

---

12) David L. Hudson, Jr., Justice Clarence Thomas : The Emergence of A commercial Speech Protector, 35 Creighton L. Rev. 485, at 500 (2002).

13) Mitchell N. Berman, Commercial Speech and the Unconstitutional conditions Doctrine : A Second Look at "The Greater includes Lesser", 55 Vand. L. Rev. 693 (2002).

ある。直接規制に踏み出せないのなら、課税や時間規制等も検討されてよい。そのような検討を抜きにして、広告規制という安易な規制方法に流れることを戒めるメッセージがここに込められているといえないだろうか。

　第二に、広告規制は、その性質上、情報を操作し、個人の意思決定に介入するという考え方である。スティーヴンス裁判官もトーマス裁判官も、広告規制がもつこのような操作機能を重く見ている。ある行為を禁圧したり制限したいのなら、行為自身を規制すべきであって、行為に関する情報を規制すべきではない。たとえばギャンブルを禁止したいのなら賭博行為そのものを禁止すべきであって、ギャンブルにかかわる情報を操作すべきではないのである。規制当局は、行為自身の制限を行おうとする場合、様々な抵抗や煩わしい調整問題に直面するだろう。広告規制は、そのような困難なプロセスを省略して、商品やサービスの流通を制限できる点でうまみをもっていた。その結果、規制当局は、規制の是非や合憲性の問題を棚上げすることで当面の目的を達成することができたのである。しかし、これはあまりに安易といわざるを得ない。合衆国最高裁判所における営利的言論法理の転換には、安易な規制手段の選択に対するこのような警戒心が表されているのではなかろうか。

2) 表現規制に対する審査基準の統合
① 営利的言論法理の廃棄

　キャサリーン・サリヴァンが示唆するように、合衆国最高裁判所における営利的言論法理は実質的に廃棄されたとみることもできる[14]。少なくとも、セントラルハドソン判決が下された1980年時点に比べて、そのテストは大きく意味合いを変えてしまったようである。判決当時、パウエル裁判官は、このテストを中間段階の審査と位置づけていたし、1980年代をとおして探求されていたのは、このテストの中間段階審査としての水準であった。しかし、今日、セントラルハドソンテストの水準は厳格な審査に肩を並べるところまで上昇して

---

14) Sullivan, supra note 10 at 145.

いる[15]。

 とくに、セントラルハドソンテスト④が求める「その規制が利益を促進する以上に強力でないこと」の立証責任は相当な負担として立法府に課されている。つまり、広告規制に代わる規制方法は常に存在するから[16]、広告規制がこの審査をくぐり抜けるのはかなり難しい。

 このような結果として、営利的言論法理の規範的意義は「虚偽や誤解を招くような広告規制が許される」という点に限定され始めている。それ以外の広告規制は内容規制と同視すべき表現規制であって、厳格な審査に服するのである。営利的言論が営利的言論だという理由だけで規制されることはもはやあり得ないのである。

② 審査基準の統合

 営利的言論に対する司法審査がこのように変化した理由は何か。それは、表現規制に対するパターナリズムへの嫌悪ということができるであろう。D. ストラウスがいうように、「表現はそれが説得的であるからという理由では規制できない」のである[17]。あるいはキャサリーン・サリヴァンが指摘するように、合衆国最高裁判所は、表現規制の司法審査基準を comunicative inpact か non-communicative inpact かに分けて審査をするという、イリーやトライブ流の考え方にシフトさせているのかもしれない[18]。また、真実の情報を伝える営利的言論を規制することは表現内容規制に相当するという認識が共有され始めているのかもしれない。

 この点について、スーザン・ロス（Susan Dente Ross）は、合衆国最高裁判所

---

15) ただし、スカリア裁判官は、セントラルハドソンテストをあくまで中間段階の審査として位置づけることにこだわっている。

16) Sullivan, supra note at 141.

17) See David A. Strauss, Persuasion, Autonomy, and Freedom of Expression, 91 Colum. L. Rev. 334 at 335 (1991).

18) Id. at 144.

が営利的言論規制に対する司法審査の水準を上げる一方で、メディア等に対する内容中立規制の審査水準を下げていると指摘しているのが興味深い[19]。ロスによると、1990年代に入り、合衆国最高裁判所は、営利的言論規制に対するセントラルハドソンテストの適用水準を上げるのと裏腹に、内容中立規制に適用される中間段階の審査基準の厳格さを低下させ、オブライエンテストと同程度で処理していることを批判するのである[20]。

ただし問題は、なぜ営利的言論については虚偽や誤解を招くような表現が規制されるかにある。この点について、スティーヴンス裁判官は、営利広告の真実性の証明が容易であることや虚偽もしくは誤解を招くような営利広告が深刻な打撃を市民生活にもたらすことをその理由としてあげていた (514 US 497)。だが、真実性の証明の難易は程度問題ではないのかという批判やなぜ虚偽や誤解を招くような政治的表現が規制されないのかという疑問を解消するには至っていない[21]。

このような問題を意識してか、スティーヴンス裁判官は、営利的言論と非営利的言論の区別を「常識的差異 (commonsense differensce)」に求め続けているようである。しかし、これは営利的言論というカテゴリーの存在理由を本質的に説明するものではない。この点については次に検討する。

---

19) Susan Dente Ross, Reconstructing First Amendment Doctorine: The 1990s [R]evolution of the Central Hudson and O'Brien Tests, 23 Hastings Comm. & Ent. L. J. 723, at 726 (2001).
20) 同旨拙稿「時間・場所・方式規制に対する司法審査」(本書第5章) においても指摘した。
21) これは、一般的に嘘をつく自由が憲法上保障されないのかという問題にもかかわる。

3．営利的言論とは何か

（1） 営利的言論とは何か

1） ナイキ対ケイスキー判決

① ナイキ対ケイスキー判決

営利的言論については、いまだ解明されていない問題が残っている。それは「営利的言論」とは何かについての問題である。次に検討するナイキ対ケイスキー判決は[22]、この未解決の問題が難問であることを明らかにしたケースであるといえるだろう[23]。

事件の発端は、ナイキ社が海外生産拠点で現地の労働者を虐待したり、最低賃金を下回る報酬で雇用していたという報道であった。これに対して、ナイキ社はプレスを通じて自社の立場や考え方を明らかにするとともに、大口取引先である大学の学長に宛てて書簡を送る等の広報活動を行ったのである。

ところで、カリフォルニア州には私人が公益の立場から訴訟を提起できる規定がいくつか置かれていた。その一つである Business and Professions Code 第17204条等を用いて、同州の住民マーク・ケイスキーがナイキ社を訴えたのが本件訴訟である。訴えの理由は、ナイキ社が行った広報活動は虚偽の内容を含むものであって、また公衆を誤解させるものであるから、同州不正競争防止法に違反するという点に置かれていた。

本件の争点は、ナイキ社の広報活動が虚偽であるとして、これを規制することが可能なのかどうかに絞られた。そこでケイスキー側が援用したのが営利的言論法理であった。つまり、合衆国最高裁判所の判例理論では、虚偽もしくは誤解を招くような営利的言論は規制される。ナイキ社の広報活動は、虚偽の事

---

22) Nike, Inc. v.s Kasky, 71 USLW 4602 (2003).
23) 本判決については、拙稿「企業の広報活動と社会的責任　ナイキ対ケイスキー判決」日経広告研究所報225号（2006）16頁以下で詳しく分析したので、本稿では本判決が営利的言論法理全体にもつ意義や問題点を解明することにしたい。

実を流布することによって、自社の経済的利益を保持しようとするものであるが、これは憲法上規制されるべき表現活動だというのである。

この点について、カリフォルニア州最高裁判所は、次のような理由により、ナイキ社の広報活動を営利的言論と認定して、その規制（不正競争防止法における違法、不正な広告禁止）に該当する事実があったかどうかの審理を原審に差し戻す判断を示した[24]。

ケナード裁判官による多数意見（ジョージ主席、ワーディガー、モレノ各裁判官同調）は、ある表現が営利的言論か非営利的なのかを判別する際、三つの要素を検討する必要があると述べる。すなわち、①誰が話者（the speaker）なのか、②表現が想定している受け手（the intended audience）は誰か、③メッセージの内容（the content of the message）はいかなるものなのかという３点を検討する必要があるというのである[25]。

カリフォルニア州最高裁判所は、以上の項目を本件ナイキ社の事例にあてはめる。まず、話者はナイキ社という営利法人であるから、第一の要件は充足する。次に、想定される話者が問題となる。ナイキ社は、大学の学長や体育学部長に向けて書簡を送っているのであるが、これらは同社の大口取引先であって、両者の間には経済的利益の共有が認められる。したがって、問題は、本件表現行為の内容に向けられることになる。

しかし、同裁判所は、問題となった事項について、ナイキ社が容易に反論できたことを重視する。つまり、労働基準法の遵守や最低賃金の確保が真実であるとの反論は容易に可能であって、その真偽は証明可能であることを重視するのである。表現内容の真偽が容易に証明可能であること、すなわちこれらは「事実に関する言明」に属し、営利的言論に分類されるというのである。

これらの点から、カリフォルニア州最高裁判所は、ナイキの広報活動を営利的言論であると判断して、その真偽につきさらに審理を進めるよう、原審に差し戻す判決を下したのであった。

---

24) Kasky v.s Nike, Inc. 45 P. 3d. 243 (Cal. 2002).
25) 45 P. 3d. 256.

② 合衆国最高裁判所判決
　(a)　法廷意見[26]

　これに対してナイキ社は、合衆国最高裁判所に上告する。しかし、合衆国最高裁判所は、主として訴訟手続上の理由によって訴えを却下した。カリフォルニア州最高裁判所が訴えを原審に差し戻して、最終的な判断を示していない段階では合衆国最高裁判所としては判断することができないという点、本件においては、連邦管轄事項に関する当事者適格を両当事者とも欠いているという点から、訴えを却下せざるを得ないという判断が下されたのであった[27]。

　(b)　ブライヤー裁判官反対意見[28]

　この却下判決に対しては、ブライヤー裁判官（オコンナ裁判官同調）が反対意見を述べている。同裁判官は、訴訟手続上の理由で、本件訴訟を却下することを批判しつつ、本件におけるナイキ社の広報活動について次のように述べ、その憲法上の保障を認めるべきだと述べている。

　「第一に、本件で問題となったコミュニケーションは、その本質において純粋に営利的なものだとはいえない。それらは、むしろ営利的要素と非

---

26)　71 USLW 4603-4.
27)　この論考では、訴訟用件に関する問題には立ち入らないが、合衆国最高裁判所が口頭弁論を開いた上で、なお訴えを却下したことには批判が強い。たとえば、ヴィッキィ・マッキンタイヤ（Vicki McIntyre）は、カリフォルニア州最高裁判決を批判しつつ、原審がそのまま残ったことが会社の行う表現活動に対する萎縮効果をもたらす危険性を指摘する。Vicki McIntyre, Note : Nike v.s Kasky : Leaving Corporate America Speechless, 30 Wm. Mitchell L. Rev. 1531, at 1562 (2004). また、Alyssa L. Paladino, Just [can't] Do it : The Supreme Court of California Overly Restricted Nike's First Amendment Rights in Holding That Its Public Statements were Commercial Speech, 33 U. Balt. L. Rev. 283, at 284 (2004) は、合衆国最高裁判所が訴えを却下した結果、カリフォルニア州最高裁判決がいまだ生きていることを力説している。
28)　71 USLW 4606. なお、本稿では訴訟要件に関する反対意見の概要については省略する。

営利的要素（公的事項関連）が合わさったものと性格づけられるべきである……カリフォルニア州最高裁判所が（明示的ではないにしても）判示するところのように、それは営利的な話者によって書かれ、営利的な受け手（潜在的な大口消費者）に向けて送られたものであって、話者自身の営利活動について事実を説明するものであった。

　しかし、その［文書の］文言は非常に重要な非営利的性格と営利的性格が解きほぐすことができないほど合わさったものであったと私は考えている。一つ例をあげると、その［文書の］文言は、伝統的な広告の様式からはみ出ている。それは、製品の販売や商取引について提案をしようとするものではない。むしろ、その文言が意味するものは、その内容が利害関係をもつ学部や学生が議論をする際に有益な情報を提供しようとするものであった。その文言上、ナイキ社にかかわる公的な議論に一般的関心をもち、あるいは純粋な利益をもつ個人を含む様々な受け手に情報を伝えようとしたものなのである。」

　「第二に、この（私人が遂行する訴訟による）特定の規制が厳格な審査を通過するかどうかについて、私は疑問をもっている。というのは、その規制が言論に課している負担とそれによって保持される重要な政府利益との間には何ら合理的な関連性が認められないからである。むしろ、その負担は均衡を失している。

　カリフォルニア州の虚偽広告規制制度は（私人による訴訟提起を含めて）、正当で、伝統的かつ重要な公的目的に奉仕することは疑い得ない。……しかし、虚偽の広告に対して、何らの損害を被ってもいない私人が州のために訴えを提起できるというのでは、言論に過大な負担を課すことになってしまう。少なくとも、その訴えがカリフォルニア州法が定めている責任の基準を超えて、本件のような言論にまで及ぶ場合にはなおさらである。」[29]

---

29) 71 USLW 4608.

2) 営利的言論とは何か
① 「制限的目的テスト」をめぐる議論

本件訴訟に対する学説の評価は分かれている。ただし、合衆国最高裁判所における審理では、全米を代表する高名な憲法学者たちの多くがナイキ社側の支持の論陣を張り、カリフォルニア州最高裁判決を批判している[30]。その批判の多くはカリフォルニア州最高裁判決が採用した営利的言論判別テスト（これを学説は「制限的目的テスト」と呼んでいる[31]）に向けられているが、子細に検討すると、この批判は二つの種類に分けられるようである。それは、第一に「制限的目的テスト」が営利的言論に関する先例に適合していないという点[32]であり、第二に「制限的目的テスト」では、会社の行う表現活動のかなりの部分が営利的言論に分類されてしまうこと[33]である。

このうち、第一の点は、合衆国最高裁判所が営利的言論の判別方法について明確に言及してこなかったことにも原因がある。そこでは専ら「常識的差異（commonsense difference）」に基づく直感的、経験的な区別がとられてきたわけであって、あえて営利的言論を他の言論から区別する指標は探求されてこなかった。したがって、カリフォルニア州最高裁判決が営利的言論を判別する目安

---

30) 合衆国最高裁判所の口頭弁論でナイキ側に立ち証言をした憲法学者のリストについては、Ronald K. L. Collins & David M. Skover, Symposium : Nike v.s Kasky and The Modern Commercial Speech Doctrine. Forword The Landmark FreeSpeech Case That Wasn't : The Nike v.s Kasky Story, 54 Case W. Res. L. Rev. 965, at 999 (2004) 参照。その中にはマーティン・レデイッシュ（Martin H. Redish）も含まれている。

31) Robert L. Kerr, From Sullivan to Nike : Will The Noble Purpose of The Landmark Free Speech Case be Subverted to Immunize False Advertising? 9 Comm. L. & Pol'y 525, at 552 (2004).

32) Elliott L. dozier, Kasky v.s Nike : The Effect of The Commercial Speech Classification on Corporate Statements, 33 Stetson L. Rev. 1035, at 1056 (2004).

33) Stephanie Marcantonio, What is Commercial Speech? : An Analysis in Light of Kasky v.s Nike, 24 Pace L. Rev. 357, at 383 (2003) ; J. Wesley Earnhardt, Nike, Inc. v.s Kasky : A golden Opporrtunity to Difine Commercial Speech-Why Wouldn't the Supreme Court Finally "Just Do it" ™?, 82 N. C. L. Rev. 797, at 806 (2004).

を設けたこと自体が先例に反していると考えることもできるだろう。

　第二の点についていうと、会社の行う表現活動は何らかの意味で営利目的をもっているから、会社の表現は営利的言論の要素をもつことになりはしないかという点が問題となる。では、会社が自社の利益を追求するために行う政治活動は営利的言論なのであろうか。また、本件ナイキ社の広報活動が営利的言論に分類されるのであれば、何らかの意味で営利的な目的をもつ表現は営利的言論に分類されてしまう[34]。そうなると、虚偽や誤解を招くような表現は規制対象となる可能性が生じることになる。もちろん、ナイキ社の行った広報活動が明らかに真実であり、公衆を誤解させないものであったなら、セントラルハドソンテストの適用の是非を論じるまでもなく、結論は別の法理に委ねられていた可能性が高い[35]。また、ナイキ社の広報活動が自社利益の擁護という目的に基づくものではなく、海外に生産拠点をもつ企業の労務問題や賃金格差の問題を直接論じるものであったならば、セントラルハドソンテストの適用は明らかに筋違いとして退けられていた。

　この点につき、ロバート・ケール（Robert L. Kerr）は、本件におけるナイキ社の広報活動が非営利的言論に分類されるとした上で、真実の解明における対抗言論の意義を重視し、本件がむしろニューヨークタイムズ対サリヴァン事件の法理に基づいて解決されるべきであったと述べている[36]。

---

34)　もちろん、カリフォルニア州最高裁判所の判断を支持する学説もある。A. モリソン（合衆国最高裁判所にケイスキー側の鑑定書を提出している）やチェムリンスキー・フィスクがこれにあてはまる。Alan B. Morrison, How We Got The Commercial Speech Doctrine : An Originarist's Recollections, 54 Case W. Res. L. Rev. 1189 (2004) ; Erwin Chemerinsky and Catherine Fisk, What is Commercial Speech? The Issue Not Decided in Nike v.s Kasky, 54 Case W. Res. L. Rev. 1143, at 1159 (2004).

35)　それはむしろ、会社の表現の自由そのものにかかわる問題であり、公益訴訟制度による表現規制は内容規制とみなされるべきであって、厳格な審査で検討されるべきことになろう。また、ナイキ社に対するケイスキーの対抗言論は会社に対する名誉毀損の問題ともなり、ニューヨークタイムズ対サリヴァン事件の法理に基づいて解決されることになると思われる。

36)　Robert L. Kerr, From Sullivan to Nike : Will The Noble Purpose of The Landmark

しかし、これは問題を根本的に解決するものではない。なぜなら、仮にそのような主張が一般的に通用するのなら、虚偽や誤解を招くような営利広告も規制ではなく、対抗言論による淘汰に待つべきではないのかという主張が成り立つことになるから、営利的言論というカテゴリーを設けて、そこに何らかの規範的意味を見いだすことはもはや無意味となるからである。対抗言論を強調しつつ、なお営利的言論というカテゴリーを維持する道は一つしか残されていない。それは、営利的言論の領域では対抗言論が期待できないということを証明することである。

ナイキ社の表現を複雑にしたのは、同社が商品広告という形態ではなく、広報活動を通じて自社の経済的利益の確保を目指したからである。そして、カリフォルニア州最高裁判所と合衆国最高裁判所の判断を分けたものは、経済的利益の確保という目的を重視するか、広報活動という表現形態を重視するかであったといえよう。

一方、ナイキ社の広報活動が営利的言論に分類されるとするならば、会社は情報の開示に躊躇し、結果として企業の社会的責任を果たせなくなるという点を危惧する批判もある[37]。

② 営利的言論の判別方法

この点について、エリオット・ドジール（Eliott L. Dozier）は、本件のような混合的言論に対処するため、営利的言論を「経済的取引を提案することによって、話者に経済的利益をもたらす言論であって、公的議論を含むものでもなければ、完全に保護される言論と密接に結びついた言論でもないもの」と定義し直すべきだと主張する[38]。

　Free Speech Case be Subverted to Immunize False Advertising? 9 Comm. L. & Pol'y 525, at 558 (2004).
37)　McIntyre, supra note 127 at 1563.
38)　Eliott L. Dozier, Casenote, Kasky v.s Nike : The Effect of Commercial Speech Classification on Corporate Statements, 33 Steston L. Rev. 1035, at 1065 (2004).

この定義は巧妙である。営利的言論を積極的に定義づけるのではなく、「公的議論」や「完全に保護される言論」から控除することによって問題に対処しようとしているからである。これは、後述するポストのアプローチに似ている。だが、このような消極的定義には「公的議論」とは何か、「完全に保護される言論」とは何かを判別するという煩雑な作業に足下をすくわれてしまう危険性が常につきまとっている。

　一方、合衆国最高裁判所ブライヤー裁判官反対意見は、表現の性質や内容ではなく、表現方法によって営利的言論を判別しようとする立場に立っているように思われる。同裁判官のいう「伝統的な広告の様式」という言い回しには、そのような意図が込められている。

　ステファニー・マルカントニオ（Stephanie Marcantonio）もまた、営利的言論の判別には経済的動機は決め手にならないことを指摘しつつ、営利的言論と他の言論を区別する指標は表現形態（form）にあると主張していることが目を引く[39]。

　たしかに、会社の行う表現活動のほとんどは自社の利益と関連がある。自動車産業を保護するために関税を高くするよう働きかけるため、政党に政治献金を提供することや自社が自然環境保護活動に熱心であることを周知させるため、意見広告を掲載することにも営利目的があることは否めない。したがって、カリフォルニア州最高裁判決のように、営利的言論の判別方法として目的や動機を重視するならば、会社の言論のほとんどが営利的言論の判別に類別されてしまうであろう。

　しかし、表現方法に着目すれば営利的言論と非営利的言論が判別できるであろうか。広告とは、ヴァージニア州薬事委員会判決にいうように、「Aという薬品をXという価格で売ります」というような形態をとるとは限らないのである。したがって、ブライヤー裁判官のいう、「伝統的な広告の様式」を見極めることも容易ではない。

---

[39] Stephanie Marcantonio, Case Note, What is Commercial Speech?: An Analysis in Light of Kasky v.s Nike. 33 Steston L. Rev. 357. at 387 (2004).

ここで注意すべきは、このような一連の議論は、営利的言論とそれ以外の言論が区別可能であって、営利的言論に分類される表現は、他の表現とは異なる規制を受けるという規範的意義を前提としているということである。それゆえ、営利的言論の判別とういう隘路を抜け出るには、営利的言論という規範的なカテゴリーを廃棄することも考えられてよいはずである。ただし、管見によれば、そこまでの極論を主張する学説はそれほど有力には主張されていないように思われる[40]。

このように考えた場合、我々は、営利的言論という規範的概念を支える理由は何か、その姿は大きく変貌したとはいえ、この概念を維持する必要性はどこにあるのか、営利的言論と他の言論を区別する（あるいは区別できる）理由は何かという問題に直面することになる。最後にこれらの点について検討しよう。

（2） 営利的言論法理の必要性

1) 営利的言論法理の必要性

すでに分析したように、合衆国最高裁判所は、営利的言論という概念の外延を明らかにする作業を放棄したまま、営利的言論に分類される表現は政治思想表現とは異なる規制に服すると考えてきた。すなわち、「虚偽や誤解を招くような」営利的言論は規制されると考えてきたのである。言い換えると、営利的言論概念の究明を棚上げしたまま、営利的言論法理を維持してきたのであった。そして、前節でみたように、営利的言論とは何かという問題もいまだ十分に解明されているわけではない。ウィリアム・ヴァン・アルステインがいうように、「営利的言論とは何かについて明確な合意は存在しない」のである[41]。

---

[40] たとえば、Brian J. Waters, A Doctorine in Disarry : Why The First Amendment Demands The Abandonment of The Central Hudson Test for Commercial Speech, 27 Seton Hall L. Rev. 1626 (1997) もまた、営利的言論法理自身の廃棄まで主張しているわけではない。

[41] William Van Alstyne, Remembering Melville Nimmer : Some Cousinary Notes on Commercial Speech, 43 UCLA L. Rev. 1635 (1996).

今日、営利的言論法理は、虚偽や誤解を招くような広告規制が憲法上許されるという意味に限定されつつある。では、なぜ虚偽や誤解を招くような営利的言論は規制できるのか。規制ではなく、対抗言論に期待することができないのか。これについては、合衆国最高裁判所の判例傾向を支持する学説もはっきりした答えを明らかにしているわけではない。いったい営利的言論と政治思想表現を区別する決定的な違いは何なのだろうか。

虚偽の営利広告を規制する必要性は直感的に理解できる。このような広告から被るであろう被害は容易に想像できるからである。同時に、虚偽の営利広告とその結果生じた被害との間にある因果関係を証明することも可能であろう。しかし、この理由によるならば、証明可能な虚偽の政治的表現もまた規制可能になってしまわないだろうか。主権者を欺く表現は、消費者をだます表現と同様に、人々の自律を侵害する。人々の意思決定を操作するような表現は、商品広告であろうと政党の綱領であろうと、各人の自律を否定するものだからである[42]。真偽の証明が可能かどうかによっては、営利的言論とそれ以外の言論を区別することは妥当ではない[43]。

それゆえ、営利的言論と他の言論を区別するより積極的な根拠を探す必要がある[44]。ここでは、有力な三つの主張を検討しよう。

---

42) このような考え方こそが合衆国最高裁判所の判例傾向を支えてきたのではあるまいか。また、内容規制・内容中立規制の区別を正当化するものでもあった。Strauss, supra note 17 at 334.

43) 私は、営利的言論規制の正当性は情報提供者と受領者の間にある「情報の非対称性」を埋め合わせることに限られると考えている。この考え方によると、営利的言論規制が許されるのは、営利的言論が他の言論より真偽の証明の程度が容易だからではなく、むしろ真偽の証明が難しいからである。この考え方は、ことさら営利的言論に限定されるものではなく、人々が何らかの意思決定を行わざるを得ない場面で一般的に妥当すると思われる。主権者の意思決定における情報公開制度の役割も同じ趣旨に基づいているのではなかろうか。実は、ナイキ対ケイスキー判決の真の争点は、ナイキ社という世界的に有力な多国籍企業が消費者に誤った情報を流しているという点に向けられていたのではなかろうか。

44) 営利的言論規制の根拠、あるいは営利的言論法理の正当性を論証する学説につい

2) 営利的言論法理の正当化
① 討議と情報の区別

憲法上、営利的言論と他の言論、とりわけ政治的な言論が区別される理由は何か。この問題について、ロバート・ポスト（Robert Post）は、公的討議（public discourse）と情報を区別し、両者には憲法上異なる扱いがなされるべきだと主張している[45]。

ポストは、表現の自由を「自己統治の参加モデル（the participatory model of self-governance）」という観点から定義づけようとしている[46]。そこでは、参加に直結する公的な討議に中心的な役割が与えられる[47]。一方で、表現の自由は人々の様々な意思決定に必要な情報も保障していると考える。むろん、情報も様々であって、政治的意思決定に必要な情報もあれば、日常的な意思決定に必要な情報もあるだろう。しかし、ポストは情報の内容で憲法保障の水準を区別することはしない。自己統治への参加にとっても営利情報が必要な場面は否定できないからである。公的討議には情報は不可欠である。それゆえ、ポストは、公的討議に必要な情報とそうでない情報を区別することを試みる。

「したがって、私たちは、営利的言論をラフで、不完全に定義づけるとするならば、民主的な意思決定のプロセスに適切な情報を提供するが、それ自体としては公的討議の一部とはみなされないような営利的な主題を伝達する一連のコミュニケーション行為というように解釈することができるだろう。」[48]

公的討議には自己統治への参加（行為）とそれに必要な情報が含まれることになる一方、純然たる情報には自己統治への参加という要素が含まれないこと

ては前項で検討した。
45) Robert C. Post, The Constitutional Status of Commercial Speech, 48 UCLA L. Rev. 1 (2000).
46) ポストの表現の自由理論については、Robert C. Post, Constitutional Domains (1995) 参照。とくに公的討議と表現の自由理論の関係については 119-78 参照。
47) Id. at 30.
48) Id. at 15.

になる。そして、営利的言論とは、この「情報」に分類されるのである。

　もちろん、情報にも憲法上の保障は与えられる。しかし、情報は公的討議とは異なる取り扱いがなされる。営利的言論に対する規制（虚偽または誤解を招くような広告規制）は、このように正当化されるというのである[49]。

　ポストの議論はきわめてスマートであって、真偽の証明可能性に依拠したり、表現の価値からのアプローチが迷い込む隘路からは抜け出ているように思われる。しかし、表現の自由がなぜ公的討議を保障しているのかという点、自己統治への参加に必要な営利情報とそうでない営利情報を区別することは可能なのかという点、あるいはポストの議論は自身が退けたマイクルジョン的な表現の自由解釈とどう異なるのかという点等、いまだ解明されていない問題点があるように思われる[50]。

② 情報操作としての営利的言論

　ポストと同様、表現の自由の役割を政策的意思決定に求めつつ、ポストより強力に営利的言論規制を導き出そうとするのがブルース・レデヴィッツ（Bruce Ledewitz）である[51]。

---

49) Id. at 26-33. ポストによれば、営利的言論には、過度に広汎性の原理や強制的情報開示、あるいは事前抑制の法理は適用されないか、適用されても部分的にとどまるという。

50) 公的討議という概念は用いないものの、ステーヴン・シフリンもまた、表現の自由の役割という観点から営利的言論法理を正当化しようと試みている。シフリンは、ポストやサンステインのようには公的討議に期待を寄せてはいない。むしろ、表現の自由とは、権威を批判すること、すなわち反対意見の自由こそを目的とすると考える。その点から考えると、営利的言論には社会的多数者への異議申立という性格は含まれていない。Steven H. Shiffrin. The First Amendment and Economic Regulation : Away from a General Theory of the First Amendment, 78 Nw. U. L. Rev. 1212 (1983).

51) Buruce Ledewitz, Coporate Advertising's Democracy, 12 B. U. Pub. Int. L. Rev. 390 (2003). レデヴィッツによると、広告は、市場（market）、会社（corporation）、技術（technology）、心理学（psychology）という四つの側面を規定しているが、この四つの側面は、消費（consumption）、人格（personhood）、情報（information）、

第3章　営利的言論法理の現在　*137*

　レデヴィッツの主張は、営利的言論が民主的な意思決定を阻害することを理由として規制可能である、と要約することができよう。

　レデヴィッツによると、広告活動は本質的に情報操作という側面をもっているという。つまり、営利的言論としての広告は、情報を操作することで、情報の受け手の意思決定に介入し、様々な政策的意思決定を歪曲する効果をもつというのである[52]。広告の自由、すなわち営利的言論の自由を認めることは意思決定の操作の自由を認めることにつながるのというのである[53]。

　レデヴィッツは、広告を認めた場合と広告を禁止した場合では政策決定に違いが生じると主張する。たとえば、たばこ広告を禁止することによって、喫煙禁止政策を実現することが助長される。しかし、たばこ広告を許容すれば、そのような政策的目標の実現が阻害される可能性が高い[54]。言い換えると、広告規制を課すかどうかによって、政策実現が左右されるのである。民主的意思決定の結果としてアウトプットされる政策が実現されるかどうか、それ以前に、民主的意思決定が健全に行われるかどうかは、広告活動を禁止するかどうかに依存する。つまり、広告活動の自由を認めることは、「我々が会社広告の民主主義の中に暮らす」[55]ことを意味しており、それはなにより民主主義を危機にさらすことに他ならないというのである。

　レデヴィッツのような広告観を前提とすれば、すべての営利的言論は公衆を誤解させるような性質を本質的にもっていることになるであろう。たしかに、広告は、情報の受け手を説得して、一定の行動（消費）に向かわせようとする活動であるから、レデヴィッツのいうように、意思決定を操作するものに他ならない。その意味で、営利的言論に対する彼の悲観的な見方には重要な指摘が含まれている。営利的言論の問題を考える際、私たちは、営利的言論に内在す

　　　条件づけ（conditioning）の問題として検討できるという（id. at 400）。
52)　Id. at 419.
53)　Id. at 420.
54)　Id. at 430.
55)　Id. at 459.

るこのような特性に十分な目配りが必要である。また、広告活動が民主的な意思決定プロセスにどのような影響を与えているのかを正確に評価することも必要であるに違いない。

しかし、広告活動が認められることによって政策実現が阻害されるということは、いまだ経験的に明らかにされていることではない。逆に、政策を実現するために広告を規制するという方向も一種の情報操作であり、意思決定への介入にはならないのであろうか。会社による情報操作を防止するため、国家による情報操作を認めることは、自由な意思決定、健全な政策決定にとって矛盾とはいえないだろうか。情報が説得的だからという理由で規制されるのであれば、表現の自由を保障した意味は半減してしまいかねない。さらに、民主的意思決定や政策実現プロセスを歪曲するのは営利的言論に限定されないことにも注意が必要である。会社の行う政治献金や巨大団体の広報活動にも広告と同様の情報操作機能が備わっていないだろうか。

そのように考えた場合、問題は営利的言論という言論の内容や機能ではなく、もっと他の属性に着目する必要があることが理解できる。それは、次にみるエドウィン・ベイカー（C. Edwin Baker）が着目する表現主体の性格なのではあるまいか。

③ 営利的言論と表現主体

ベイカーは、1975年の論文以来、営利的言論保障に対して常に批判的な姿勢をとり続けてきた。その立論には若干の変化が見られるにせよ、この姿勢は30年間一貫して変わるところがない[56]。

ベイカーは、ナイキ対ケイスキー判決のシンポジウムに寄せた論考において、カリフォルニア州最高裁判決を擁護する主張を展開している[57]。個人の自

---

56) ベイカーの主張については、拙稿「表現の自由と商業的言論」比較法雑誌20巻1号（1986）83-91頁を参照願いたい。

57) C. Edwin Baker, Paternalism, Politics, and Citizen Freedom: The Commercial Speech Quandary in Nike, 54 Case W. Res. L. Rev. 1161 (2004).

己実現に表現の自由の価値を求めるベイカーは、次のように述べて、合衆国最高裁判所における近時の判例傾向を痛烈に批判する。

「営利企業の表現の自由に肩をもつ最近の議論は、あたかも企業が共和国の血肉をもつ市民であるかのように、そしてそのようなものとして公的領域に参加する資格があるものと（我々自身の利益のために法的な存在を与えた道具的な創造物としてではなく）考えているようである。これは、あたかも社会には、人々と会社という相対立する二種類の存在があって、いずれも道徳的かつ法的に価値のあるものであると考えているかのようである。［しかし］これは非常に愚かな状態（idiocy）である。」[58]

ベイカーにとって営利的言論とは、なにより、営利企業が主体となる言論を指す[59]。営利的言論とは、表現内容によって区別されるものではなく、ましてや民主的な意思決定や政策実現プロセスにとっての役割によって識別されるものではない。その上で、「営利的言論であるためには、その言論が言論それ自体より、商品やサービスの利益について語ったものでなければならない」[60]というフィルターをかける。これは、営利企業の中からメディアの言論を除くための基準である。

企業は自然人ではないので内心がない。企業は人工的に作られた装置であるから、個人と同様には自律（autonomy）を語ることができない。これらは「道具として意味がある法的創造物あるいは機能（instrumentaly valued legal creations and function）」でしかない[61]。そこで、営利的言論を表現の自由によって保障するためには、情報を受けとる側の利益にこだわるしかない。合衆国最高裁判所も営利的言論の受け手の利益に着目して、表現の自由の領域に取り込んだのであった。営利的言論は、話者の自律には奉仕しないが、聞き手の自律に奉仕するという論理である。

---

58) Id. at 1163.
59) Id. at 1164.
60) Id. at 1168.
61) Id. at 1176.

同裁判所は現在も基本的にこの姿勢を堅持しているといえよう。正確な情報が与えられなければ正しい意思決定はできない。正確な情報をコントロールするのは許されないパターナリズムに相当する。これが、合衆国最高裁判所における営利的言論解釈の傾向（トーマス裁判官に顕著である）であり、多くの憲法学説の支持するところでもある。

しかし、ベイカーは問う。正確な情報が与えられれば、人は正しい意思決定ができるのであろうか[62]。むしろ、経済的な利益に支配された会社の表現は正しい意思決定を阻害するのではないか。つまり、「規制の根拠は、この話者［会社　筆者注］が、憲法上保護されて、憲法上の価値をもつ対話（dioalog）を歪曲することを心配してのことなのではなかろうか」[63]という主張には、彼の批判精神のエッセンスを見ることができる[64]。

ベイカー理論の背景には、彼が1970年代に影響を受けたハーバマスのコミュニケーション的行為の理論が控えている。合理的な対話では、市場や利益という外的な強制要素に支配されてはいけない。営利的言論は、市場に支配された言論であるから、これは表現の自由としては保障されないはずである。ベイカーは一貫してこの立場を貫いてきた。

したがって、ベイカーの主張は次のように要約することができるであろう。会社は、血と肉をもち、それ自体自立的な存在として価値がある生身の人間とは違い、たかだか道具としての価値をもつに過ぎない。営利的言論は、そのような主体による利益に支配された表現である。これらの表現を自由に認めた場合、私たちは討議の合理性や誠実さ（integrity）を手放すことになる。会社は市民ではないのである[65]。

---

62) Id. at 1174.
63) Id.
64) ベイカーは、広告がいかにプレスを堕落させ、民主プロセスを危機に陥れているかを力説している。See C. Edwin Baker, Advertising and A Democratic Press, (1994).
65) supra note at 1178.

ベイカーにとって、会社の言論は、それが営利的なものであれ政治的なものであれ、自然人と同様には保障されない。表現の自由は表現主体を保障するものであって、表現の受け手を保護するものではない。この立場からすると、営利的言論は虚偽や誤解を招くものに限られず、広く規制されることが認められる。

私たちは、このようなラディカルな主張をどのように評価すべきであろうか。第一に、表現の内容や機能ではなく、表現主体に着目したことは慧眼といわざるを得ない。会社にとって自己実現は考えられないからである。表現主体が違えば、表現の自由の保障根拠も違う。この点、情報の受け手の利益を重視し、正確な情報が与えられれば正しい意思決定が可能であるとする楽観的な前提は今一度検証される必要があるだろう。

しかし第二に、討議プロセスから会社を駆逐すれば対話の誠実さや無私の精神は実現できるのであろうか。外見上、共和的な精神を身にまとって自己利益を実現するために行われる表現活動は後を絶たない。役所やセクションの利益を公益に仮託して実現しようとする動きは日常的に知られるところとなっている。ベイカーの主張では、このような表現活動もまた規制対象となるのであろうか。

4．おわりに

今日、営利的言論法理の果たす役割は局限されている。営利的言論もそれが真実の情報を誤解のない方法で伝達しようとする以上、政治的な言論と同程度の保障を受けるという理解が共有され始めている。営利的言論については、リベラル派ステーヴンス裁判官と保守派トーマス裁判官が同様な結論を下す傾向があるのが興味深い。もちろん、両者の間には、自律に基づく自己決定を重視するか、自由市場への信奉とともに、経済活動における政府規制への不信感を強調するかという点で哲学の違いはある[66]。しかし、セントラルハドソンテストの適用領域は限定され、営利的言論法理はその独自の存在意義を失いつつあ

ることは事実である。

　一方で、営利的言論の定義づけはいまだ成功していない。むしろ、セントラルハドソンテストの限定や放棄によって、この概念を維持する必要性が問われている。営利的言論とは何か、それはなぜ必要なのかについて明確な合意は存在しない。営利的言論法理の役割が限定されつつある今日、なぜ虚偽もしくは誤解を招くような営利的言論は規制されるのかという根源的な問題に再度目が向けられるべきではなかろうか。本稿では、このような探求の一端を紹介した。しかし、このような試みもまた営利的言論法理の存在理由を十分に説明するまでには至っていない。このような試みは、必然的に、表現の自由の目的や機能、表現の自由を支える価値や理念を洗い直す作業を伴うであろう。その作業には他日を期したいと思う。

---

66)　もちろん、保守派といっても一枚岩ではない。経済活動への政府規制を一般的に警戒する意味での保守もいれば、立法府への敬譲を強調する意味での保守も存在する。営利的言論の分野では、前者がセントラルハドソンテストの厳格化や限定を推進し、後者がこれに追随するという図式がとられてきた。

第4章

医師広告規制と表現の自由

1. 問題の所在

　個々人が自分の判断で物事を決めるには、正確な判断材料が過不足なく与えられている必要がある。それゆえ、自己決定と情報公開は、目的と手段の関係にあるといえる。十全な情報公開制度が備えられていない状況で、自己決定を余儀なくされても、その結果は、決して合理的ではあり得ない。規制緩和により、各人が自分の判断で意思決定を行い得る状況を作り出すには、情報公開制度は不可欠な条件である[1]。

　特定の商品やサービスの内容を公示し、それによって当該商品等の販売促進を図る営利広告（本稿では、これを「広告」と呼び、広告に伴う諸活動を「広告活動」と呼ぶ）[2]は、情報の受け手が消費決定を行う際に必要な情報を提供するものと考えられる。高度情報化社会においては、商品そのものより、商品情報が消費決定に重要な役割を演じる場合が多いと考えられるから、消費者の日常的な意思決定に占める広告の役割は、ますます増大しているとみることができる。

　さて、日本では、世界史上類をみなかった速度で高齢化社会が進展すると予想されている。また、規制緩和による外国企業の市場参入に伴い、裁判により

---

1) 社会的規制研究会編『これからの社会的規制』（1996）29頁以下など参照。
2) 法律上、広告を定義づける条文は見当たらない。ここでは、「随時又は継続してある事項を広く一般の人に知らせること」（林修三他共編『法令用語辞典　第六次改訂版』（1986）229頁）を広告ととらえ、その中での営利広告のみを分析対象にする。

紛争の決着を図ろうとする訴訟社会の到来が予想される。だが、私たちは、普段、どのように医師や弁護士を選んでいるであろうか。選んだ医師や弁護士がコストに見合ったサービスを提供してくれているであろうか。医師の選択や弁護士の選任を後悔した経験はないであろうか。医療や法律業務は、福祉国家や法治国家の前提条件である。しかし、私たちには、これらのサービスを合理的に選択する手だてが十分に与えられているわけではない。

　本稿では、医師や弁護士などの専門的職業への広告規制について考察を行う。このような専門的職業は、自分自身の業務について広告する自由が著しく制限されている。情報提供の自由への制限は、同時に情報の受け手の意思決定を制限するものである以上、その当否がより慎重に検討されなければならない。もっとも、後述するように、近時の医療法改正は、規制緩和の流れに沿って、医師が広告できる事項を若干拡大している。また、日弁連も弁護士広告規制を見直す動きを見せている[3]。本稿は、このような広告規制の見直しを視野に入れながら、広告規制のあり方を考えるものである。なお、本稿では、医師広告規制を中心に検討を進めるが、そこでの議論は、弁護士広告や公認会計士、税理士といった専門的職業の広告規制にも妥当する。以下、医療法における医師広告規制の現状を中心にして、専門的職業への広告規制の目的と手段を概観する。そして、広告の自由とその制限の根拠について、最高裁判決や学説を参考にしつつ解明する。次に、アメリカ合衆国における判例や学説を参照しつつ、専門的職業に対する広告規制のあり方を考察したい。

---

3) たとえば、日弁連でも弁護士広告規制の見直しに向けて作業が始められており、東京3弁護士会でも、弁護士会の会則に定められている弁護士広告規制を見直し、広告可能な事項を拡大してはどうかという検討を進めているといわれている。

2．医師広告の規制と広告活動の自由

（1） 医療法における広告規制の現状と問題点

1) 医療法による広告規制と規制緩和

　医師、弁護士、公認会計士など、一定の国家資格を条件にして、特定の業務を排他的に行う業種には、厳しい広告規制が課せられている[4]。たとえば、1998年9月に改正された医療法によると、医療機関が広告をすることができる事項は以下のとおりである。

　① 医師・歯科医師である旨
　② 診療科名（施行令第5条の三）
　　内科・心療内科・精神科・神経科（神経内科）・呼吸器科・消化器科（胃腸科）・循環器科・アレルギー科・リウマチ科・小児科・外科・整形外科・形成外科・美容外科・脳神経外科・呼吸器外科・心臓血管外科・小

---

[4] なお、弁護士広告については、日本弁護士連合会が制定する「弁護士倫理」第8条において、「弁護士は、学位または専門の外、自己の前歴その他宣伝にわたる事項を名刺、看板に記載し、または広告してはならない」と定められている。しかし、このような絶対禁止には問題が生じ、1987年の会則変更により、一定の範囲での広告活動が容認されるようになった。それによると、弁護士は、氏名・住所、自宅の電話番号等、事務所の名称・所在地・電話番号等、所属弁護士会、登録年月日、生年月日、性別・出身地、学位、公認会計士等の資格、取り扱う業務、執務時間、法律相談料の額、特定共同事務所の表示の12項目について広告を行うことができるようになっている（弁護士の広告に関する規定第3条）。ただ、このような広告に対しては、媒体規制が課されており、一般のマスメディアを通じた広告は禁止されている。具体的には、①名刺、事務用せん及び封筒、②看板、③挨拶状、④事務所案内及び事務所報、⑤同窓会等の団体の会報及び名簿、⑥日本電信電話株式会社等の発行する職業別電話帳、⑦新聞、雑誌その他の定期刊行物が許される媒体として指定されている（同第4条）。このうち、同窓会の名簿や名鑑などには、肖像、経歴、家族関係及び趣味、著作、外国語能力を掲載することができるが、これらの掲載にあたっては、対価を払ってはいけないという制約が課されている（同第5条1項、2項）。

児外科・皮膚泌尿器科（皮膚科又は泌尿器科）・性病科・こう門科・産婦人科（産科 又は婦人科）・眼科・耳鼻いんこう科・気管食道科・リハビリテーション科・放射線科・歯科・矯正歯科・小児歯科・歯科口腔外科・麻酔科（厚生大臣の許可が必要、併せて医師名も表示）
③　病院（診療所）の名称、電話番号、所在地を示す事項
④　常時診療に従事する医師又は歯科医師の氏名
⑤　診療日又は診療時間
⑥　入院設備の有無
⑦　建物の内部に関する案内（病院に限る）
⑧　療養型病床群の有無
⑨　紹介することのできる病院、診療所の名称
⑩　その他厚生大臣の定める事項（施行令第5条の三）
　　たとえば、保険医療機関である旨、労災保険指定病院である旨、母体保護法指定病院である旨、総合的な健康診断の実施（「人間ドック」の実施等）機関である旨、医師、歯科医師、看護婦等の従業員数、当該医療機関内の同一敷地内に併設されている施設（老人保護施設等）等34項目

　医療法における広告規制は、漸次緩和される方向にあるといってよい。ただ、医療法は、原則として医療機関の広告を禁止し、一定の限定された事項についてのみ広告を可能とするという姿勢を維持し続けている。しかも、これら禁止事項に抵触する行為は、6月以下の懲役又は30万円以下の罰金に処せられる（医療法73条1項）。つまり、医師広告規制は、免許停止や戒告などの行政処分ではなく、刑事制裁によって、その実効性を担保しようとしているところに特徴を見いだすことができる。
　しかし、近時、このような厳格な禁止規定に対しては、よりいっそうの規制緩和を求める意見が強くなってきている。たとえば、行政改革推進本部・規制緩和委員会は、医師等が行う広告規制の緩和を求める「見解」を明らかにし[5]、また、医療審議会でも医師広告規制の緩和に向けた検討が続けられている。もっとも、医療審議会内部でも多様な意見があり、原則自由化により、利

用者本位の情報提供をすべきだという意見や自主規制によるべきだとする意見、逆に原則自由化には抵抗を感じるとして、広告規制の必要性を力説するものや徐々に緩和すべきだとする意見などが展開されている[6]。ただ、医療審議会全体としては、医師広告規制の緩和を支持していると考えてよい。事実、同審議会は、1999年7月に取りまとめた「医療提供体制の改革について（中間報告）」において、「客観的な情報や検証可能な事項」に関する広告規制の緩和を打ち出した[7]。これには、医師の写真や年齢、学歴、臨床研修を受けた医療機関名の他、各種検査機器の有無や使用可能な外国語などが含まれる。

むろん、このような規制緩和は、患者の合理的な意思決定を支援するものとして歓迎すべきであろう。しかし、患者にとって重要な関心事の一つである診療内容や治療実績、治療方針などの広告規制は存置されている。それゆえ、患者の自己決定という観点に立ちながら、今後も医師広告や規制に対する検討が続けられなければならない[8]。

2) 医療法による広告規制の目的

それでは、このように厳しい現行の広告規制は、どのような観点から認められるのであろうか。つまり、医療法における広告規制は、どのような利益に奉仕するものと考えられてきたのであろうか。考えられる根拠を下に掲げてみよ

---

[5] 行政改革推進本部・規制緩和委員会『見解』第3章十（3）参照。
[6] 医療審議会総会議事要旨（平成11年3月10日）参照。
[7] なお、「医療法の一部改正について」（厚生省依命通知平成9年12月26日）6も同様な観点から、医療法改正に伴う医師広告規制の緩和は、広告内容が事実として検証できるかどうかが広告として許されるかどうかの基準である旨明言している。
[8] なお、医師広告規制の緩和が議論されるようになった背景には、医師や医療機関によるインターネットのホームページを通じた情報伝達の普及があったといわれている。厚生省健康政策課は、ホームページによる情報伝達を広告にあたるとは解釈しなかった。その結果、テレビや新聞、広告板による広告は制限され、インターネットによる広告的活動は容認されるという自体を招いている。このような場合、インターネット上の広告的活動を規制するか、逆にテレビなどの媒体による広告規制を緩和するかの選択が必要となるが、法制策は後者を選んだといえようか。

う。

　①まず、医療機関が提供するサービスは、国民の生命や健康に影響を与えるものである以上、広告内容が真実であり、誤解を生じさせてはならないという利益が考えられるであろう。この観点から課される広告規制としては、薬事法における医薬品広告規制や食品衛生法に規定される表示義務をあげることができる。

　②次に、医療は、公共的な性格を有するサービスであるから、広告による顧客の勧誘になじまないという、サービスの性質をあげることが可能である。役務の公益性から広告を規制する論理は、弁護士等の広告においても共通して見いだすことが可能である。

　③さらに、医療機関の広告が普及することによって、顧客としての患者が特定の医療機関に集中し、現行医療制度の根本的な理念である、受益の公平性が阻害されるという観点をあげることもできるであろう。すなわち、わが国の現行医療制度は、医療保険制度を媒介にして、どの医療機関でも、同じコストで同一水準の医療を提供することを理念として設計されている。ここに、広告を自由化し、それによって競争原理を導入すると、患者の偏りを招き、医療報酬制度によって担保された現行医療制度が崩れてしまうという危険性が生じる。その結果、へき地医療のような、採算性から離れたところで運営されなければならない現行医療制度の根幹が脅かされる[9]。

　このように、医療法による医師広告規制は、複数の規制利益から正当化できると考えられる。しかし、問題は、このような規制の正当化が患者の選択権を制限する根拠となり得るかどうか、仮になり得るとしても、強力な広告規制を課さなければそのような利益を達成できないかどうかである。

　さて、医療法による医療機関の広告規制の妥当性を検討するにあたっては、

---

9)　医療広告規制の緩和は、本稿のように、広告の受け手の選択権の拡大という視点と同時に、従来の医療制度の意義や問題点をいかに評価、改善していくかという、メタレベルの政策的議論との関連で行われるべきであろう。この点について、広井良典『医療の経済学』(1994) 185 頁以下参照。

なぜ広告規制が許されるのかが解明されていなければならない。また、その前提として、広告活動は、どのような性質を有する活動なのかを明らかにする必要がある。そこで、次に、広告活動の法的な性質とこれへの規制の可否を考察することにしたい。

（2） 広告活動とその制限

1） 広告活動の法的位置づけ

① 裁判例における広告活動

一般的に広告といわれている行為には、政治的な意見表明手段である意見広告（opinion advertising）が含まれるが、本稿では、医師や弁護士等が政治的な意見表明を直接的な目的とはせず、自らの業務内容を知らせ、それにより顧客獲得を目的として行われる、いわば業務促進のための広告（promotional advertimg）活動に考察対象を限定している。したがって、政治的な意見や世界観の表明を直接的な目的とはしない表現活動がどのような活動として保護されるのかが問題となる。

わが国の裁判例、とくに最高裁判所の裁判例は、広告活動の自由がいかなる自由なのかを明らかにしていない。かつて最高裁判所は、あん摩等による適応症の広告を禁止した法律の合憲性について判断したが、これがこの問題における唯一の司法判断である[10]。この判決の中で、法廷意見は、広告規制について次のように述べている。

　「もしこれ［適応症の広告］を無制限に許容するときは、患者を誘引しようとするためややもすれば虚偽誇大に流れ、一般大衆を惑わす虞があり……このような弊害を未然に防止するため一定の事項以外の広告を禁止することは、国民の保健衛生上の見地から、公共の福祉を維持するためやむを得ない措置として是認されなければならない。」

これに対して、4名の裁判官が反対意見を述べている。この反対意見の中で

10） 最大判昭和36年2月15日　刑集15巻2号347頁。

注目すべきは、奥野健一裁判官の意見であると思われる。同裁判官は、法廷意見があまりに抽象的な危険性から広告規制を容認していることを論難しつつ、「単に広告が虚偽誇大に流れる虞があるからといって、真実正当な広告までも一切禁止することは行き過ぎである」と述べている。奥野裁判官反対意見は、営利を目的とした広告活動でも、表現の自由として扱われるべきであり、過剰な規制や抽象的な危険性のみに基づいて課される規制の危険性を指摘する。一方、法廷意見は、広告活動をどのような自由としてとらえているのかはっきりとしない。むしろ、広告活動の法的性質を問うことなく、「公共の福祉」の一言で事案を処理したものと考える方が正確であるともいえる。

その後、屋外広告物条例違反事件[11]や地下鉄の車内放送の中止を請求したケース[12]においても、広告活動への規制が争点とはなったものの、広告活動の法的性格を明らかにした裁判例は存在しない。ただ、その後の最高裁判例は、「国民の保健衛生上の観点」から課される規制（これを消極規制もしくは警察規制という）に対しては、規制手段がより穏当なものであることを問う姿勢を確立していることに注意が必要である[13]。すなわち、最高裁は、消極規制に対しては、より緩やかな規制ではその規制目的が達成できないのかどうかを立法府に証明させる審査方針を確立しているとみることができる。その結果、まず規制目的（国民の保健衛生）を実現するために、広告規制という手段が採用されなければならないかどうかが問われるであろう。また、包括的な広告規制（医療法や弁護士会規則のような広告事項の制限を含む）ではなく、穏当な広告制限（虚偽や誇大広告のみの規制あるいは広告表現、方法の規制）では同じ目的が達成できないのかも問題となる。それゆえ、広告活動の法的性格は明確ではないにせよ、今日の最高裁の判例理論からしても、現行の広告規制すべてが追認されるわけではないことに注意しておきたい。

---

11) 最大判昭和43年12月18日　刑集22巻13号1549頁。
12) 最判昭和63年12月20日　判時1268号94頁。
13) 最大判昭和50年4月30日　民集29巻・4号572頁（薬事法距離制限違憲判決）。

② 学説における広告活動の取り扱い

これに対して、学説においては、広告活動の法的位置づけをめぐり、次のように解釈が分岐してきた。

まず、広告活動を営業の自由として理解し、これへの規制をより広く認める学説（α説）がある。これに対して、広告活動であっても表現の自由の要素をもつ以上、表現の自由としての保護を受けるべきであり、不必要な制限を認めるべきではないとする学説（β説）が対立する。また、両者の中間には、広告活動が経済活動と表現活動の両面をあわせもつということを指摘する学説（γ説）が展開されている。

このうち、広告活動を純然たる経済活動の自由としてとらえる学説[14]は、今日では力を失っている。広告であっても、何らかの情報を提供する役割を担うものであること、また、営利を目的とした広告と政治的意見表明等は、判然と区別できない場合があることがその理由である（既述のように、近時の最高裁の判例理論からすると、広告活動を営利活動とみなしても、そのことからただちに、広告規制の妥当性が導き出せるわけではない）。一方、広告活動を表現の自由としてとらえる学説は、具体的な解釈をめぐって次のように立場が分岐している。

まず、広告の自由といえども、表現の自由の一環であるから、他の表現活動（政治的な主張や思想表現、文学的表現）と同様に保護されるべきだととらえる立場がある（β1説）。もっとも、この立場も、現行の広告規制の大部分は認められると解釈する学説（β1-a説）[15]と虚偽や詐欺的な広告のみが禁止されると解釈する学説（β1-b説）[16]等に分かれる。

次に、広告活動は表現活動とはいえ、その社会的重要性は、政治表現等に比べて高くないとして、広告へのより多くの規制を正当化する学説が展開されている（β2説）[17]。これは、表現の自由を政治過程への参加の手段として把握

---

[14] 伊藤正己『言論・出版の自由』(1959)。
[15] 浦部法穂『[新版] 憲法学教室Ⅰ』(1994) 192 頁。
[16] 阪本昌成『憲法理論Ⅲ』(1995) 71 頁。
[17] 芦部信喜『憲法学Ⅲ』(1998) 314 頁。

する立場からの帰結である。また、広告の内容は、思想表現等に比較して、真義の判断になじみやすいという点を強調し、そのことから、広告規制は、政治的な意見表明を規制する場合の危険性（少数意見の抑圧の危険性）が低いと考える学説（β3説）[18]も存在する。β2説、β3説の結論は、広告活動に内在する経済活動と表現活動の両面性を強調する立場（γ説）[19]とほとんど変わらない。

③　学説の分岐とその原因

　それでは、なぜ学説は、広告活動の法的性質をめぐって、かくも多様に分岐するのであろうか。それは、すでに示唆したように、表現の自由の外延をどのように画定するのかという考え方の相違によるものと考えられる。すなわち、広告活動を純然たる経済活動ととらえる立場（α説）や表現活動ととらえつつ、他の思想表現とは異なる取り扱いを認める立場（β2、β3説）は、表現の自由によって保護される活動を、原則として民主過程や思想表明あるいは文学的表現のような領域に限定してとらえようとする。これに対して、広告活動であっても表現活動として保護されるべきだと主張する学説は、表現の自由の意義や役割を広くとらえている。そして、表現の自由の意義や役割に対するこのような学説の対立の背景には、表現の自由の保護主体（誰が表現の自由の保障によって利益を受けるのか）をめぐる解釈の相違が控えている。

　すなわち、情報の送り手の態様や話される内容を基準にして、表現の自由の保障範囲が定まるのか、そうではなく、情報の受け手の利益に着目して保障範囲が画定されるのかという立場の違いが広告活動への評価を分岐させているのである。送り手の利益に着目して表現自由を根拠づける場合には、競合する思想と対等な資格（発言権）が情報の送り手に平等に配分されていることが重視される。これに対して、表現の自由を受け手の利益から正当化する場合、情報の価値の判断権は、国家ではなく、各個人に留保される。そして、表現の自由

---

18)　佐藤幸治『憲法［第3版］』（1995）516頁。
19)　橋本公亘『日本国憲法［改訂版］』（1988）278頁。

を受け手の利益に着目して把握する解釈こそ、1970年代半ば以降、アメリカ合衆国において広告活動の自由を拡大する原動力となった考え方であった。そこで、わが国における広告活動への認識を再検討し、医師や弁護士などの専門的職業に対する厳しい広告制限の妥当性を評価するためにも、アメリカ合衆国において、広告活動の自由に対する解釈がどのように推移してきたのかを振り返っておきたい[20]。

3．アメリカ合衆国における広告活動の自由とその制限

（１） 合衆国最高裁判所における広告活動の自由

アメリカ合衆国においても、広告活動は、他の表現活動に比較して、大幅な制限を受けてきたといえる。合衆国最高裁判所は、1940年代初頭以来、特定の商品やサービスの販売を促進する広告は、表現の自由を保障した合衆国憲法修正１条に含まれないと判示してきた。たとえば、人種差別政策を批判した意見広告が名誉毀損を構成するか否かが争点となったニューヨークタイムズ対サリヴァン判決［New York Times v.s Sullivan 376 US 254 (1964)］においても、意見広告と営利を目的とする広告とを区別し、その憲法上の保護を導き出すという法律構成が採用されている。

しかし、このような解釈は、1975年、76年に判示された二つの判決によって覆されることになる。まず、合衆国最高裁判所は、妊娠中絶医療の提供に関する広告等を禁止したヴァージニア州法が修正１条に違反するという判断を示した［Bigelow v.s Virgina, 421 US 809 (1975)］。次いで、翌年、同裁判所は、医薬品の価格広告を禁止したヴァージニア州薬事委員会の処分を修正１条に違反

---

20) アメリカ合衆国における広告活動の自由の推移を検討した論稿は多い。代表的なもののみ掲示する。大林文敏「広告規制と第１修正」芦部信喜編『アメリカ憲法判例』(1998) 48頁、川岸令和「営利的言論の規制と第１修正」芦部編『アメリカ憲法判例』55頁、太田裕之「弁護士広告と表現の自由」同志社法学43巻１号１頁、拙稿「営利的言論（一）、（二・完）」法学新報103巻１号（1996）、６号（1997）。

し無効であると断定した［Virgina State Board of Pharmacy v.s Virginia Citizens Consumer Council 425 US 748 (1976)］。この中で、法廷意見を執筆したブラックマン裁判官は、「営利情報の自由な流れにおける個々の消費者の利益は、日常の最も緊迫した政治的な議論における利益に劣らない」と述べている。

　広告活動に対する解釈の変更が医療や医薬品広告をめぐって行われたことが興味深いが、同裁判所は、弁護士広告を制限した各州弁護士会規則についても、憲法に違反して、不等に表現の自由を制限したものであると判断する場合が少なくない。たとえば、1977年に判示されたベイツ判決［Bates v.s State Bar of Arizona, 433 US 350 (1977)］の中では、「弁護士会会則が営利情報の自由な流れを阻害し、公衆を無知にさらすもの」とする、強い調子の論難が展開されている[21]。

　ところで、合衆国最高裁判所は、広告活動への憲法保障を拡大しつつ、一方で、広告活動にしか認められない規制の許容性についても示唆してきたのであった。すなわち、他の表現とは異なり、虚偽や詐欺的な広告は規制されるとする立場をも堅持してきたのである。そして、同裁判所は、1980年に判示されたセントラルハドソン判決［Central Hudson Gas & Electric Company v.s Public Service Commission of New York, 447 US 557 (1980)］において、広告活動の自由とそれへの規制がいかなる条件で認められるかを判断する基準を定式化した。この基準は、判決の名前にちなんで、セントラルハドソンテストと呼ばれている。

　セントラルハドソンテストは、次の4点を考慮することによって、広告規制の合憲性を判断しようとする。すなわち、①問題となる広告が不法な活動にかかわるものであったり、公衆を誤解させるものである場合には、表現の自由の保障を受けない。それゆえ、政府の広告規制権限が認められることになる。そして、問題となる広告が不法な活動にかかわったり、誤解を生じさせるものでもない場合には、②政府が主張する利益が本質的なものであること、③その規

---

21)　なお、アメリカにおける弁護士広告規制の現状については、太田前掲論文に詳しい。

制が政府利益を直接的に促進すること、④その規制が政府利益を保護する以上に強力ではないことがすべて認められた場合に限り、広告規制が容認されることになる。

　合衆国最高裁判所は、今日においても、広告規制の合憲性をセントラルハドソンテストに沿って判断していると考えてよい。たしかに、その適用水準（どの程度厳格に基準を適用するか）については、事件ごとに幅を見いだすことが可能であるにせよ、20年近く、この基準を維持してきたことは特筆すべきことのように思われる。たとえば、広告規制の合憲性が争点となった、比較的新しい判決であるリカーマート判決［44 Liquormart, Inc. v.s State of Rhode Island 116 S. Ct. 1495 (1996)］においても、セントラルハドソンテストが判断基準として採用され、真実かつ誤解を生じさせない酒類の価格広告を規制する権限が否定されている。

　セントラルハドソンテストとは、一言でいうと、真実で、誤解を生じさせないような広告を規制することはできないという判断基準である。他方、虚偽の広告や誤解を生じさせるおそれのある誇大広告規制は容認される。つまり、セントラルハドソンテストの考え方からすれば、国家の広告規制権限は、虚偽もしくは誇大広告を禁止することに限定される。それでは、このような広告への規制権限は、いかなる観点から正当化されるのであろうか[22]。

（２）　セントラルハドソンテストの背景にあるもの

1）　広告の受け手の利益

　合衆国連邦最高裁判所は、広告の受け手の利益に着目して、広告を表現の自由の保護領域に取り込んだのであった。先に引いたベイツ判決ブラックマン裁判官法廷意見は、営利情報であれ、政治的主張であれ、その価値は情報の受け手が判断すべき事柄であるとする立場の表明に他ならない。もちろん、広告活動に対する判例変更以降も、合衆国においては、連邦取引委員会（Federal

---

22）　セントラルハドソンテストの意義や解釈の推移については、拙稿前掲に詳論がある。

Trade Commission, FTC) や連邦食品・医薬品局 (Food and Drug Administration, FDA) などが、様々な商品、サービスの広告や表示に対して膨大かつ詳細な規制を実施し、市場秩序や消費者保護のために強大な規制権限を行使していることも明記されなければならない。だが、これら規制権限ですら、真実の内容を適切に伝達する広告には及ばないことも事実である[23]。FTC や FDA の規制権限ですら、その基本的枠組みは、合衆国最高裁判所のリーディングケースから自由ではあり得ない。

まず、セントラルハドソンテストの背景に、虚偽もしくは誇大な広告以外は禁止できないとする明快な解釈が控えていることを疑う余地はない。真実の内容を誤解を招かない方法で伝達する広告は、規制されてはならない。妊娠中絶手術を実施するというメッセージや大衆医薬品の価格を間違いなく伝達する広告を規制する理由はないとするのが合衆国最高裁判所の立場であった。ここには、わが国におけるような、内容の虚偽や伝達方法の誇大性を問わず、一律に規制を容認する姿勢をみることはできない。問題は、このような広告の受け手の利益を強調して、広告活動の自由を拡大しながら、虚偽や誇大広告の規制を許容する解釈がどのように整合的に導き出せるかである。

この問題についても、先に整理した、営利広告に対する学説の分岐が投影されている。表現の自由の意義や役割を政治的な意思決定への参加に求めるならば（先述の$\beta 2$説）、営利的な広告の意義や役割は、副次的なものにとどまる。それゆえ、この立場では、広告内容の真偽を判断し、虚偽もしくは誤解を招くような広告を規制することにさほど大きな障害を見いだすことはできない。誤った広告を規制しても、そのリスクは、少数の政治的意見を抑圧することに比べて、あまりに小さいと考えるからである。他方、広告内容の多くについて、その真偽を判断することは比較的容易であるという立場（$\beta 3$説）は、表現内容の価値よりも、むしろ表現内容の性質を重視して、同じ結論を導き出す。

23) 不公正な取引方法に対する連邦取引委員会の規制権限の推移については、茶園成樹「米国連邦公正取引委員会法第5条にいう不公正な行為または慣行について」阪大法学147号（1988）が詳しい。

しかし、広告の受け手の利益に着目して虚偽や誇大な広告規制を正当化するには、もう少し精密な論証が必要ではなかろうか[24]。なぜなら、すべてのケースにわたって、広告内容の真偽が容易に判断できるわけではないし、誇大な広告から情報の受け手が被害を被るのは、商品やサービスの広告に限定されるわけではない。広告の受け手は、誇大な政治宣伝からも同様もしくはそれ以上の被害を被り得るからである。受け手の利益を保護するという観点から、虚偽や誇大な広告の規制を正当化するならば、虚偽や誇大な政治的な主張も同様に規制対象となる可能性を否定できないのである[25]。それ以上に、前記ブラックマン裁判官が指摘するように、広告の価値が政治宣伝に劣るとは言い切れない。

　それでは、セントラルハドソンテストの含意は、どのような観点から正当化できるのであろうか。そのためには、広告の送り手と受け手の間にある知識量や質の隔たりに着目する必要がある。

2）　情報の非対称性と反論・異論の提起の可能性

　広告主である商品・サービスの提供者と広告の受け手の間には、当該商品等の情報に関して、著しい格差がある。広告の受け手は、当該商品等の品質を評価する知識をもち合わせていないことがほとんどである。それゆえ、前記 β 3 の説くところとは裏腹に、虚偽もしくは誇大な広告の規制可能性は、広告内容の真偽を判断するために必要な知識や情報が広告の受け手に対して平等に配分されていないことに求められるべきではなかろうか。広告の受け手が合理的に意思決定できるためには、正確な情報が与えられていなければならないと述べ

---

24)　この点については、拙稿前掲が詳論している。
25)　Ronald H. Coase, Advertising and Free Speech, 6 J. Legal Stud. 1, at 7 (1977). コースは、思想の自由市場における有害な思想がなぜ規制されないのかという根本的な疑問を提示し、社会に対する有害さの性質や程度において、有害な商品規制と同様な規制が課されないのかが満足に説明されていないと批判している。もちろん、コース自身は、有害な思想の規制を積極的に説いているわけではないが、思想の自由市場と商品市場の間には、有意義な差異は見当たらず、広告規制を正当化する理由が十分正当化されてこなかったことを鋭く批判している。

たが、伝達されるメッセージの真偽が容易に判定できない場合には、広告の受け手の自律的判断を保護するため、一定の範囲で規制が課されることも認められるであろう[26]。FTC や FDA の規制権限もこのような観点から正当化される。

この点、政治的な主張については、反論ないしは異論が提起され、それによって、言明内容の真偽や妥当性が検証される機会が多い。政権政党の政策提言に対しては、野党やマスメディアによる反論が提起され、それによって、投票（政策の評価）に必要な情報が提供される。しかし、商品やサービスの提供については、同様な反対言論の提起を期待することは難しい。国民消費者センターや地方自治体の消費生活センター、もしくは消費者団体による商品のスクリーニングはあるものの、その量や効果は、必ずしも十分だとはいえない。また、たとえば、特定の商品に広告内容や表示内容とは異なる成分が含まれていることを指摘する場合のように、自己利益に直結しない反論または異論をあえて提起しようとするインセンティブに期待することもできない。さらに、このような反論や異論を提起する場合に必要なコストも計り知れない[27]。

以上の点から、商品やサービスに関する広告活動に対して、一定の規制（虚偽もしくは詐欺的な広告の規制）が課されなければならない根拠を導き出すことができる。虚偽もしくは詐欺的広告の規制は、広告の送り手と受け手の間にある情報の非対称性を前提に、反論や異論による広告内容の検証にどれほど期待できるのかという点からのみ正当化できる。セントラルハドソンテストの背景には、このような考慮が控えているものと考えられる。

---

26) このような視点については、たとえば、横倉尚「社会的規制の対象」植草益編著『社会的規制の経済学』（1997）34 頁参照。

27) C. Edwin Baker, Advertising and Free Press, 140 U. Pa. L. Rev. 2097 (1992). ベイカーは、広告活動がスポンサーによる一種のメディア操作の危険性を伴う以上、これへの規制は積極的に容認すべきであるという立場を明らかにしている。この結論の当否は、綿密な検討を経て明らかにされるべきものではあるが、有力な広告主に対して、メディアの批判能力が十分機能しないことを見据えている点が重要ではなかろうか。メディア自身は、広告内容を批判することに慎重である。この点こそ、政治的表現と営利的表現の違いではなかろうか。

4．医療広告規制のあり方について

（1） 広告の規制目的と手段

　以上の分析を踏まえて、医療広告規制とその望ましいあり方について考えよう。まず第一に、広告規制が虚偽や誇大な広告への規制を越え、真実の内容を適切に伝達する行為にまで及ぶ場合、その規制の合理性は、広告の受け手を保護するという観点からは正当化できない。そこでの規制利益は、むしろ、既存の医療機関の保護や（参入規制を含む）市場秩序の維持といった政策的な理由に基づいていると考えられる。もちろん、このような政策的見地からの広告規制も許容されないわけではない。だが、既存の医療機関の保護や市場秩序という目的と広告の受け手を保護するという目的は区別される必要がある。広告規制の目的が明確でなければ、採用される規制手段も明確さを欠く。既存の市場秩序維持という規制目的を実現するには、情報をコントロールするような直接的介入ではなく、補助金や助成といった手法を利用することも可能である。それゆえ、医師や弁護士の広告規制については、目的の曖昧さという難点が指摘される。

　第二に、広告の受け手の合理的判断を保護するためには、虚偽や誤解を生じさせる広告のみを規制すれば足り、それ以上に、広告可能な事項を限定し、表現方法について煩雑な制限を課す必要があるといえるかどうかが問題である。繰り返し述べると、虚偽もしくは詐欺的な広告は規制可能である。だが、それを越え、広告可能な事項や表現方法への規制が課されるとき、逆に、広告の受け手の合理的な判断が阻害される危険性が生じる。たとえば、医師がある疾病に対する治療方針を公表したいと考えても、このような広告は、現行医療法においては許されていない。医師と患者の望ましい関係や予防的な医療のあり方を語る機会は、現行法では容認されない。だが、患者が主体的に医療を選択するためには、医療行為の選択以前に、医療機関や医師の選択が保障されていなければならないのではなかろうか。この点は、高度医療と日常的な予防医療と

の役割分担、ホームドクター制度の充実が必要とされる医療システムの今後にとっても不可欠な保障であるといえよう。

また、医師や弁護士広告の規制を正当化する論拠として、広告規制の緩和が誇大広告を招くという点が主張される。しかし、虚偽や誇大広告の弊害は、そのような広告のみを規制することで回避可能ではなかろうか[28]。

（２） 広告規制と個々人の自己決定

第三に、広告活動の自由は、広告の送り手の経済的自由や表現の自由から導き出されるものではあっても、その直接の受益者は、広告の受け手であることに目を向ける必要がある。それゆえ、広告規制の多くは、広告の受け手の反応を考慮して設計されている。したがって、ここで問わなければならないのは、広告の受け手の反応を考慮して、その意思決定をコントロールする規制が他の規制様式と比較して、穏当な規制手段といえるかどうかであろう。

この点で、ハーヴァード・ロースクールのトゥライブ（Laurence H. Tribe）の学説が参照に値する。トゥライブは、表現行為に対する規制を「情報の受け手の反応を危惧して行われるもの（commnunicative impact）」と「情報の受け手の反応を考慮しないで行われるもの（non-communicative impact）」という二つの類型に分類する。このうち、前者の規制は、規制当局が許される表現内容と許されないものをえり分ける規制のように、情報の受け手の意思決定に直接介入し、何が価値のある表現なのかを情報の受け手に代わって判断するものであるから、憲法違反の疑いが濃いと性格づける。情報の価値は、国家ではなく個々人が判断すべきだという信念がこの見解を支えている。これに対して、後者の規制は、表現の時間や場所の規制を典型とするものであって、特定情報の流通そのものを制限するものではない。たとえば、ラウドスピーカーの音量や使用

---

28) Fred S. McChesney, Commercial Speech in the Professions, 134 U. Pa. L. Rev. 45, 102 (1985) が指摘するように、虚偽の広告以外への規制は、消費者と競争を阻害する。つまり、プロフェッショナル広告への規制は、これら専門職の利用費用を上昇させる一方で、専門職の利用可能性と消費者への情報を減少させる。

時間、場所を制限したり、屋外広告物の仕様を制限する規制のように、表現内容を理由として、規制を課すものではない。したがって、情報の受け手の意思決定への介入は、それほど深刻ではないと解釈されている[29]。

また、シカゴ・ロースクールのストラウス（David A. Strauss）は、より端的に、政策実現のための情報操作を個人の人格的自律への不当なパターナリズムであると排撃している。ストラウスは、カントの自律（autonomy）観念を援用しながら、個人を政策的な手段として扱うことや自己利益の最大化のために情報を操作することは許されないと主張している。そして、虚偽の広告や誤解を招く広告、誇大広告は、広告の受け手の無知に乗じて、広告主の利益を追求するものに他ならないから、当然に規制されると明言する[30]。他方、広告規制によって商品やサービスの需要を制限するような政策も広告の受け手を政策の手段として扱うものであるから、個々人の人格的な自律を否定するものだと断定する。つまり、ストラウスは、不必要な広告規制を一種の情報操作にあたるものと考え、広告規制の役割を限定する。

現行の広告規制は多様であって、これを体系的に整序することは容易ではない。しかし、あらゆる規制同様、広告規制も一定の規制目的を達成する手段として構想されている。それゆえ、広告規制を構想し、あるいは、既存の広告規制を検討する際には、広告規制の目的、すなわち広告規制によって回避しようとした結果の重大さと広告の受け手に対する介入の重大さを比較考量する必要が生じる。この比較考量の作業は、規制目的のために採用される手段が過度に強力でないかどうかを中心に進められなければならない。その際、広告規制という、広告の受け手の意思決定に直接介入する規制方法が他の規制方法に比べて、必要以上に強力ではないのかを検討する必要が生じる。

---

29) Laurence H. Tribe, American Constituitional Law, at 790 (2nd. ed. 1988).
30) David A. Strauss, Persuasion, Autonomy, and Freedom of Expression, 91 Colum. L. Rev. 334 (1991).

（3） 医療法における広告規制の社会的費用

　医療法や弁護士会規則に定められている広告規制は、広告そのものを禁止するという前提から、一定の例外を設定し、その例外についてのみ広告を容認するという性格をもっている。これは、広告可能な事柄と不可能な事柄を選別するという事前の規制の一種とみることができる。このような規制は、広告規制に違反したもののみに制裁を科すという事後的規制に比べて、広告の受け手に深甚なインパクトを及ぼす。なぜなら、この種の規制は、流通させるべき情報とそうでない情報を国家が選別し、それによって広告の受け手の意思決定に直接介入するからである。このような広告規制は、一種の情報操作とみることもできる。

　このように考えると、広告規制が経済政策や社会的規制の一環として課される場合、特定の商品やサービスに対する直接的な供給制限と比較して、必ずしも穏当であるとは言い切れない場合も少なくない。ロナルド・コース（Ronald H. Coase）は、広告規制の中には、広告への蔑視や偏見に基づくものも少なくないと指摘する[31]。そして、この蔑視や偏見は、広告効果への過剰な危惧に起因しているという。このような危惧が高じると、広告に起因して生じる害悪を防止するには、広告を禁止することが最も有効な規制手段だと考えられるようになる。

　しかし、その結果、広告がもたらすであろう危害を除去する見返りとして、広告の受け手が正確な情報にアクセスする機会が制限される。また、そのような規制に伴い生じる社会的費用（正確な広告があれば費やさなかったであろう費用、たとえば、正確な広告を知っていれば足を運ばなかったであろう医療機関や弁護士事務所に出向いたことで失われた資金や時間）も上昇する可能性がある。つまり、広告を禁止することによって得られるメリット（防止される弊害）と失われるメリット（情報の遮断）をいかに評価して、規制の設計を行うかという視点が広告規

---

31) Coase, supra note 25 at 8.

制には求められているのではなかろうか[32]。

5. 結　　論

　以上の分析から、さしあたり次のような結論を導き出すことができる。まず、医師や弁護士といった専門的職業は、比較的閉鎖され、国家資格や規制によって保護されてきた業種である。そこでは、各サービスの主体が潜在的なクライアントに語りかける機会が著しく制限されてきた。しかし、この制限は、業界内の既存秩序を維持する方向で機能する反面、患者や依頼者の選択を狭める結果を招いてきたように思われる[33]。情報化社会がこれほどまでに進んだ現代においても、医者や弁護士を探す確たる手段は存在しない。医療や法律サービスへのアクセスを保障することこそ、法の支配や福祉国家の前提条件であり、そのために広告が果たすべき役割は大きい。

　広告規制の緩和は、虚偽や誇大な広告を容認する結果につながるという議論がある。しかし、広告そのものの規制と虚偽や詐欺的な広告を規制することは別の問題である。広告規制を緩和すれば、必然的に虚偽や誇大な広告が市場に

---

32) 漆博雄『医療経済学』(1998) 197頁（漆博雄執筆）は、「広告規制は、過剰な広告を防ぐ一方で、消費者（患者）が重要な情報を得る手段を制限しているのである」と述べている。過剰な広告活動が医療サービスに対して弊害をもたらすのであれば、広告内容の規制ではなく、媒体や総量規制によっても防止可能ではなかろうか。いずれにしても、包括的な広告禁止が必ずしも消費者の利益につながるわけではない。

33) たとえば、ある地方中核都市で、消化器系の診療所の開設準備にあたっていた医師が地元紙や地域のブロック紙に解説に際してのあいさつを掲載したところ、地元の保健所から指導を受けた。指導内容は、医療法69条に掲げられた事項以外を広告することはできないという点であったということが報じられている（Yomiuri On-Line「医療ルネサンス」1998年1月22日、http://www.yomiuri.co.jp/life/medical/)。広告内容は、医療知識を啓発普及するものであったが、このような広告ですら、現行医療法は許容していない。その結果、新設医療機関は、既設の医療機関に比べて患者の誘引において不利を被ることになり、ひいては、患者の医療機関や医療行為の選択にも影響を及ぼすことになる。

あふれるという議論は、前掲最高裁大法廷判決における奥野裁判官反対意見が述べるように、経験的に証明されているわけではない。このような抽象的危険を理由に、表現活動を規制すること自体が問題視されなければならない。

むろん、虚偽もしくは詐欺的な広告は規制されるべきである。広告活動の自由は、そのような行為を含まない。たとえば、現行医療法は、医療行為、医療類似行為、その他の行為を区別し、前二者には、資格制度によって、サービスの質を確保しようとしている。このような医療法の前提を否定するような広告は、もちろん許されるべきではない。医療行為や医療類似行為に該当しない施術をあたかも医療行為であるかのように広告し、それによって患者を誤解させる行為は禁止されるであろう。しかし、国家資格をもつ医師が自らの医療についての考え方やや治療方針について語ることを禁ずる理由を見いだすことはそれほど容易ではない。医師が医療法等の法の枠内で、自分の考え方や実績を広告することを否定する根拠は見いだしにくい。したがって、虚偽の内容や誇大広告を規制することを越えて、広告活動自体を包括的に規制することには慎重な検討が必要である。

医師広告規制の緩和が患者の選択権を保障するにしても、それで問題が終わるわけではない。厳格な広告規制が課されていた場合には生じなかったトラブルが生じる可能性もある。虚偽の広告や誇大広告から患者が損害を被るケースも生じてこよう。このような問題を解決するには、虚偽の広告や誇大広告を監視する機関の設置や広告に基づく紛争を公正かつ効率的に解決するしくみが考案されなければならない。規制緩和が実を結ぶためには、規制緩和によって生じるトラブルを公正かつ効率的に解決するしくみが必要である。医師広告規制の緩和についてもこのことがあてはまる。具体的には、医師広告に対する苦情処理や裁判外の紛争処理を担う機関の設置、あるいは医師広告についての自主的倫理の確立が早急に検討されなければならないと考えられる[34]。

---

34) 医療審議会は、「今後は、医療機関や医療従事者についての事実や客観的な情報、中立的な医療機能評価機関が行う医療機能の結果などの検証が可能な事項については、幅広く広告できることとすべきである」とし、「また、診療内容に関する事項

など検証が困難なものについては、その広告の可否について慎重な検討を加えた上で、個別に広告しうる事項としていくことが望ましい」と述べている。さらに、「虚偽広告、比較広告、誇大広告又はいわゆるイメージ広告等患者を不当に誘導するおそれのある広告への対応や媒体に関する規制のあり方等についても、今後検討していく必要がある」と述べている（「医療体制の改革について（中間報告）」4.(3 ②)。要は、広告規制と規制の緩和が情報の受け手である患者にどのような利益をもたらすのか、という観点からの検討が必要だということではなかろうか。

第Ⅲ部

表現内容規制・内容中立規制二分論をめぐって

第 5 章

時間・場所・方式規制に対する司法審査

1．序

　表現内容を理由とした規制と内容にかかわらない時間・場所・方式規制を区別し、それぞれに異なった司法審査基準を適用すべきだとする解釈は妥当であろうか。そもそも、時間・場所・方式規制とはどのような規制形態を指すのであろうか。また、そのような規制類型を区別することの背景にはいかなる意味があり、この概念はどのような思想によって支えられていたのであろうか。本稿では、このような問題をアメリカ連邦最高裁判所の判例を通観することによって解明することを課題としている。

　右の課題に入る前に、わが国の問題状況[1]を素描しておこう。まず、判例上、時間・場所・方式規制という規制類型が、独自の規範的な意味をもつということは、比較的早くから認識されていたようである。ただ、最高裁レベルで展開された時間・場所・方式規制論は、猿仏事件大法廷判決[2]や個別訪問禁止合憲判決[3]、あるいは屋外広告物条例に関するいくつかのケース[4]に見られるよう

---

1)　ジュリスト増刊『日本国憲法—30 年の軌跡と展望』(1977) 474 頁「研究会・憲法判断の基準と方法」ジュリスト 789 号 22 頁、「研究会・憲法判断の客観性と創造性」ジュリスト 835 号 10 頁。

2)　最大判昭和 49 年 11 月 6 日　刑集 28 巻 9 号 393 頁。これに対する批評として、樋口陽一「憲法判例百選 I［第 2 版］」22 頁、芦部信喜「公務員の政治活動の自由の規制と合理的関連性基準」『憲法訴訟の現代的展開』(1981) 225 頁、藤井俊夫『憲法訴訟と違憲審査基準』(1985) 80 頁等参照。

3)　最判 3 小昭和 56 年 6 月 15 日　刑集 35 巻 4 号 205 号。これに対する批評として、

に、どちらかといえば、問題となった規制が内容規制でないこと、また、それが単なる表現方法の規制であることを強調して、そのことからただちに表現規制の合憲性を導き出す傾向があったことは否定できない。

これに対して学説は、時間・場所・方式規制に LRA 審査の適用を要求するもの[5]、内容規制と内容中立的な時間・場所・方式規制の区別を承認しながら、全体として高次の審査基準が適用されるべきだとするもの[6]、逆に、このような区別を否定し、時間・場所・方式規制にも比較的厳格な審査が施されるべきだと主張するもの[7]等、様々な解釈的提言が行われている。これらは、表現の自由の優越的地位が正面から承認されず、内容中立的な表現手段規制の合憲性、比較的緩やかな利益衡量で認められてしまっているわが国の現状を踏まえて、表現規制に対する司法審査のあるべきビジョンを描くという、一種の政策的な関心に裏づけられた議論でもある。

しかし、わが国の学説は、内容規制と時間・場所・方式規制を区別することに注意を向け、あるいはこの区別を一つの前提として議論を進めてきたように思われてならない。大切なことは、時間・場所・方式規制という観念の背後にあり、この規制形態を存立させている基盤を知ることであり、内容規制と内容中立的な時間・場所・方式規制の区別を可能にしている思想を明らかにするこ

吉田善明「憲法判例百選Ⅱ［第2版］」332頁等参照。

4) 大分県屋外広告物条例判決　最判3小昭和62年3月3日　刑集41巻2号15頁。これに対する評釈としては、市川正人「昭和62年度重要判例解説」ジュリスト910号20頁、戸松秀典「地方自治判例百選［第2版］」別冊ジュリスト125号36頁、同判例評論346号（判例時報1250号36頁）、紙谷雅子「法学教室」85号108頁、大林秀介「法学教室」89号判例セレクト等参照。

5) 芦部信喜『憲法判例を読む』(1987) 98-107頁、同『司法のあり方と人権』(1983) 151-60頁、とくに158-9頁参照。

6) 松井茂記『「マスメディアと法」入門』(1988) 51頁参照。

7) 市川正人「表現内容の規制・内容中立的規制二分論と表現の自由（1）、（2）、（3・完）」三重大学法経論叢4巻1号、5巻1号、7巻1号。長岡徹「表現自由と規制類型論—表現内容に基づく規制と内容中立的規制区分論の検討（1）、（2）」香川大学教育学部研究報告第Ⅰ部第68号、69号。

とではなかろうか。

　このような観点から、本稿では、時間・場所・方式規制という考え方が生成してきた過程をたどりながら、そのインプリケーションを解明し、その後、この観念がどのように展開され、いかなる変容を被っているのかを明らかにする。そして、時間・場所・方式規制の解釈の現状を踏まえて、この観念の問題性と可能性を提示したいと考える。

2．時間・場所・方式規制の意義

（1）　時間・場所・方式規制論の形成

1）　時間・場所・方式規制と自由裁量的な表現許可の区別

　まず、時間・場所・方式規制の意義から明らかにしておこう。時間・場所・方式規制という規制類型が意識されたのは1930年代後半であったと考えられる。1936年、連邦最高裁判所は**ヘイグ対 CIO 判決**［Hague v.s Commitee for Industrial Organization, 307 US 496 (1936).］において共産主義者労働組合の公会堂使用申請拒絶が当該組合の思想的傾向を理由としたものであって、修正1条の観点から許されないと判示した［at 515-6］[8]。また、1939年には個別訪問による文書配布と許可制の関係が争点となった**シュナイダー対ニュージャージー州（アーヴィントン市）判決**［Schneider v.s State of New Jersey (City of

---

8)　本判決には後のパブリックフォーラムにおける内容中立義務の端緒を見ることができる。See Daniel A. Farber and John E. Nowak, The Misleading Natureof Public Forum Analysis : Content and Context in First Amendment Adjudication. 70 Va. L. Rev. 1219, 1230-4 (1984). なお、パブリックフォーラム概念が必要かという点について同論文は否定的である。このことは、トゥライブも指摘する。Laurence H. Tribe, American Constitutional Law, 993 (1988). 問題は、ある場所がパブリックフォーラムであるか否かではなく、公権力が表現行為への便宜をどれほど図るかにあるという意味で、マスメディアとくにテレビへのアクセスの問題と一体に論じなければならないであろう。See J. M. Balkin, Some Realism about Puluralism : Legal Realist Approaches to The First Amendment, 1990 Duke L. J. 375 402-3.

Irvington), 308 US 147 (1939).］や同じく個別訪問による布教活動と許可制の関係が問題となった1943年の**マーティン対ストラザース市判決**［Martin v.s City of Struthers, 319 US 141 (1943).］、あるいは公道をパレードに使用する場合の許可制が問題となった1940年の**コックス対ニューハンプシャー州判決**［Cox v.s New Hampshire, 312 US 569 (1940)］においても表現行為に対する許可制が修正1条に違反するという判断を示している。

　このような一連の判例の流れの中で、連邦最高裁判所は、表現の自由といえども絶対的な権利ではなく、公益との利益衡量を避けるわけにはいかないという立場を表明しながらも、表現主体の性質や見解によって表現機会を与え、あるいは奪うような裁量的な許可制度の合憲性を否定している。それと同時に、客観的な基準に基づき、恣意的な裁量権行使の余地のない時間・場所・方式規制の合憲性を一貫して認めているのである。右コックス対ニューハンプシャー州判決は、州が「時間・場所・方式規制に関して不当な差別を伴わない考慮を行う権限をもつ」として、このことを明確に述べている［312 US 576］。

2）　時間・場所・方式規制に対する裁判所の姿勢

　ただ、注意しなければならないのは、時間・場所・方式規制であればただちに憲法上の許容性が認められるわけではないとされていたことである。つまり、単に公的な利便や快適さといった利益では表現の自由規制を正当化することはできないとされていたのである[9]。法執行者に恣意的な裁量を許さず、しかも単なる公的な利便・快適さを越える利益を追求する規制でなければ時間・場所・方式規制としても維持されないのである。前記マーティン判決ブラック裁判官法廷意見は、「知識の伝播を制限する立法を考察する場合、『問題となっている立法の効果を検証するに機敏でなければならず……諸状況を衡量し、当該規制を支えるために展開される根拠が本質的なものであること(substantiality)を評定しなければならない』」［319 US 143］と述べている。時間・場所・方式

---

9)　C. Edwin Baker, Human Liberty and Freedom of Speech, 145 (1989).

規制の合憲性が利益衡量で決まるとしても、その衡量プロセスでは規制利益の本質性が要求されるのである。このような考え方は後に時間・場所・方式規制の合憲性審査に関して定式化される TPM テスト（Time, Place, and Manner Regulation test）の中核的な要素として承継されていく[10]。

（2） 表現方法の規制と時間・場所・方式規制

1） 表現方法の規制

1940 年代後半に判示されたラウドスピーカー使用制限をめぐる二つの判例は、時間・場所・方式規制の観念をよりいっそう明確にする。

まず、1948 年に判示された**サイア対ニューヨーク州判決**［Saia v.s New York, 334 US 558 (1948).］では、ラウドスピーカーの使用に際して警察署長の許可を要求したニューヨーク州ロックポート市条例が修正 1 条に違反して文面上違憲であるという結論が示されている。法廷意見を述べるダグラス裁判官は表現の自由の優越的地位を強調しつつ、規制利益はスピーカー使用に許可を義務づけなくとも出力を制限することで達成できると言明する［at 562］[11]。これに対して 1949 年のコヴァックス対クーパー判決［Kovacs v.s Cooper, 336 US 77 (1949).］では「騒々しく耳障りな」スピーカー使用制限を規定するニュージャージー州トレントン市条例の合憲性が問題となったが、リード裁判官法廷意見はラウドスピーカーのもつ特性や望まざる聴衆の権利を強調し、この種の規制制定が立法府の権限内にあると結論づけている［at 87］。

これら二つの判決において結論を左右したのは、ラウドスピーカーの使用を全面的に禁止する「絶対規制」か否かという考慮であったと考えられる。実際、コヴァックス判決リード裁判官法廷意見はトレントン市条例が絶対規制で

---

10) William E. Lee, Lonely Pamphleteers, Little People and the Supreme Court : The Doctrine of Time, Place, and Manner Regulations of Expression, 54 Geo. Wash. L. Rev. 757, 759 (1986).

11) ただしフランクファーター、ジャクソン両裁判官の反対意見がある。334 US 564-5 (Frankfurter J. dissenting), 334 US 568-9 (Jackson J. dissenting).

あれば憲法上維持されないことを示唆しているのである [at 86][12]。つまり、特定表現方法を規制する方式規制は、当該表現手段を絶対的に禁止するものではない、ということを要件に憲法上許容されるのであって、特定表現手段を絶対的に禁止する規制は、もはや時間・場所・方式規制としては維持されないのである。言い換えると、代替表現手段や場所が確保されている規制でなければ時間・場所・方式規制とはみなされないといえようか。もっとも、問題は、絶対規制でなくとも各話者の置かれている状況によっては、絶対規制でなくても厳しい規制効果を及ぼすことがあるということであろう。コヴァックス判決で反対意見を述べるブラック裁判官はこのことを指摘している [at 102]。

なお、ジャクソン・フランクファーター両裁判官は、上の二つの条例とも特定見解を差別的に扱っているのではないとして、見解や表現内容にかかわらない方式規制の合憲性を強調している [334 US 564, Frankfurter J. dissenting. 334 US 568, Jackson J. disennting. 336 US 96-7, Frankufurter J. cuncurring]。内容規制でなければ合憲だとする立場の淵源をみることができるだろう。

以上のように、時間・場所・方式規制においては、他の表現手段や場所等表現機会が保障されていることが合憲性の前提とされている。つまり、時間・場所・方式規制の対立概念は絶対規制であったとすることができるのである[13]。

2) 時間・場所・方式規制と言論・行動二元論

時間・場所・方式規制は表現行為の外的条件に向けられている。つまり、表現行為にはメッセージ内容から構成される実体的側面と当該メッセージを伝達する手段・方法という物理的な側面の二つが並存していると考えることが可能である。このような思考をさらに発展させると、表現内容と表現手段を区別して考え、また表現における物理的な側面を別異に扱うアプローチが編み出され

---

12) 後に、ブレナン裁判官は両者の差を City of Lakewood v.s Plain Dealer Publishing Co. 486 US 750 (1988) の中で説明している [at 768]。

13) Susan H. Williams, Content Discrimination and the First Amendment, 139 U. Pa. L. Rev. 615, 637 (1991).

る。これが、言論・行動二元論の存立基盤である。

　言論・行動二元論が構想された背景には、その当時に特有の表現形態、すなわち公民権運動におけるデモ行進やピケッティングをどう扱うかという問題関心があったことは事実である。たとえば、言論・行動二元論を判例史上初めて明らかにした1965年のコックス対ルイジアナ州判決［Cox v.s Louisiana I, 379 US 536 (1965). Cox v.s Louisiana II, 379 US 559 (1965).］では南部における黒人差別政策批判のためのパレードやピケッティングと騒乱罪の成立が問題とされている。

　同判決では自由裁量的な表現許可制と合理的な時間・場所・方式規制の区別が維持されつつ、問題となったピケッティングやパレードは純粋な言論とは異なり、より多くの規制を受ける行動（conduct）であると明言されている［at 562-3］。つまり、表現の自由とは表現内容に対する政府コントロールの禁止を意味し、さらに進んで表現手段の選択までをも保障するものではない。また、表現の自由とは、パレードやピケッティングといった威嚇的な行為ではなく、タウンミーティングにおける整然としたスピーチのような行為を予定しているのであって、意思を公にする行為がすべてその自由の範囲に含まれるものではない。これが、言論・行動二元論の背景にある考え方である。表現の自由にはその行使に伴う制約や条件があり、誰もが好きな時間に、好きな場所で、また好きな方法で発言する自由をもつものではないという[14]、一種のロバート式議事運営手続（Robert's Rule of Order）が時間・場所・方式規制や言論・行動二元論を支配していたのである。これは時間・場所・方式規制を始めとするあらゆる規制類型論が共有する前提であるとみることもできる[15]。今日、言論・行動

---

14) Alexander Miklejohn, The First Amendment is An Absolute, in Free Speech and Association -The Supreme Court and the First Amendment- 17 (Phillip B. Kurland ed. 1975).

15) Harry Kalven Jr. The Concept of the Public Forum : Cox v.s Louisiana, in Free Speech and Association -The Supreme Court and the First Amendment 137-8 (Phillip B. Kurland ed. 1975).

二元論を積極的に展開する学説はそれほど多くはなく[16]、判例においてもこの理論が支配的な地位を獲得するまでには至らなかった[17]ことも事実である。だが、時間・場所・方式規制の一つのコロラリーともいうべき言論・行動二元論には、その後の規制類型論すべてに通底する思考方法をみることができるのである。

　以上のように、時間・場所・方式規制は特定表現（主題・見解・主体）に対する差別的な規制から表現の自由を保護する役割を演じ、恣意的な表現規制や選別的な法執行を防止する法理として展開されてきた。また、時間・場所・方式規制であればただちに合憲性が認められるのではなく、規制利益の本質性や代替表現機会の存在が証明されなければならず、その意味で決して緩やかにその合憲性が追認されていたわけではなかったことにも注目すべきである。

3．時間・場所・方式規制に対する司法審査基準

（1）　表現内容中立原則と時間・場所・方式規制

1）　表現内容中立原則

　上述のように、時間・場所・方式規制はメッセージ内容（主題・見解・主体）を理由とした差別的規制を禁止する法理であった。それゆえ、この法理をさらに抽象化すると、表現内容規制の禁止と内容中立規制の許容という二元論が形成されることになろう[18]。

---

16)　代表者はT. I. エマソンである。T. I. Emerson, Toward A General Theory of The First Amendment (1966)［邦訳　T. I. エマソン『表現の自由』（小林直樹・横田耕一訳、1972）］; First Amendment Doctrine and The Buger Court, 68 Calif. L. Rev. 422 (1980)［邦訳　トマス・I・エマスン「合衆国憲法第一修正の法理とバーガ・コート第一回‐第六回（完）」木下毅訳、ジュリスト737号、739号、741号、745号、748号および750号］．

17)　ただし、現在ではスカリア裁判官が言論・行動二元論を採用している。なお後述する。

18)　表現内容規制・内容中立的規制二元論に関するわが国の研究として市川前掲7)、

1972年、連邦最高裁判所は**モズレイ判決**［Police Department of Chicago v.s Mosley, 408 US 92 (1972).］でこの理を明確にしている。事案は学校付近でのピケッティングを学校に勤務する者が行うものを除いて禁止するという典型的な選別的規制の合憲性であった。当該規制を違憲であると判断する法廷意見の中で、マーシャル裁判官は「何にもまして修正1条が意味するのは、政府はそのメッセージ、思想、主題およびその内容を理由として表現を規制する権限をもたないということである」として表現内容中立原則の確立を明言する［at 95］。ただ、この法廷意見において特徴的であるのは、マーシャル裁判官が右規制を修正1条の問題としてではなく修正14条平等保護の問題として扱ったという点であろう[19]。曰く「思想の領域では地位の平等が存在し、政府はすべての見解に聞かれるべき平等な地位を付与しなければならない」［at 95-6］。

思想の領域における地位の平等（an equality of status in the field of ideas）という表現はA.マイクルジョンからの引用であることに注意すべきであるが、ここでは、表現内容規制は許されない、少なくとも許されないという前提から出発しなければならないという姿勢が明らかにされている[20]。それと同時に、マ

長岡前掲7)、および紙谷雅子「表現の自由(1)-(3・完)」国家学会雑誌101巻1・2号、102巻1・2号、同5・6号等を参照。

19) ただ、表現の自由の領域で修正1条ではなく平等保護を援用することが適切かどうかについては疑問がある。Peter Westen, The Empty Idea of Equality, 95 Harv. L. Rev. 537, 559-77 (1982). 平等という概念が常に相対的にしか定まり得ず、したがって平等保護自体が空虚な概念であるかどうかは別としても、従来各基本的権利の領域で展開され、確立されてきた解決方法が存在しているならば、あらためて平等保護をもち出すことが問題解決の筋道を曖昧にさせるという批判は傾聴に値する。実際、後にステュワート裁判官は、表現の自由における内容中立原則は修正1条の法理として正当化されるべきであり、修正14条平等保護を援用することを慎むべきであるという意見を述べている。Cary v.s Brown, 447 US 455, 471 (1980). (Stewart J. conncurring). なお、平等保護に関する右のような解釈に対する批判として、Kent Greenawalt, How Empty Ideaof Equality, 83 Colum. L. Rev. 1167 (1983). それに対する反批判としてPeter Westen, To Lure the Tarantula from Its Hole : A Response, 83 Colum. L. Rev. 1186 (1983).

ーシャル裁判官は「ピケッティングに対する合理的な時間・場所・方式規制が重要な政府利益を促進するために必要であることを絶えず認めてきた」として、内容規制と合理的な時間・場所・方式規制が対照されるべきであること、また合理的な時間・場所・方式規制は内容への関心に基づくことができないことを明確に述べている［at 98-9］。

ところで、このようなマーシャル裁判官の明快な説示にもかかわらず、あるいはその明快さゆえに、内容規制は絶対的に許されないのか、という疑問が提起される。表現といっても政府批判や哲学的あるいは文学的著述から名誉毀損やわいせつ的表現まで様々なヴァリエーションがあり、伝統的に保護されない表現や少なくしか保護されない表現という範疇が認められてきたはずである。また、内容規制といっても特定見解（viewpoint）を抑圧するものもあれば見解にかかわらず特定の主題（subject-matter）を包括的に規制するものもあり、決して一様ではない[21]。つまり、マーシャル意見はこのような実状を無視し、表現内容中立原則という抽象的なルールを強調したというわけである[22]。このような批判はモズレイルールの言明から20年以上経過した今日でもみることができ[23]、後述するように表現内容中立原則の展開も決して直線的ではないが、それにもかかわらず、連邦最高裁判所は今日でもこのルールを維持していると

---

20) 表現内容中立原則があらゆる内容規制を禁止する法理ではなく、少なくともあらゆる表現は聞かれるべき平等な資格をもっている、という前提から出発すること、すなわち保護されない表現というカテゴリーを所与のものとして、ある表現をそのカテゴリーにあてはめるのではなく、まずは保護される資格を認め、そこからなぜ保護されないのかを論証させるという方法をとることを指示した法理と解釈するのがK. カーストである。Kenneth L. Karst, Equality as A Central Principle in the First Amendment, 43 U. Chi. L. Rev. 20, 21 (1975). もちろん、そのように解釈しなければ表現の自由に関する判例理論を説明できなくなる。

21) Geffrey R. Stone, Restrictions of Speech Because of its Content : Peculiar Case of Subject-Matter Restrictions 46 U. Chi. L. Rev. 81, 83 (1978) [herinafte cited as Stone 1978].

22) Erznoznik v.s City of Jacksonville, 422 US 219 (Burger Ch. J. dissenting).

23) Steven H. Shiffrin, The First Amendment, Democracy, and Romance, 17-23 (1990).

いえる。

2) 表現内容中立原則の展開と TPM テストの定式化

モズレイ判決は従来の時間・場所・方式規制の考え方を表現内容中立原則の観点から説明した。それでは、時間・場所・方式規制に適用される合憲性審査はどのように展開されるのであろうか。ここでは、表現内容規制に適用される審査基準の展開と併行的に TPM テストの定式化の過程をフォローする。

モズレイ判決と同日に判示され、モズレイ判決と事案を同じくする**グレインド対ロックフォード市判決**［Grayned v.s City of Rockford, 498 US 104 (1972).］やドライヴイン映画劇場でのヌードフィルム上映が問題となった 1975 年の**アーズノツニク対ジャクソンヴル市判決**［Erznoznik v.s City of Jacksonville, 422 US 205 (1975)］、あるいは市公会堂でのミュージカル「ヘァ」の上演拒絶が問題となった**サウスイースタンプロモーションズ対コンラッド判決**［Southeastern Promotions v.s Conrad, 420 US 546 (1975).］では、表現内容規制と時間・場所・方式規制が対照され、前者に対する規制が許されないということが抽象的に確認されたにとどまっている。もっとも、人種統合政策の一環として、持ち家の面前に「売り家」表示をすることを禁止した町条例の合憲性が問題となった 1977 年の**リンマーク対ウィリンボロ町判決**［Linmark v.s Town of Willingboro, 431 US 85 (1977).］では、代替手段の利用可能性と単なる物理的側面（広告の規模・様式）への規制か否かが検討されてはいるが、基本的には内容規制それ自体を容認しないとするモズレイルールが維持されていると見ることができる。

連邦最高裁判所が表現内容規制への司法審査基準を最も明確に提示したのは 1978 年の**ベロッティ判決**［First National Bank of Boston v.s Belloti, 435 US 765 (1978).］であろう。ここでは住民投票における会社の政治資金の拠出を一定の事項に関すものに限定するマサチューセッツ州法の合憲性が問題となったが、法廷意見を述べるパウエル裁判官は本件のような主題規制は① compelling interest の存在、② overinclusive, underinclusive の有無の観点から内容規制が

検討されなければならないという立場を明らかにしている [at 786]。このうち compelling interest は「より大きな、あるいは差し迫った危険を回避する」という正当化の要求[24]に相当し、overinclusive, underinclusive は、当該利益と達成手段の均衡（fit）を厳しく要求するものであるから[25]、結局内容規制が認められる余地はほとんどないといっても過言ではない。

ベロッティ判決で明らかにされた内容規制への司法審査基準はその後も基本的に継承されているが、事例によっては若干のニュアンスを看取することができる。たとえば、コインでヌードフィルムを観ることができる自動販売機の設置規制と修正1条の関係が争われた1981年のシャド対マウントユーフレイム判決 [Schad v.s Maunt Ephraim, 452 US 61 (1981).] では①狭く規定されていること、②きわめて本質的 (sufficiently substansive) な利益を促進すること、③より侵害的でない規制手段であることの3項目が審査基準として採用されているが、連邦最高裁判所前の歩道がパブリックフォーラムか否かが争われた1983年の**合衆国対グレイス判決 [United States v.s Grace, 461 US 171 (1983).]** では① compelling interest、②狭く規定された立法であることの2点が要求されている。他方、宗教グループに対して州立大学の施設を利用させな

---

24)　L. H. Tribe, supra note 8 at 832.
25)　Over/underinclusive の分析方法は、Tussman and tenBreak, The Equal Protection of Laws, 37 Cal. L. Rev. 341 (1949). によって提言され、主として平等保護の領域で立法目的と手段の適合関係を審査する道具として用いられてきたのであるが、表現の自由でも利益衡量の一つの判断要素として活用されている。なお、近時 Tussman and tenBreak のモデルを修正し、より詳細な分析モデルを提言する論文が著されている。Kenneth W. Simons, Overinckusion and Underinckusion, 36 UCLA L. Rev. 447, 450 (1989). シモンズは、差別的分類の設定に対する分析方法として classificatory fit という概念を導入する。この概念は、設定される分類それ自体があまりに多くの不適切さをもっている場合に、その分類自体を憲法上無効にする「固有価値（intrinsic value）」と分類それ自体には不正義が含まれているわけではないが、その分類が他の不正義や憲法上の誤りのすり替えとして設定されている場合に、その分類設定を無効とする「代理的価値（surrogate value）」という二つの意義を有するものと考えられている。この分析方法は、表現内容規制の分析においても活用できるであろう。

い旨規定していたミズーリ州立大学カンザスシティ校学則の合憲性が問題となったワイドマー対ヴィンセント判決［Widmar v.s Vincent, 454 US 263 (1981).］では compelling interest の立証の欠如のみから同校学則の合憲性が否定されている。しかし、いずれにせよこれら審査項目が政府に強いる立証責任は絶大であり、厳格な審査が維持されていることには変わりがない。

　内容規制と区別される時間・場所・方式規制の合憲性審査基準であるが、この点について連邦最高裁判所は、特定見解を差別するものでないこと、代替表現機会を保障する規制であること（絶対的表現禁止でないこと）を時間・場所・方式規制の合憲性の要件として課していたことはすでに述べたとおりである。これを受けて 1976 年、薬の価格広告規制と営利的言論法理が問題となったヴァージニア薬事委員会判決［Virginia State Board of Pharmacy v.s Virginia Citizens Consumer Council, 425 US 748 (1976).］においてブラックマン裁判官法廷意見は、TPM テストと呼ばれる司法審査基準を定式化している。それによれば、①表現内容に対して中立的であること、②重要な政府利益に奉仕すること、③代替表現手段を十分に残していることの 3 項目が検討されるのである。

　この TPM テストは電力事業者の意見広告の自由が争点となった 1980 年のエディソン社判決［Consolidated Edison Company of New York v.s Public Service Commission of New York, 447 US 530 (1980).］パウエル裁判官法廷意見や主題に基づく屋外広告設置規制の合憲性が争われた 1981 年のメトロメディア判決［Metromedia v.s City of SanDiego, 453 US 490 (1981).］ホワイト裁判官相対多数意見でも展開されているのである。

　以上のことから、連邦最高裁判所は、争われている表現規制が内容規制であるか否かを問い、そうであると判断すれば compelling interest の立証を始めとする厳格な審査を、逆に内容中立規制であると判断した場合には TPM テストを適用する規制類型論を確立したことが理解できるであろう。

（2） 表現内容中立原則をめぐる対立と TPM テストの緩和

1） Low Value Speech

先に述べたように、表現内容中立原則というきわめて包括的な解釈理論は、「保護されない表現」、「少ない保護しか受けない」カテゴリーの存在をどう説明するか、あらゆる表現内容規制を退け、あるいは内容規制すべてに厳格な審査を適用することが適切かどうかという問題を生じさせる。それゆえ連邦最高裁判所内部にも表現内容中立原則の理解をめぐっては早くから対立が存在している。つまり、包括的なルールとしての表現内容中立原則を維持するする一方で内容規制の定義を限定的に解釈し、それによって厳格な審査に服せしめられる範囲を縮減しようとする立場が示されるのである。この限定解釈は、表現内容（むしろ主題というべきか）によっては修正 1 条が予定している価値を欠く類型があることを認める。つまり、わいせつ的表現や名誉毀損、戦闘的言辞や犯罪の教唆あるいは商業的言論等のような表現類型には、民主的自己統治や個人の自己実現といった修正 1 条が追求すべき価値が欠けているとするのである。すなわち、表現の自由の中核部分は政治的表現であり、右のような諸類型は表現の自由の周縁部分に位置するに過ぎず、したがって保護の必要性も高くない "Low Value Speech" だというわけである[26]。

この解釈が最も端的に現れるのが 1976 年の**ヤング判決**［Young v.s American Mini Theatres, Inc., 427 US 50 (1976).］であろう。成人映画館設置規制（ゾーニング条例）が修正 1 条の観点から許されるか否かが争点となった

---

26) Cynthia D. Stevenin, Young v.s American Mini Theatres, Inc.,: CreatingLevels of Protected Speech, 4 Hastings Const. L. Q. 321, 344-7 (1977). Larry Alexander, Low Value Speech, 83 Nw. U. L. Rev. 547 (1989). Cass R. Sunstein, Low Value Speech Revisited, 83 Nw. U. L. Rev. 555 (1989). William W. Van Alstyne, Interpretations of the First Amendment, 41-2 (1984). James G. Pope, The Three System Ladder of First Amendment Values: Two Rungs and a Blak Hole, 11 Hastings Const. L. Q. 189, 192 (1984). Notes: Content Regulations and The Dimensions of Free Expression, 96 Harv. L. Rev. 1854, 1871-2 (1983).

本判決で、スティーヴンス裁判官は成人映画は何ら「思想」や「見解」を表明するものではなく、仮に表明することがあったとしてもわずかであり、成人映画という表現カテゴリーに基づいて規制を行ったとしても表現内容中立原則に抵触することはないという法廷意見を示している［at 70-3］。この解釈は、ラジオ局が「不快な表現」を放送する自由をもつかが問題となった1978年のパシフィカ・ファウンデイション判決［FCC v.s Pacifica Foundation, 438 US 726 (1978).］においても継承される。ヤング判決と同じく法廷意見を述べるスティーヴンス裁判官は、判決の脚注においてではあるが、「より不快でない言葉を用いることによって伝達できない思想は皆無とまではいえなくてもほとんど考えられない」［at n. 18］と述べ、FCCの放送中止命令を支持している。つまり、上の二つの判決では、表現の自由における価値序列の存在が承認され、この序列を前提に基づいて「思想」的表現を中心にした保護の体系が形成されるのである[27]。それゆえ、この解釈では内容中立性の概念が限定されている。

2) TPMテストの緩やかな適用

表現内容中立性の概念の変容は、同時にTPMテストの水準にも影響を与えている。上述のように時間・場所・方式規制の合憲性審査に適用されるTPMテストは、①内容中立的であること、②重要な政府利益に奉仕するものであること、③代替表現手段を十分に残すものであること、の3項目から構成されていた。しかし、これら項目は認定の仕方次第では厳格にもまた緩やかにも適用されるのである。まず、表現内容に中立的であるか否かは右に述べたように「思想」的表現に対して中立的であるか否かという問題に転換することで内容規制の成立範囲を限定することができる。重要な政府利益と代替表現手段の存在についても、これらは理論上はほとんど常に存在しているのだから、TPM

---

[27] つまり、表現内容中立原則とは何らかの価値序列を前提とし、各序列内での中立性を意味すると解釈することも可能である。See Paul B. Stephan, III The First Amendment and Content Discrimination, 68 Va. L. Rev. 203, 231, 236 (1982). and see C. D. Stevenin, supra note 26 at 353.

テストをきわめて緩やかに認定することができるのである。

　TPM テストが緩やかに認定された例としては 1981 年のヘフロン判決 [Heffron v.s International Society for Krishna Consciousness, 452 US 640 (1981).] をあげることができる。ここでは、公益法人ミネソタ州農業協会が中心となって開催された博覧会場での表現規制（所定のブース以外で文書を配布する行為等を禁止する規制）の合憲性が争点とされたが、ホワイト裁判官法廷意見は、①ブースの貸与が先着順に決定されていること、②当該規制は博覧会場での群衆をコントロールするという重要な政府利益に奉仕すること、③博覧会場以外での文書配布の機会を否定するものではないことを理由として、当該規制を憲法上許される時間・場所・方式規制と認めている［at 648-50］。しかし、これについては、TPM テストをより厳格に適用すべきだと主張するブレナン裁判官反対意見が展開されている。同裁判官は、州側が提起する規制利益（群衆のコントロール）と規制手段（文書配布の禁止）との間には関連性が認められず、より侵害的でない規制手段の立証が行われていないこと［at 658］、また主張される政府利益が「一般的かつ仮定的」にとどまるという点を指摘するのである［at 662］。

　ホワイト裁判官法廷意見とブレナン裁判官反対意見の対立が指し示すように、TPM テストの要点は「何を問うか」よりも「いかに問うか」にあるといえる。とくに、表現内容規制の概念が限定される一方で TPM テストの適用領域が拡大するのであるから、表現の自由保障の範囲と程度は TPM テストの適用の程度に左右されるといっても言い過ぎではない。それゆえ、今日の表現の自由保障の鍵を握るのは内容規制の定義と TPM テストの水準であるとすらいえるのである。

（3） TPM テストの変容
―― TPM テストとオブライエンテストの融合 ――

1）　表現内容中立原則とオブライエンテスト
　1980 年代半ばに入り、連邦最高裁判所は従来の TPM テストとオブライエン

テストを統合し、内容中立的規制に対して適用される司法審査基準を一元化する方向へと歩み出した。

本来、オブライエンテストは、ベトナム戦争反対の意思表示のために徴兵登録カードを焼却する行為等の象徴的表現の文脈で考案され、展開されてきた審査方法であった[28]。**オブライエン判決** [United States v.s O'Brien, 391 US 367 (1968).] で法廷意見を述べるウォーレン首席裁判官は、徴兵カードの焼却が表現に該当するか否かという観点ではなく、そのような行為を規制する立法の性質という観点から問題を分析する手法を編み出したのである。従来の分析方法では、問題となっている表現行為が言論か行動のいずれに分類されるか[29]、あるいはいずれの要素が優勢か[30]といった視点から行為の修正1条保護の帰趨を判断していたのであるが、オブライエンテストでは、「言論と非言論それぞれの要素が一つの行動の中に結合されている」場合には、その行動に対する規制が①政府の権限内にあり、②重要かつ本質的な政府利益を助長し、③表現の自由の抑圧とは無関係であり、④かような付随的規制が当該利益を助長するのに必要以上に強力でないか、という分析ステップで表現行動規制の合憲性が判断されるのである [at 376-7]。

オブライエンテストの要は、問題となった規制が「表現の自由の抑圧とは無関係な」付随的規制であるかという点に置かれている。つまり、オブライエンテスト③の無関係項目（unrelatedness prong）は、適用される審査基準を決定する転換機能（switching function）を果たすと理解される[31]。それゆえ問題は、「表現の自由の抑圧とは無関係」な「付随的規制」とは何か、に集中する。

これについては二つのアプローチが可能である。まず、立法意図を探求し、

---

28) 象徴的表現については、榎原猛『表現権理論の新展開』(1982) 81頁以下、紙谷雅子「象徴的表現 (1)-(4・完)」北大法学論集第40巻5・6合併号上巻、第41巻2号、第41巻3号、第41巻4号参照。

29) Tony Freyer ed., Justice Hugo Black and Modern America, 9-11 (1990).

30) T. I. Enerson, supra note 16.

31) John Hart Ely, Flag Desecration : A Case Study in the Role of Categorization and Balancing in First Amendment Analysis, 88 Harv. L. Rev. 1482, 1484 (1975).

立法者が表現の自由の抑圧を目的としていたか否かを問う解釈が考えられる。上記ウォーレン首席裁判官法廷意見はこの解釈に依拠していると見ることができる［391 US 383］。次に、問題となった規制が回避しようとした害悪が、当該行為の伝達しようとしていた意味にかかわりがあるか、それともそのような意味にはかかわりなく生じるものかを問う解釈が提起される。後年、連邦最高裁判所はこれら二つの解釈をめぐって対立するのであるが、それは、もともとオブライエンテスト③が多義的であり、解釈に対して開かれた構造をもっていたことに原因がある[32]。

ところで、付随的規制の判断方法が右のように分岐するとしても、「表現の自由の抑圧とは無関係」ということが表現内容中立原則や時間・場所・方式規制における内容中立規制の意味と重なり合う部分が少なくないことは確かである。立法意図の分析においては内容規制を目的としていたか否かが考察の対象となり得るであろうし、伝達的意味と表現内容も重複し合うであろう。そこで、表現内容中立原則やTPMテストにおける内容中立性とオブライエンテストにおける付随性が同じ意味に解される可能性が出てくる。

2） TPMテストとオブライエンテストの統合

1984年、連邦最高裁判所は、公有財産にポスターを貼る行為を禁止したロサンゼルス市条例が修正1条に違反するかが争点となった**ロサンゼルス市議会判決** ［Members of the City Council of the City of Los Angeles v.s Taxpayers for Vincent, 466 US 789 (1984).］において、TPMテストとオブライエンテストを統合する判断を示すに至る。法廷意見を述べるスティーヴンス裁判官は、表現内容中立原則を特定見解の抑圧を禁止した法理と解釈し、そのような抑圧を意図しない規制の合憲性はオブライエンテストで判断されると述べている［at 804-5］。また同裁判官は、ある見解（viewpoint）を差別的に規制する立法より、見解にかかわらず特定の表現手段を完全に規制する立法の方が危険

---

[32] なお後述する。

性が少ないと明言する［at 816］。つまり特定表現手段への内容中立的完全規制（content neutral total ban）の優位という 1940 年代以来の伝統的法理が継承されつつも、内容中立規制の合憲性ががオブライエンテストで判定されるという姿勢を明らかにしているのである。

このような統合は、同年に判示された**クラーク判決**［Clark v.s Community for Creative Non-Violence, 486 US 288 (1984).］においてさらに顕在化する。

市民団体（CCNV）がホームレス救済のため夜通しのデモンストレーションをラファイエットパークで行うため国立公園局に使用申請を提出したところ、同局はこれを拒絶した。そこで CCNV は右処分が修正 1 条に違反するとして差し止めを求めたのが本判決である。法廷意見を述べるホワイト裁判官は、野宿という行為が修正 1 条における表現であると認定した上で[33]、このような行為を規制する立法の合憲性が TPM テスト（①内容を参照することなく、②重要な政府利益に奉仕し、③十分な代替表現手段を残しているか）で判断されるとする［at 293］。そして、そのような立法が TPM テストで合憲性が認められたならば、同時にオブライエンテストでも合憲性が認められるとして、両テストの意義と水準が「ほとんど変わらない」［at 298］と断言するのである。つまり、表現規制を「内容規制・表現の自由の抑圧に関係がある規制」のカテゴリーと「内容中立的規制・付随的規制」のカテゴリーに二分し、適用すべき司法審査基準を一本化する「表現の自由の二段階理論（a two tiered approach）」が採用されたのである[34]。

しかし、TPM テストとオブライエンテストの統合については連邦最高裁判所内部にも対立がある。たとえば、ロサンゼルス市議会判決反対意見においてマーシャル裁判官は二段階理論が「内容中立的規制・付随的規制」への審査基準を低下させ、修正 1 条の弱体化を招くものであることを指摘する。つまり、

---

33) クラーク判決における野宿が表現に該当するか否かについては、Note, First Amendment Protection of Ambiguous Conduct, 84 Colum. L. Rev. 467 (1984) を参照。

34) Infra note 37.

内容規制の危険性が強調される反面で「内容中立的規制・付随的規制」に対する司法審査が大幅に緩和されたというのである。表現規制の場面では特定見解を差別する意図が法執行者になくとも過剰規制のインセンティブが機能することを指摘し、表面上の中立規制が異端の思想や表現手段への不必要な規制を隠蔽する楯であってはならないと主張するのである［at 313-6］。

　二段階理論をめぐる対立はロサンゼルス市議会判決の直後に判示された**カリフォルニア婦人有権者同盟判決**［FCC v.s League of Women Voters of California, 468 US 364 (1984).］でも明らかにされる。同判決では連邦政府から助成を受けて運営されている非営利的放送局に論説的な意見の放送を禁止する1967年公共放送法399条の合憲性が争点となった。法廷意見を述べるブレナン裁判官は特定見解を禁止するのでなく、一つのトピック全体について意見表明を禁止する規制でも見解規制として厳格な審査に服すると述べている［at 386-7］。これに対して、まずレーンキスト裁判官は右規制の目的を重視し、それが特定のイデオロギーをもった編集者を排除しようとしたものでも、議論の分かれる争点に関して番組を編成することを禁止しようとしたものでもない以上、編集権に対する内容規制には該当しないという反対意見を述べている［at 407-8］。またスティーヴンス裁判官反対意見は、「本規制は表明される主題もしくは見解に関して何らの区別を設定することなくすべての論説を禁止しているから」完全な中立規制であると断定する［at 413］。これらの意見は内容中立規制に対する考え方の多様さを表現しているといえるだろう。

（4）　時間・場所・方式規制論の現状

1)　立法目的・動機分析、副次的効果理論と付随的規制

　時間・場所・方式規制をめぐる解釈、とりわけ内容中立性をめぐる解釈が決定的な転換点をむかえたのは1968年の**レントン市対プレイタイムシアター判決**［City of Renton v.s Playtime Theatres Inc., 457 US 41 (1986).］においてである。成人映画館の設置規制が修正1条に違反しないという結論を示すレーンキスト裁判官法廷意見は、右規制が成人映画という一定の主題に基づいた分

類を設定するものではあっても、かかる分類が成人映画館設置に伴う周辺地域への副次的効果（secondary effect）を標的として設定され、直接表現内容の抑圧を標的としているものではない以上、憲法が危険視する内容規制には該当しないという論理を展開する［at 48］。そして、このような規制は表現の自由の抑圧を目的とはしていない以上、時間・場所・方式規制として合憲性が検証されなければならないと述べるのである[35]。

　ここには立法目的（動機）から付随的規制を定義づけるレーンキスト裁判官の考え方がきわめて端的に表明されているといえよう。同裁判官は、同じく成人映画館の設置規制が争点となった1976年のヤング判決の法理に依拠することを拒絶する［Id.］。すなわち、表現内容に基づく価値序列の存在を承認し、内容中立性を思想・見解に対する中立義務と限定解釈するヤング判決のアプローチを排除し、立法動機に決定的な重点を置く解釈を展開している。これは内容中立性を立法動機の分析から判定する方法に他ならず、TPMテストとオブライエンテストの融合を前提にした解釈をさらに明確にした判示であるといえるだろう[36]。また、本件規制に対して適用されるTPMテストであるが、レーンキスト裁判官は、重要な政府利益の存在についても、また十分な代替コミュニケーション手段の利用可能性についても比較的緩やかに認定していることを指摘しなければならない。つまり、TPMテストとオブライエンテストの融合を前提にして、緩められたTPMテストで成人映画設置規制の合憲性が認められたのである。

　もちろん、このような姿勢には批判が提起される。レーンキスト裁判官に対して反対意見を展開するブレナン裁判官は、成人映画という内容に基づく分類

---

35) 副次的効果論と付随的規制論の結びつきについては、Note, The Role of "Secondary Effects" in First Amendment Analysis : Renton v.s Playtime Theatres, Inc. 22 U. S. F. L. Rev. 161 176-7 (1987). Note : The Content Dinsinction in Free Speech Analysis After Renton, 102 Harv. L. Rev. 1904, 1922 (1989).

36) Susan H. Williams, Content Discrimination and The First Amendment, 139 U. Pa. L. Rev. 615, 632 (1991).

が設定されている以上、本件規制は内容規制であると解釈すべきだと述べ［at 56-7］、またたとえ内容中立規制であると仮定しても、適用されるべき審査基準は緩和された TPM テストではなく、本来の TPM テストでなければならないと指摘するのである［at 63-5］。

2) 伝達的意義理論と付随的規制

レントン判決の射程距離は必ずしも明確ではない。連邦最高裁判所はレントン判決の 2 年後、**ブース判決**［Boos v.s Bary, 485 US 312 (1988).］において外国大使館周辺で当該国家を公然と批判するプラカードを掲げ、あるいは批判するために集合する行為を禁止していたコロンビア特別地区条例の合憲性についてレントン判決の法理の適用を排除している。

法廷意見を述べるオコナ裁判官は、大使館周辺の公道がいわゆるパブリックフォーラムにあたると認定した後［at 318-9］、右規制が特定見解を差別するものでない内容中立規制であり、またレントン判決にいう付随的規制に該当するというコロンビア特別地区側の主張についてこれを退ける判断を示している。同裁判官はまず、特定の見解に加担するのではなく、ある争点について包括的に発言を禁止する規制（主題規制）であっても内容規制に該当すると述べる［at 319］。次に付随的規制の解釈については、右規制が「外交官の尊厳を侵害するような言論から保護するという国際法上の義務を第一次的な目的とし、表現の自由の抑圧を目的としたものではない」というコロンビア特別地区側の抗弁に対して、このような解釈は「レントン判決を誤読するもの」だという意見を示している［at 320］。

オコナ裁判官によれば「言論に対する受領者の反応を理由とする規制」すなわち「言論が聞き手に与える直接的なインパクトに照準を合わせた規制」は副次的効果を標的とする規制ではないとされる［at 321］。本判決に即していえば、外国政府の政策を批判することによって当該国家の外交官や大使館職員は不快感を覚えるであろうが、そのような不快感を防止する規制は情報が与える直接的な効果を標的とした規制であり、情報受領者の反応を理由とした規制

だということになるであろう。このような規制は表現内容規制に分類され、最も厳格な審査 (the most exacting scrutiny) に服さなければならないというのである。なお、同裁判官は厳格な審査が compelling interest の存在と狭く規定されていることの2項目から構成されるという解釈を明らかにしている [at 324]。

　副次的効果に対するオコナ裁判官の考え方は、立法動機の分析ではなく、「伝達的インパクト」理論に依拠するものである。伝達的インパクトあるいは伝達的意義を標的とする規制が厳格な審査に服さなければならないという考え方は、後述するように M. ニマーや J. H. イリィによって提言され、L. H. トゥライブが体系化した理論であるが、オコナ裁判官はこの理論を用いてレントン判決の副次的効果理論の射程距離を限定したのである[37]。それゆえ、連邦最高裁判所においては表現内容規制と内容中立的時間・場所・方式規制の区別を軸にして、内容中立規制の定義に関して立法動機を重視する解釈と伝達的インパクト（意義）を重視する解釈が分岐している。これは厳格な審査の適用領域とTPMテストの適用領域をいかに画定するかという問題関心に裏づけられた議論であって、近時の判例理論はまさにこの問題関心を中心にして展開されているといっても言い過ぎにはならないであろう[38]。

3) 最近の展開

　最後にTPMテストと厳格な審査それぞれの適用領域、TPMテストの水準に関する最近の判例動向をみることによって、時間・場所・方式規制論の現状を明らかにしておこう。

---

37) A two tiered theory あるいは Nimmer-Ely-Tribe Theory の形成過程を簡潔にスケッチするものとして、William B. Lockhart, Yale Kamisar, Jesse H. Choper, Steven H. Shiffrin, The American Constitution, 584 (seventh ed. 1991).
38) それゆえ問題は、内容中立性における中立性観念に集約されるといっても言い過ぎではない。

① 表現方法に対する規制とTPMテスト

表現方法に対する規制に関して、対照的な二つの判決をあげよう。まず、ブース判決の少し後、連邦最高裁判所は公有財産上での新聞自動販売機設置に許可を求めることが文面上違憲かが争点となった**プレインディーラー社判決** [City of Lakewood v.s Plain Dealer Publishing Co., 486 US 750 (1988).] において、表現手段の規制であればTPMテストで合憲性が審査されるという立場を退けている。法廷意見を述べるブレナン裁判官は表現許可制度が必然的にもつ危険性を指摘し、連邦最高裁判所が1930年代以来採用している自由裁量的表現許可と合理的な時間・場所・方式規制の区別の重要性を強調するのである [at 760-1]。同裁判官は、1940年代の終わりに判示されたコヴァックス判決とサイア判決の差を説明しながら、法執行者の裁量を許すような許可制より、そのような裁量を一切認めない完全規制の方が安全だという考え方を明らかにしている [at 764-8]。

他方、住宅地域におけるピケッティング禁止が文面上違憲かが争点となった**フリスビー判決** [Frisby v.s Schultz, 487 US 474 (1988).] ではTPMテストを用いて合憲性の審査が行われている。法廷意見を述べるオコンナ裁判官は、住宅地域周辺の路上がパブリックフォーラムであると認定し、そのような場所における表現規制は内容中立的に行われなければならないと述べている [at 481]。そして、右規制を内容中立規制であると判断した上で、重要な政府利益に奉仕すべく狭く規定されているか、十分な代替コミュニケーション手段を残しているかを検討し、その合憲性を認めている [at 484-7]。なお、反対意見を展開するブレナン裁判官は、法廷意見におけるTPMテストの適用の仕方を批判し、狭く規定された規制か否かを検討すべきであると批判している [at 492]。

② 星条旗焼却をめぐる二つの判決とヌードダンシング規制

連邦最高裁判所は、最近2度にわたり、表現行為として星条旗を焼却する行為を禁止することが修正1条との関係でどのように評価されるべきかを判断す

る機会をもった。一つは 1989 年の**テキサス対ジョンソン判決**［Texas v.s Johnson, 491 US 397 (1989).］であり、他は 1990 年の**合衆国対エイクマン判決**［United States v.s Eichman, 496 US 310 (1990).］である[39]。両判決で法廷意見を述べるブレナン裁判官は、TPM テストとオブライエンテストの水準がほぼ同じであるという前提に立ち、星条旗焼却という表現行動を規制する立法の合憲性がオブライエンテストを枠組みとして判定されるという立場を明確にしている［491 US 403］。したがって、当該規制の合憲性の正否は「表現の自由の抑圧とは無関係」であるか否かをキーポイントとして決定されることになる。

　まず、ジョンソン判決でテキサス州側が展開した規制正当化事由は、平穏破壊の防止と星条旗の国家象徴としての保護という 2 点であった。しかし、ブレナン裁判官は、このうち平穏破壊の防止という利益は implicated されていないとして、右規制の規制利益が星条旗の象徴としての意味を保護することにあると断定する［492 US 407］。そして、まさに星条旗を焼却する行為は、かような象徴としての意味を否定するメッセージを伝達する行為であり、この行為を規制することは、すなわち一定のメッセージが有する「伝達的なインパクト」に基づいた制限を課すことに他ならないとするのである［492 US 411］。同様に、エイクマン判決でも、1989 年国旗保全法（Flag Protection Act=FPA）の規制目的が星条旗破壊のもつ伝達的インパクトに置かれているとして［496 US 317］いずれの立法も表現の自由の抑圧を目的とした規制であり、「最も厳格な審査（the most exacting scrutiny）」で合憲性が審査されなければならないと述べる。

　この理論で特徴的なことは、星条旗を焼却する行為の思想性を広く認定していることであろう。レーンキスト首席裁判官反対意見が指摘するように、星条旗が特定の党派的なイデオロギーを象徴しているわけではなく、星条旗を焼却する行為自体が何らかのイデオロギーを表明する行為として特定できるわけではないともいえる［492 US 429-32］。それゆえ、とりわけジョンソン判決での

---

[39]　これら両判決については、紙谷前掲 28) を参照。

反省を踏まえて制定された FPA は、あえて内容中立的な法律であることを明示し、内容にかかわらず適用されることを予定していたのである。しかし、ブレナン裁判官は、右立法が内容中立的であることを認め、あるいはそのことを無視した上で「伝達的インパクト理論」を援用し、右立法の付随性を否定したのである。ここでは、星条旗焼却行為が単なる不平・不満の表明にしか過ぎないという批判や星条旗焼却行為の規制が一表現手段の規制にとどまり、TPMテストを満足するという反対意見の立論 [492 US 432-8] が排除されている。

　このような解釈の対立は、路上での全裸でのヌードダンシングを規制するインディアナ州法の合憲性が争われた1991年の**グレンシアター判決** [Barnes v.s Glen Theatres Inc., 59 LW 4745 (1991).] でも再度展開されるのである。レーンキスト首席裁判官法廷意見は、TPM テストとオブライエンテストが同一水準にあることを明言し、本件のような表現行為の場合にはオブライエンテストが適用されると述べている [at 4747]。したがって、問題は右インディアナ州法が「表現の自由の抑圧と無関係」か否かに集約されるが、レーンキスト首席裁判官は、同法が「ダンサーたちによって伝達されるエロティックなメッセージを理由としてヌードを禁止しているとは考えがたい」として、伝達的インパクトに向けられた規制であることを否定する [at 4748]。それゆえ、本件州法は非伝達的要素に向けられた「表現の自由の抑圧とは無関係な」規制であるとして、オブライエンテストの残りの項目を検討し、その合憲性を認める判断を示しているのである。

　この文脈で注意しなければならないのは、レーンキスト首席裁判官における伝達的インパクト理論の解釈である。同裁判官は、オブライエン判決と本件事例を比較し、オブライエンテストの解釈を試みる。そして、オブライエン判決では、「徴兵登録証を焼却する行為が修正1条を稼働させるのに十分な伝達的要素をもっていたとしても、彼が訴追されたのは、その非伝達的要素を理由としていた」という理解を表明する [at 4748]。この言明は、ジョンソン・エイクマン両判決でブレナン裁判官法廷意見が採用した伝達的インパクト理論とは理論的な基盤を異にしている。なぜなら、レーンキスト首席裁判官にいう「伝

達的要素・非伝達的要素」は、主たる立法動機が何であったか、というレベルでの判断であり、現象を問題にする「伝達的インパクト」理論とは理論平面を異にしているのである[40]。なおスータ裁判官は、レントン判決の法理（立法動機による付随的規制の判定）が適用されるべきであるとより明快に述べている［4752］。また、補足意見を述べるスカリア裁判官は言論・行動二元論によって事案を解決すべきだという注目すべき判断を展開している［at 4750］。同裁判官は、連邦最高裁判所の先例が、暗黙の前提として言論と行動を区別する理論を採用していることを指摘する。ただ、スカリア裁判官の言論・行動二元論は独自の内容をもち、行動規制であれば合憲性をただちに帰結するのではなく、行動の伝達的属性（communicative attributes）に向けられた規制は違憲であると述べている[41]ことから、むしろ T. I. エマソンの立論に近接していると評することができるであろう[42]。

さて、以上の検討から、TPM テストをめぐる連邦最高裁判所の現況は、次のように要約することができよう。

連邦最高裁判所は TPM テストとオブライエンテストを統合的に解釈し、内容中立規制・付随的規制への審査基準を合一化している。これは、ブレナン裁判官においても、またレーンキスト首席裁判官においても共有されている前提であるといってよい。問題は、それぞれのテストの適用領域であるが、二つの星条旗焼却事件とグレンシアター判決をみる限りでは、いわゆる純粋な言論ではない表現行為（行動）規制にはオブライエンテストを、それ以外のケースでは TPM テストを用いていると整理することが可能であるように思われる。また、適用される審査基準であるが、この合一化の結果として、TPM テストの項目に「狭く規定されていること（narrowly tailored）」の要請が付け加えられて

---

40) レーンキスト首席裁判官における動機分析の傾向については、Note, Motivation nalysis in Ligt of Renton, 87 Colum. L. Rev. 344, 348-50 (1987) を参照。

41) したがって、スカリア裁判官のアプローチは言論・行動二元論を縦軸に、そして伝達的インパクト理論を横軸にして組み立てられているとすることができよう。

42) T. I, Emerson, supra note 16.

いることに注目すべきである。これとオブライエンテストの「必要以上に強力な規制でないこと」の要請との関係は必ずしも分明ではないが、従来のTPMテスト（①内容中立的、②重要な政府利益の促進、③代替表現手段の十分な存在）を表面上は強化していることは事実である。ただ、繰り返しいうと、TPMテスト（そしておそらくはオブライエンテストも同様であろうが）の要点は、審査項目に何を設定するか、よりもいかに審査するかにある。また、TPMテストとオブライエンテストの融合が全体として審査の水準を低下させたと評されることを[43]考慮すると、「狭く規定されていること」の要求がTPMテストを実際にどれほど強化させるのかは、いまだ明確ではないといわざるを得ないのである。

4．時間・場所・方式規制論の正当化
——その問題点と可能性

（１） 規制類型論の正当化をめぐる学説

さて、以上のような連邦最高裁判所判例における時間・場所・方式規制論の展開、あるいはTPMテストの確立と変遷から、我々は何を学ぶべきであろうか。ここでは、時間・場所・方式規制という考え方の根拠を明らかにしつつ、その問題点を解明し、同時に時間・場所・方式規制論がなおもち続けている意義と可能性を提示したいと思う。

---

43) David S. Day, The Incidental Regulation of Free Speech, 42 U. Miami. L. Rev. 491, 526 (1988). デイは、TPMテストとオブライエンテストの統合により、TPMテストの水準が全体として低下させられたことを指摘する。And see S. H. Williams, supra note (36), at 654. なお、バーンズ判決における伝達的インパクト理論の適用排除を批判するものとして、Recent Developments, Barnes v.s Glen Theatres, Inc.: Nude Dancing and the First Amendment Question, 45 Vand. L. Rwv. 237, 261 (1991).

1) 時間・場所・方式規制を支える思想と TPM テストの正当化

　連邦最高裁判所が採用する判断枠組みは、ある表現規制が内容規制か否かを問うことを最初のステップとしている。内容規制であれば厳格な審査を適用し、逆に内容中立的規制であれば TPM テストおよびオブライエンテストを適用するのである。先に述べたように、今日では表現の伝達的なインパクトを理由とする規制も内容規制のトラックに分類されるのであるから、正確には内容規制あるいは伝達的インパクト規制か否かが分析の第一関門であるというべきであろう。ともあれ、連邦最高裁判所が右のような規制類型論を枠組みとして承認し、この枠組みに準拠することについての合意が各裁判官の間で共有されていることは事実であるといってよい。

　さて、それではこのような規制類型論はどのような議論によって根拠づけられ、いかなる観点から正当化されるのであろうか。ここでは二つの観点を紹介しておこう。

①　思想の自由市場理論

　まず、表現の自由領域における平等原則の貫徹という観点から内容規制と内容中立的時間・場所・方式規制を区別する議論が行われ得る。連邦最高裁判所が表現内容中立原則を初めて明確に述べたモズレイ判決においてマーシャル裁判官法廷意見が依拠する立場であり、それを積極的に支持する K. カーストによって展開させられている議論である[44]。すでに言及したように、これは思想の自由市場における地位の平等という A. マイクルジョンのコンセプトを手がかりに、あらゆる表現はともかくも聞かれるべき平等な資格を有しているという前提から出発すべきであるという解釈を導き出している[45]。すなわち、表現の地位の平等こそが修正 1 条の中核的要素であると考えるのである。これは、具体的には、保護されない表現というカテゴリーを所与のものとして設定し、当該カテゴリーが自動的に表現の保護の帰趨を決するという思考方法を排除

---

44)　Kenneth L. Karst, supra note 20.
45)　Id. at 28.

し、一定の検証を経なければ保護を否定することができないという立場をとるのである[46]。

　マーシャル裁判官とK.カーストの議論は、思想の自由市場における平等保護の要請を強調し、その要請から表現内容中立原則を導き出す点で、きわめて理念的な性格をもっている。さて、同じく理念的な目標を設定し、かような目標から規制類型論を正当化する議論としてG. R. ストーンの「公的議論の歪曲防止」理論[47]があげられよう。

　ストーンは、表現の自由の最も重要な意味を思想の自由市場の健全さに求めている。表現の自由の目的である民主的な自己統治や真理への到達は、市場における公的議論を不可欠な要素として実現されるものであるが、内容規制はこのような公的議論を歪曲し、この目的を達成できなくしてしまうというのである。ストーンは、1978年、83年、そして87年の3度にわたり、表現内容中立原則を正当化する論文を明らかにしているが、その主張の基礎に据えられているのは、公的議論の歪曲禁止という観点[48]であり、思想の自由市場へのインパクトという考え方なのである[49]。もっとも、公的議論の歪曲や思想の自由市場へのインパクトはすぐれて程度の問題であることに注意しなければならない。それゆえ、同じく表現内容規制といっても、特定の思想・見解を禁止する「見解規制」と特定のトピックに関し、見解を平等に規制する「見解規制」では、その歪曲の程度やインパクトの度合いは一様ではないはずである。そこで、彼は、内容規制には見解規制と主題規制の区別があることを認めている[50]。

　それでは、表現内容中立的規制は思想の自由市場にインパクトを与えないの

---

46) Id. at 30-1.
47) Stone 1978, at 101-3.
48) Geffry R. Stone, Content Regulation and The First Amendment, 25 Wm. & Mary L. Rev. 189 (1983) [herinafter cited as Stone 1983]; Content Neutral Restrictions, 54 U. Chi. L. Rev. 46 (1987), herinafter cited as Stone 1987.
49) Stone 1978 at 101-3, Stone 1983 at 197-8.
50) Stone 1978 at 83, Stone 1983 at 199.

であろうか。また、表現内容規制と内容中立的規制が判然と区別できるのであろうか。後述する M. H. レディッシュの批判はストーン理論のこの点に向けられている[51]。そこでストーンは、表現内容中立的な規制であっても公的議論を歪曲するものがあることを認め、内容中立規制であるからといって単なる利益衡量で合憲性が判断されてはならないという主張を明らかにするに至っているのである[52]。それと同時に、内容中立的 TPM 規制が維持されるためには、それが表現機会を相当程度残す規制であることが要件である、という立場も明らかにされているのである[53]。また、内容規制と内容中立的規制の区別については、一方に典型的な見解規制を、他方に典型的な内容中立的規制を設定し、両者との距離で具体的な判断を行うという、一種の理念型的な方法が示唆されている[54]。

② 司法審査の機能理論

他方、表現の自由規制における司法審査の役割、あるいは司法審査基準のあり方、という観点から規制類型論を支持することも可能である[55]。この理論は、右のストーンも採用するところではあるが、M. ニマー、J. H. イリィ、L. H. トゥライブによって提唱され、洗練されている二段階理論である。

ニマー、イリィ、そしてトゥライブそれぞれの理論にはいくつかのニュアンス[56]と具体的解釈における結論の差を見ることができるが、三者とも表現の

---

51) Infra note 65.
52) Stone 1987 at 60, 81.
53) Id. at 61.
54) Stone 1983 at 234-5.
55) もちろん、双方の立場が相互に排他的であるわけではなく、後述するようにストーンは、その立場を思想の自由市場へのインパクト理論から司法審査の役割理論へと移行させてきている。詳しくは、拙稿「表現内容規制・内容中立規制二元論―Geoffrey R. Stone 理論の限界と可能性―」高知女子大学紀要第 40 巻 (1991) 79 頁参照。
56) ニマーは、限界画定衡量という手法で、イリィは範疇化衡量という言葉で、トゥライブは、トラック 1 で問題となる内容規制をカタログ化することで、それぞれの

自由規制には二つの類型があることを認め、それぞれの類型には違った司法審査が適用されなければならないとする点で共通の基盤に立っている。問題は、適用されるべき司法審査基準であるが、従来、表現の自由規制立法に対しては、絶対主義的アプローチと個別的利益衡量の対立が存在していた。彼らは、これらアプローチそれぞれの難点を指摘し、それぞれの適用範囲を画定する視点を規制類型に求めることで、望ましい司法審査の枠組みを構築しようとするのである。この枠組みがニマーにおける「反言論的規制」と「非言論的規制」の区別[57]であり、イリィにおける「伝達的意義に向けられた規制」と「非伝達的意義に向けられた規制」の区別[58]、そしてトゥライブの「トラック1」と「トラック2」の区別[59]に他ならない。

このような枠組みにおいて、表現内容規制は反言論的規制であり、伝達的意義に向けられた規制であり、そしてトラック1で審査されるべき規制類型に分類され、範疇化アプローチや明白かつ現在の危険等、厳格な審査に服するのに対して、内容中立的時間・場所・方式規制は非言論的で、非伝達的意義に向けられ、トラック2で審査される規制類型に分類され、利益衡量的手法（TPMテスト・オブライエンテスト等）で合憲性が判断されなければならないという。もっとも、注意すべきは、これらの区別が表現内容規制と内容中立規制の区別と完全に符合しているわけではない、ということである。ニマーにおいては表現内容中立規制は非言論的規制の一部分を構成するが、そのすべてではないと考えられており[60]、イリィは、右の類型論が内容規制と内容中立的規制の区別と同義だと考えてはならないと明言している[61]。トゥライブにおいては、トラック1に分類される表現規制は「伝達的インパクト」に向けられた規制であると

　　類型的アプローチを完成させている。三者の関係については Lockhart, Kamisar, Chopper, and Shiffrin, supra note 37 at 582. 参照。

57) Melville Nimmer, Nimmer on Freedom of Speech 2-25 (1984).
58) J. H. Ely, supra note 31 at 1497.
59) Tribe supra note 8 at 790.
60) M. Nimmer supra note 57 at 2-99. 100.
61) J. H. Ely, supra note 31 at 1497.

され、そこには特定のメッセージ・見解（内容）を理由とした規制のみならず、表現行為が伝達する情報・思想の認識がもたらす効果を標的とした規制が含まれている[62]のであるから、彼らが構築する二段階理論は、表現内容中立原則よりも包括的であることが理解できよう。

　右のような考え方は、表現規制の危険性よりも、表現規制における司法審査のあり方に着目した立論であるといえよう。イリィ自身が明言しているように、「存在論から目的論へのシフト」[63]こそが彼らの二段階理論の要点であるといわなければならない。表現規制の種類や性格の違いではなく、司法審査のあるべき姿から規制類型論を構築している点で、彼らの理論はすぐれて技術的であり、また理念論争という困難な問題を回避するうまみをもっている。この点に、ニマー・イリィ・トゥライブ理論が、今日の判例理論をリードしている理由がある[64]。

（2）　批判的検討

　表現内容規制と内容中立的時間・場所・方式規制、あるいは伝達的インパクトに向けられた規制とそうでない規制の区別が右のいずれの観点から正当化されようとも、そこには表現の自由にとって軽視できない問題が含まれている。そして、解釈論として規制類型論を採用する場合、導き出される結論の健全さは、これら問題をいかに解決するか、あるいはどの程度まで意識するかに決定的に左右されるのである。

1）　内容中立的規制のインパクト

　まず、右の正当化は、内容規制（伝達的インパクト・意義への規制を含む、以下同じ）の危険性やそれへの厳格な審査の必要性を立証するものであるが、さらに内容中立的時間・場所・方式規制の安全性を証明するものではない。内容規

---

62)　L. H. Tribe, supra note 8 at 789-90.
63)　J. H. Ely, supra note 31 at 1496.
64)　S. H. Shiffrin, supra note 23, at 12.

制の危険性は内容中立的時間・場所・方式規制の安全性を裏書きするものではないはずである。内容中立規制の中にも、内容規制と同等に思想の自由市場を歪曲するものもあることを認めなければならない。

　これが最も端的に表明されるのが内容中立的な絶対的規制の問題であろう。あらゆる表現内容（見解・主題）に中立的にすべての表現を禁止する規制は内容中立規制として処理されるべきであろうか。レディッシュが指摘するように、そのような規制は、表現の絶対量を縮減することによって、思想の自由市場を歪曲するのである[65]。また、表現者の状況は一様ではないのであるから、中立的に規定された規制が平等な効果を及ぼす保証が何一つとしてないことにも注意を要する。内容中立規制の定義自身にすでに問題が含まれているのである[66]。

　この問題性を回避するには、時間・場所・方式規制の合憲性が「絶対的に表現機会を奪うものでないこと」に依拠しているという点を強調しなければならないであろう[67]。もちろん、代替表現機会の存否がきわめて表面的に認定されることがあっては、この認識も画餅に帰す。つまり、時間・場所・方式規制という規制類型を認め、それに対して内容規制とは異なる審査基準を適用するには、代替表現機会の利用可能性が現実的、具体的に判断されなければならないのである。

2)　包括的なルールと解釈の妥当性

　連邦最高裁判所の判例理論や多くの学説は、内容規制に厳格な審査が適用されるとしている。しかし、内容規制には個別・具体的な利益衡量は不必要なのであろうか[68]。また、実際の表現規制がそのように運営されてるのであろうか。

---

65)　Martin H. Redish, The Content Distinction in First Amendment Analysis, in Freedom of Expression : A Critical Analysis, 102 (1984).

66)　Id. at 88.

67)　Stone 1987, 57-8.

68)　S. H. Shifrin, supra note 23 at 11.

すでに検討したように、連邦最高裁判所は明らかな内容規制であっても、低価値の表現理論や副次的効果理論、あるいは見解規制と主題規制の区別という方法を用いて、内容規制の成立範囲を限定している。また、嫌がらせ的表現（Hate speech）の規制が常に compelling interest の立証を要すると解釈することは適切であろうか。逆に、非内容規制でありと判断されたなら、必ず緩やかな合憲性審査基準が適用されると解釈することにも問題があるのではなかろうか[69]。この点について、マーシャル裁判官は、連邦最高裁判所の関心が内容規制の判定に集中し、内容中立規制に対する精密な考慮を失ってしまったことを批判している［Clark v.s CCNV, 468 US 313-6］。内容中立規制の領域におけるTPM テストとオブライエンテストの融合は、そのような傾向を物語っているというのである。

また、S. H. シフリンは、解釈理論が包括的になればなるほど、導き出される結論の妥当性が現実から離れていくことを指摘している[70]。内容規制に個別的な利益衡量が不必要だと考えるならば、ハード・ケースに遭遇するたびに、表現内容中立原則の適用を技巧的に限定する方法が導入される。その結果、望ましい司法審査のあり方を画定するという規制類型論の戦略は頓挫せざるを得ないのである。

3) 規制類型論の依拠する理論モデルの適切さ

多くの規制類型論は、表現の実体（内容）と形式（手段・物理的側面）を区別することが可能だという前提を共有している。この前提が強調され過ぎると、徴兵カードを焼却しなくとも、反戦のメッセージは伝達可能であり、表現手段

---

69) トゥライブは、トラック1・トラック2という包括的な類型を採用しつつも、具体的な問題の解決については、各表現類型で展開されてきた解釈判例理論を適用する。それゆえ、結局、トゥライブ理論は現状を記述しているに過ぎないという批判が提起されるのである。T. I. エマソン前掲 16)「合衆国憲法第一修正の法理とバーガ・コート第六回」ジュリスト 748 号参照。同様な批判は、ニマーにも妥当するであろう。

70) S. H. Siffrin, supra note 23 at 15.

の選択は表現の自由の関心外であるという結論が容易に導き出されやすくなる。「表現の自由とは、誰もが好むときに、好む場所で、好む方法で発言する自由を意味していない」という言明[71]は、基本的には、今日の規制類型論をも支配している。

ところで、規制類型論が依拠する理論モデルは、合理的な計算や判断をすることができ、それに基づき理性的に行動することができる人間とかかる理性的な人間であれば、誰にでも参入可能な思想の自由市場を想定して構成されている。しかし、すでに指摘したように、各人が置かれている経済的、社会的状況は一様ではない。そこで地位の平等を強調すれば、表現効果の不平等が助長される傾向にあることは明らかであろう。1949年に判示されたコヴァックス判決反対意見の中で、ブラック裁判官は、この現実的な不平等をいち早く指摘しているのである［Kovacs v.s Cooper, 336 US 102］。しかも、一見理性的とは受けとられがたい非定型的な（atypical）表現が市場から排除されるのであれば、異端の表現や見解に対する抑圧が、結果としてもたらされることも否定できないであろう。表現方法に対する規制は内容規制と区別される、という前提がこのようなリスクをもっていることも十分認識されるべきである[72]。

---

71) Bread v.s City of Alexandria, 341 US 622, 642 (1951).

72) Tonni M. Massuro, Equality and Freedom of Expression : Hate Speech Dilemma, 32 Wm. & Mary L. Rev. 211, 227 (1991). マッシューロは、表現の自由理論が基本的には、合主義者の前提（a rationalist assumption）に立脚して構築されていることを指摘する。また、C. E. ベイカーは、古典的な表現の自由理論が依拠しているのは、「議論」の保護という観念であることを指摘する。C. Edwin Baker, supra note (9), at 6-24. さらに、J. M. バルキンは、表現の自由において形式的な平等を強調し、維持することが既成権力を優遇、強化することにつながると批判する。J. M. Balkin, Some Realism about Pluralism : Legal Realist Approaches to The First Amendent, 1990 Duke L. J. 375, 396-7. 形式的な内容中立原則の貫徹が、逆に一定の表現内容に差別的効果を生じさせることについては、バルキンとは思想の自由市場への評価を異にする C. サンスティンも指摘するところである。Cass R. Sunstein, Free Speech Now, 59 U. Chi. L. Rev. 255, 262, 295 (1992). なお、Nadine Strossen, The Free Speech Jurisprudenceof the Rehnquist Court, 29 Free Speech Y. B. 83 88 (1991)はレーンキスト・コートの傾向として、表現の自由における形式的平等性

（3） 時間・場所・方式規制の可能性

　それでは、内容規制と内容中立的な時間・場所・方式規制の区別はどのように維持されるべきなのであろうか。最後に時間・場所・方式規制の意義を確認し、その可能性を明らかにしておこう。

1） 司法審査のルールと基準

　司法審査には基準が必要とされる。そして、その基準が可能な限り客観的でなければならないとされるのは、裁判官の恣意的な判断を回避し、裁判における予測可能性を担保しつつ、法適用の平等を保障する必要があるからである。ここでいう客観的とは、結論に至る判断プロセスを検証できるという手続的要請と多くの観察者がそのプロセスと結論を妥当なものとして受容することができるという実体的要請を意味しているが、時間・場所・方式規制という概念の形成やTPMテストの確立と展開は、そのような司法判断の客観化の道程であったといえよう。

　ところで、内容規制と内容中立的な時間・場所・方式規制の区別は、司法判断の枠組みであって、具体的な判断材料を指し示す基準ではない。これまでに検討してきた連邦最高裁判所の判例理論によれば、時間・場所・方式規制の合憲性審査基準は、内容中立的であること、重要な政府利益に奉仕すべく狭く規定されていること、十分な代替表現手段が残されていることから構成されている。逆に、内容規制の司法審査基準は compelling interest の立証である。つまり、時間・場所・方式規制か否かの判断は、適用される司法審査基準を決定する枠組み（あるいはルール）レベルの問題であって、そのことからただちに憲法判断を引き出す基準ではあり得ないのである。この枠組み（ルール）と基準の区別は、わが国の裁判所の姿勢と比較したとき、きわめて対照的である。時間・場所・方式規制の考え方には、司法判断の枠組み（ルール）と基準の区別

の強調が、表現機会の実際上の不平等を助長させていることを批判している。

を明確に意識させ、司法審査の客観性を促進する点で、優れた性質をもっている。たしかに、その時々の理論的な潮流や問題状況によって時間・場所・方式規制のとらえ方にも変容が見られることは、これまでの検討から明らかであるが、しかし、連邦最高裁判所は今日に至るまで、この類型論を維持し続けているのである。その理由は、内容規制と内容中立的な時間・場所・方式規制の区別が司法審査の客観化における枠組み（ルール）の明快さと基準の説得力において卓抜していたからであると思われる。時間・場所・方式規制がもつこのような意義は正当に評価すべきであろう。

2) 内容規制・内容中立的時間・場所・方式規制の区別の再構成

時間・場所・方式規制は、絶対的に表現機会を奪う規制の反対概念として構成されてきた。つまり、時間・場所・方式規制の合憲性は、十分な代替表現機会の存在を条件として認められてきたのである。また、表現内容中立原則や近時の伝達的インパクト理論は、時間・場所・方式規制という規制形態が、表現の自由の抑圧とは無関係な目的や利益を達成するものでなければならないという条件を付け加えている。もちろん、代替表現機会の利用可能性や内容中立性の判断には、ある程度の幅があり、評価方法や厳格さの度合いによっては、時間・場所・方式規制の本来の趣旨が没却されてしまう惧れがある。しかし、司法判断の枠組みとして内容規制か否かを問い、適用されるべき審査基準を決定し、それら基準に基づいて憲法判断を行う行程には、判断プロセスを白日に晒すという英知が込められている。

さて、このような観点から時間・場所・方式規制を評価するとき、先にみたいくつかの問題点をいかに解決するかが残された課題ということになろう。

まず、思想の自由市場のイデオロギー性については、経済学と同様な意味で市場の失敗というものを認め、積極的な政府介入を認めるべきか否かという難問に遭遇する[73]。ただ、ここでは、表現の自由が市場をとおして実現される効

---

73) C. E. Baker, supra note 9. ただし、C. サンスティンは、表現の自由の問題を「個人」ではなく「市場」として把握し、市場機能の回復のためには国家介入を是認す

用（民主的自己統治・真理への到達）のみならず、単なる個人的な感情の表明をも保障する権利として構成されるべきことを指摘しておきたい。そして、また、表現の自由が表現内容だけでなく表現手段の選択をも保障する権利として構成されなければならないことも指摘しなければならない。マスメディアを中心とする定型的な表現と対抗するには、手段の奇抜さが要求される。つまり、財政的に恵まれない表現者が表現効果を獲得するためには手段の選択が保障されなければならないのである。この点、伝達的インパクト理論を援用しながら星条旗焼却禁止という表現手段規制を後退させたジョンソン、エイクマン両判決は注目に値する。

次に、内容規制・内容中立的規制の区別は、絶対的に例外を許さないルールではない、ということが確認されなければならないであろう。内容規制が許される場合もあるということをルールとして認めることは不可能ではない。そのためには、かような場合をルールに準拠した形で類型化しておく必要があろう。

もちろん、そのような類型化には個別的な利益衡量の作業が必要である。なるほど、「衡量されるべきは個別利益ではなく修正１条である」というニマーの言明[74]も重要であろう、しかし、単に包括的なルールを振りかざすだけで

る余地があると述べる。つまり、表現の自由領域でのニュー・ディールの必要性を主張するのである。C. R. Sunstein, supra note 72. 262. 267-8. サンスティンの表現の自由理論については、大沢秀介「共和主義的憲法理論と表現の自由」『芦部信喜先生古希祝賀　現代立憲主義の展開　上』(1993) 587頁参照。また、思想の自由市場理論については、駒村圭吾「思想の自由市場と情報新時代」根岸毅・堀部政男編『放送・通信新時代の制度とデザイン』(1994) 91-100頁参照。

74) S. H. Shiffrin, suora note 23 は、表現の自由における論理的・理性的な意義の強調を批判し、人間のもつ情緒的・感情的な側面を保護することの重要性を強調する。そして、表現の自由の意義を異端の思想を保護することに求めるのである。このシフリンの主張に賛同する学説として、Lee C. Bollinger, The Meaning of Dissent, 89 Mich. L. Rev. 1382 (1991). 逆に、公共選択理論からこれを批判する学説として、Daniel A. Farber, Free Speech Without Romance : Public Choice and The First Amendment, 105 Harv. L. Rev. 554 (1991).

は、個々の事例がもつ個別性を正当に評価することはできない[75]。その意味で、ルールの形成あるいは適用と個別的利益衡量は相互に排他的なものではなく、司法判断に際しての適切な役割と相互関係が、他の判例法の領域と同様に検討されなければならないのである[76]。

5. 結　　び

　時間・場所・方式規制概念の生成と展開、そして変容を通観し、その意味を問い直す作業は、司法審査におけるルールや基準のあり方、あるいは一般的に、既存の表現の自由理論の意義と限界を再考する一つのステップに他ならない。本稿では、司法審査におけるルールと基準の区別の必要性、ルールや基準を前提にしての個別的利益衡量の重要性を指摘した[77]。もちろん、わが国の憲法判例で用いられる利益衡量と本稿でいう利益衡量は異なる。利益衡量が単なる合理性の審査を意味し、所与の結論に対する修辞的な意味合いしかもたないのであれば、利益衡量に対するアレルギーは鎮静化しないであろう。TPMテストが一種の利益衡量テストとして1930年代以来用いられ続けている意味は、表現の自由の優越的地位はおろか、利益衡量の意味すら正当に評価されていないわが国の現状を鑑みるとき、とくに強調されなければならないといえるであろう。

---

75)　M. Nimmer, supra note 57 at 2-15.
76)　S. H. Shiffrin, spra 23 at 39.
77)　John Paul Stevens, The Freedom of Speech, 102 Yale L. J. 1293, 1300 (1993). スティーヴンス裁判官も、イェール・ロー・スクールで行った講演の中で、表現の自由における法の発展が、他のコモンローの裁判過程と同様に、個別的な判断の集積からなる「入念なモザイク（an elaborate mosaic）である」と述べている。

第 6 章

表現内容規制・内容中立規制二分論[1]

1．はじめに

（1） 最高裁 2008 年 4 月 11 日判決

　最高裁判所は 2008 年 4 月、自衛隊立川宿舎に侵入し「自衛隊のイラク派兵反対」などと記載したビラを配布した行為が刑法 130 条住居侵入罪にあたるとして被告人に有罪判決を言い渡した[2]。最高裁判決は次のように述べている。

　「確かに、表現の自由は、民主主義社会において特に重要な権利として尊重されなければならず、被告人らによるその政治的意見を記載したビラの配布は、表現の自由の行使ということができる。しかしながら、憲法 21 条 1 項も、表現の自由を絶対無制限に保障したものではなく、公共の福祉のため必要合理的な制限を是認するものであって、たとえ思想を外部に発表するための手段であっても、その手段が他人の権利を不当に害するようなものは許されないというべきである（最高裁昭和 59 年（あ）第 206 号同年 12 月 18 日第三小法廷判決・刑集 38 巻 12 号 3026 頁参照）。本件では、表現そのものを処罰することの憲法適合性が問われているのではなく、表現の手段すなわちビラの配布のために『人の看守する邸宅』に管理者の承諾なく立ち入ったことを処罰することの憲法適合性が問われているところ、本

---

[1] この小論は本来、日本比較法研究所創設 60 周年論文集に掲載を予定したものである。しかし、諸般の事情でそれを果たすことができなかった。関係各位にお詫び申し上げると共に、あらためて掲載をお許しいただいたことに感謝申し上げたい。

[2] 最判平成 20 年 4 月 11 日　刑集 62 巻 5 号 1217 頁。

件で被告人らが立ち入った場所は、防衛庁の職員及びその家族が私的生活を営む場所である集合住宅の共用部分及びその敷地であり、自衛隊。防衛庁当局がそのような場所として管理していたもので、一般に人が自由に出入りすることのできる場所ではない。たとえ表現の自由の行使のためとはいっても、このような場所に管理者の意思に反して立ち入ることは、管理権者の管理権を侵害するのみならず、そこで私生活を営む者の私生活の平穏を侵害するものといわざるを得ない。したがって、本件被告人らの行為をもって刑法 130 条前段の罪に問うことは、憲法 21 条 1 項に違反するものではない。」

この判決は、政党のビラを配布するためにマンション共用部分に立ち入った行為が住居侵入罪に問われた事例においても維持されているから[3]、ビラ配布のために他人が居住する敷地内に立ち入ることは今後絶対的に禁止されたものと解するほかない。

しかし、最高裁判決には気になる箇所がある。すなわち、「本件では、表現そのものを処罰することの憲法適合性が問われているのではなく、表現の手段すなわちビラの配布のために『人の看守する邸宅』に管理者の承諾なく立ち入ったことを処罰することの憲法適合性が問われている」とする箇所である。「表現そのものを処罰すること」とは何か。「表現の手段を処罰すること」は「表現そのものを処罰すること」とどう異なるのか。なぜ両者は違う扱いを受けるのか。さらに、両者はどのように「異なって」扱われるのか。これら疑問に何も答えていないからである。

（2） 本稿の課題

本判決に対する評釈の中には、最高裁が「表現そのものを処罰すること」と「表現の手段を処罰すること」を区別した説示をもって「表現内容規制」と「内容中立規制」二元論を採用したと解釈するものもある[4]。後述するように、

---

3) 最判平成 21 年 11 月 30 日　裁判所時報 1496 号 17 頁。
4) 本判決についての評釈として、阪口正二郎「法教」2008 年 9 月号 8 頁、田中祥

私はそのように解釈しない。いずれにせよ、最高裁がある種のカテゴリカルな思考枠組みを採用したことは事実である[5]。

表現手段を規制することに憲法上の問題はないのだろうか[6]。「表現そのもの」を規制しなければどのような表現規制も許されるのだろうか。私はこのような考え方に与しない。表現手段を規制することは表現そのものを規制することより危険性が低いのだろうか、さらに進んでそのようなカテゴリカルな思考枠組みは表現規制にとって有効な審査基準を提供するのだろうか。本稿ではこの問題を解明する。

そのため、まずカテゴリカルな思考枠組みの代表である「表現内容規制・内容中立規制二分論」を素材にして、その審査枠組みの意義と限界を解明する。この作業を踏まえて、表現規制に対するあるべき審査方法を提示したい。

貴「判例速報解説」vol. 3（2008 年 10 月）323 頁」、松宮孝明「法セミ」2008 年 7 月号 123 頁。第一審判決の評釈として、大島佳代子「判例セレクト 2005」10 頁、古川純「専修ロージャーナル」創刊号（2006 年 2 月）107 頁、石崎学「法セミ」2005 年 5 月号 62 頁。橋本基弘「平成 20 年度重判」20 頁など参照。

5) ちなみに、私はこの判決の説示が表現内容規制・内容中立規制二分論を採用したと見ることに懐疑的である。第一に、この判決は表現のために敷地内に立ち入ることをただちに違法と見て憲法 21 条の主張を退けている。これは内容中立規制に中間段階の審査を施す二元論の内容とはまったく異なっている。表現の手段を規制することはただちに合憲であるとする立場はここで検討する二元論とは異なる思考方法に属する。第二に、「表現の手段に対する規制」と内容中立規制は同義ではない。表現内容を狙い撃ちした表現手段への規制は存在するからである。よって、私はこの判決は合衆国最高裁判所で展開されている二元論とは別の判断基準によるものと解せざるを得ない。

6) この二元論については市川正人教授による包括的な分析が存在する。市川正人『表現の自由の法理』（2003）参照。なお、かつて私も内容中立規制のうち時間、場所、方式規制に対する司法審査基準の生成と展開について論じたことがある。前章参照。また、この二元論について論ずる最近の論考として安西文雄「表現の自由の保障構造」『憲法学の現代的論点 [第 2 版]』（2009）377 頁がある。

2．表現内容規制・内容中立規制二分論の思考方法

(1) 二分論の形成

1) 大衆的表現手段の規制と司法審査

　表現内容規制と内容中立規制を区別し、それぞれに異なる審査基準を適用する考え方は1970年代に入って明らかにされたものである。しかし、表現の方法に関する規制が許されるという考え方は1940年前後の判例にも見ることができる。

　たとえば、1939年のSchneider判決では路上での文書配布行為を禁止した条例の違憲性が認められている[7]。法廷意見を述べるRoberts裁判官は街の美観やゴミの除去だけを目的として表現行為を禁止することはできないと述べる。1943年のMartin判決[8]ではビラ配布のための戸別訪問禁止条例が憲法違反であると判断されている。Black裁判官法廷意見は、配布時間や方法に対する規制は許されるとしてもビラ配布行為を包括的に禁止することは修正1条に違反するとの考え方を示した。特定表現方法を完全に禁止することは憲法上許されないとしたのである。

　同じ思考様式は1949年のKovacs判決にも見ることができる。拡声器の使用規制が問題となった本件において、Reed裁判官相対多数意見は、拡声器使用を全面的に禁止することはできないが、その音量を規制することは立法権の行使として許されると述べている[9]。要するに、表現の時間や方法を規制する場合でも、特定の方法を全面的に禁止することは許されず、規制目的との関係で合理的な（釣り合いのとれた）方法で規制することが必要であるとの認識がこの時期に確立したと見ることができる。その後、合衆国最高裁判所は、このような認識を前提にして表現の時間や場所、方法に対する規制の合憲性を審査し

---

[7] Schneider v.s State, 309 US 147 (1939).
[8] Martin v.s City of Struthers, 319 US 141 (1943).
[9] Kovacs v.s Kooper, 336 US 77 (1949).

ていくことになる[10]。

2) 表現内容規制への意識

① Mosley 判決 Marshall 裁判官法廷意見

一方、1970 年代に入るまで、表現内容規制の危険性は明確に意識されることは多くなかった。表現の内容を理由として規制することは憲法違反であるとする解釈は 1972 年 Mosley 判決で初めて明確にされたのである[11]。法廷意見を述べる Marshall 裁判官は、「とりわけ修正 1 条が意味するものは、政府はそのメッセージ、思想、主題およびその内容を理由として表現を規制する権限をもたないということである」と述べ、問題となった規制を修正 14 条平等権侵害として無効とした[12]。この包括的な判示こそが後の表現の自由理論に決定的な影響を及ぼすのである[13]。

Mosley 判決 Marshall 裁判官法廷意見を踏まえ、表現の自由の平等という考え方を普及させたのは Kenneth Karst であった。Karst は 1975 年の論文におい

---

10) 詳細については、本書 171 頁以下を参照。
11) Police Department of Chicago v.s Mosley, 408 US 92 (1972).
12) 408 US 95.
13) Kenneth Karst, Equality as a Central Principle in the First Amendment, 43 U. Chi. L. Rev. 20, 22 (1975). この点について Stone は、Mosley 判決において述べられた表現内容規制への違憲性の認識は Karst のこの論文によって広められたと評している。Geoffry R. Stone, Kenneth Karst's Equality as a Central Principle in the First Amendment, 75 U. Chi. L. Rev. 37 (2008). Stone は Karst のこの論文を "groundbreaking article" とまで評している (at 37)。Stone の分析によると、Mosley および Karst 論文が表現内容規制の危険性を明らかにして、この種の規制に対する司法審査の姿勢を平等原則から正当化した(修正 1 条ではなく)のは理由があるとする。つまり、1972 年当時は表現の自由理論よりも平等原則の方が理論的には進んでいたこと、また自由の侵害に訴えかけるより平等権侵害に訴えかける方が明快であったことがその理由であるとする (id at 41)。つまり、すべてのメッセージは平等な地位にあり、聞かれるべき資格をもつ。したがって、メッセージ内容を理由とする規制は許されない差別であり憲法上は排除される。表現内容規制の危険性についての認識は、平等権侵害の分析とのアナロジーの中で生まれたのである。

て「より根本的には、修正 1 条保護の核心部に平等な自由がある」と主張し[14]、次のように述べる。

> 「Mosley 判決は修正 1 条判例にとって一つの landmark decision であった。それは二つの重要なポイントを明らかにした。それは、(1) 修正 1 条の要点はどのメッセージが聞かれるべきかまた抑圧されるべきかを決定する権限は政府にはないこと、すなわち、『政府はすべての見解に対して聞かれる機会を与えなければならないということであり、(2) パブリックフォーラムから話者を選別的に排除するような時間、場所、方法に関する規制はそれがいかなるものであってもその排除が重要な政府利益を実現するために必要最小限度であることを確かめるような慎重な司法審査を通過するものでなければならないことである。」[15]

表現内容規制・表現内容中立規制二分論の完成に大きな貢献を果たしたのは Mosley 判決 Marshall 裁判官法廷意見と Karst 論文である。これは誇張ではない。表現規制に対する司法審査理論は、この時点で決定的な転換点をむかえたのである。

② カテゴリー的思考方法の探求

その時期、合衆国の憲法理論もまたカテゴリー的思考を探求していた。Karst 論文を始めとして、1970 年代の終わりには有力な表現の自由理論が勢揃いする。たとえば、John Hart Ely[16] や Merville Nimmer[17] あるいは Laurence H. Tribe[18] は表現規制の目的や効果に着目して規制を類型化し、それによって審査水準を決定することを提言した。彼らは、表現規制に対する司法審査が単

---

14) Karst, supra note 13 at 21.
15) Id. at 28.
16) John Hart Ely, Flag Descreation : A Case Study in the Role of Categorization in First Amendment Analysis, 88 Harv. L. Rev. 1482 (1975).
17) Mervill B. Nimmer, Nimmer on Freedom of Speech2-25 (1984).
18) Laurence H. Tribe, American Constitutional Law 2nd ed. 993 (1988).

純な個別的利益衡量で行われることに危惧をもっていた。表現規制を類型化し、場合によっては司法審査の役割から司法審査の枠組みを決定する必要がある。そのためにはカテゴリー的思考が不可欠であった。このような潮流の中から表現内容規制・内容中立規制二分論は登場し、またたくまに支配的な憲法理論として広まっていった。Mosley 判決以後、問題となる表現規制が内容を理由するものか、内容とはかかわらない規制かが入り口の問題として設定されるようになった。

（2）表現内容規制・内容中立規制二分論の正当化と展開

1) 二分論の正当化── Geoffry R. Stone の場合

では、表現内容規制・内容中立規制二分論をはじめとするカテゴリカルな思考枠組みは、どのような根拠によって支えられてきたのであろうか。いくつかの根拠をあげることが可能である。ここでは Karst と前後して表現内容規制・内容中立規制二分論を理論化した Geoffry R. Stone の議論を紹介しよう。Stone は 1978 年[19]、1983 年[20]、1988 年[21]の 3 度にわたり、この二分論[22]を考察し、詳細で明快な議論を展開しているからである。

Stone によると、表現内容規制・内容中立規制を分ける根拠は二つあるという。それは第一に思想の自由市場への歪曲効果を防止することと第二に政府の中立性要求である[23]。内容に基づく規制は、特定の表現内容が思想の自由市場

---

19) Geoffry R. Stone. Restrictions of Speech Because of its Content : Peculiar Case of Subject- Matter Restrictions, 46 U. Chi. L. Rev. 81 (1978) (hereinafter cited as Stone1978).

20) Geoffry R. Stone, Content Regulation and The First Amendment, 25 Wm. & Mary. L. Rev. 189 (1983) (hereinafter cited as Stone 1983).

21) Geoffry R. Stone, Content Neutral Restrictions, 54 U. Chi. L. Rev. 46 (1987) (hereinafter cited as Stone 1988).

22) Stone の表現の自由理論については拙稿「表現内容規制・表現内容中立的規制二分論」高知女子大学紀要人文・社会科学編 40 巻（1991）79 頁参照。

23) Stone 1978 at 103-8.

へ参入することを阻止し、本来それが流通していたならば得られたであろう地位を否定する。政府の中立性要求は、表現規制における規制動機の健全さを担保するための前提となる。内容規制が行われる場合、そこには政府の不純な動機（偏向や敵意）が推定されることになるが、これは表現の自由を支える民主主義理論とは相容れない[24]。

このような危険性は表現内容規制においてとくに顕著である。それゆえ、表現内容規制に対しては厳格な審査基準が適用されなければならない。ただし、Stone は思想の自由市場の歪曲や政府の中立性の逸脱が「表現内容規制においてとくに顕著である」と述べているのであって、「内容中立規制にはこのような危険性が低い」といっているわけではない。この点に注意しておきたい[25]。同時に、表現内容規制においても特定の主題を包括的に規制する「主題規制（subject-matter restriction）」と特定の見解だけを差別的に規制する「見解規制（viewpoint restriction）」では思想の自由市場や政府の中立性の逸脱に対する影響度が異なると考えている点にも注意しておきたい[26]。Stone の関心は、規制類型がこの二つの根拠に及ぼす影響を概括的にまとめたものであって、そのことからただちに審査の水準が決定できると考えているわけではない。このことにはとくに注意をしておこう[27]。表現内容規制の危険性は内容中立規制の安全性を証明する根拠とはなり得ないのである。

---

[24] Stone1978 at 103-4；Stone1983 at 201-33.
[25] Stone1983 at 197-8.
[26] 思想の自由市場や政府の中立性の逸脱への影響度という観点からすれば、すべての主題規制を一律に扱うこともすべての見解規制を一律に扱うことも妥当性を欠く。この観点から Stone は、主題規制も見解規制と同視すべき場合があることと同時に見解規制も主題規制と同列に扱える場合があることも認めている。Stone 1978 at 108.
[27] 後に Stone は 20 世紀後半の表現の自由判例を振り返り、最高裁がこの二分論を用いている陰でより細かな分析方法をとってきたことを呈示して見せた。Geoffry R. Stone, Free Speech in the Twenty-First Century: Ten Lessons from the Twentieth Century, 36 Pepp. L. Rev. 273 (2009 (hereinafter cited Stone 2009). 実は、Stone は当初から単純な二元論には与していなかったのである。Stone1988 at 81.

2) サブカテゴリーの設定（low value speech, incidental regulation）

　Mosley 判決 Marshall 裁判官法廷意見は Karst や Stone によって理論的に精密化され、確立した判例理論として展開されることになる。表現内容規制に対しては厳格な審査基準が適用されなければならないとの判例理論は遅くとも 1970 年代終わりには形成されたと見ることができよう。ただ、先の Marshall 裁判官法廷意見は、表現を規制する際、内容を参照することはできないと言い切ったため、この言説を現実の事例にあてはめるにはいくつかの限定を置く必要が生じた。いくつかの表現はその内容ゆえに規制されてきたことは否定できないからである。たとえそれが表現内容を理由としていても、これら表現に対する規制は厳格審査を適用するわけにはいかない。憲法学説はこれら類型を「価値の低い言論（Low value speech）」と呼び厳格な審査基準の適用を排除してきたのである。

　これら類型には、わいせつ、名誉毀損のような犯罪とされる表現類型、営利的言論、品位を欠いた表現（filthy wards, indecent speech）、けんか言葉（fighting wards）などが含まれている。もちろん、これらも内容規制であることには変わりがなく、またその中には何らかの見解が含まれることもあるから、低い価値の言論に対する規制の合憲性が自動的に認められているわけではない。また、営利的言論は、すでに政治的言論と区別することができないほど高い水準での保障が認められるようになっている[28]。

　一方、内容中立規制を一言でいえば「非表現内容規制」を意味するが、そこにはいくつかの種類の規制が含まれている。第一に、時間・場所・方法に対する規制がある。合衆国最高裁判所は、古くからこの規制類型を認めてきた。これについてはすでに述べた。第二に表現そのものではなく表現のもたらす害悪を除去するために課される「付随的（副次的）(incidental or secondary effect) 規制」がある。これは 1968 年の O'Brien 判決[29]で採用された法理を一般化した

---

28) 44 Liqormart inc. v.s Rhode Island, 517 US 484 (1996). この点については、拙稿「営利的言論法理の現在」本書第 3 章を参照。

29) United States v.s O'Brien, 391 US 367 (1968).

ものであるが、今日成人映画劇場の設置規制などにおいて用いられることがある[30]。では、これら内容中立規制にはどのような審査基準が適用されるのであろうか。

第一の類型である時間・場所・方法の規制に対しては、いわゆるTPMテストと呼ばれる審査基準が定式化されてきた[31]。それによると、表現の時間や場所、方法の規制が合憲とされるためには、その規制が①表現の内容を参照しない規制であること、②重要な政府利益に奉仕するものであること、③表現に対して十分な代替表現手段を保障していることの3点を満足する必要があるとされる[32]。これに対して、第二の類型である付随的規制の合憲性判断基準は当該規制が①政府の権限内であること、②重要かつ本質的な政府利益を実現すること、③表現の自由の抑圧とは関係がないこと、そして④そのような付随的規制がこの利益を実現するのに必要以上に強力でないことの4点を満たす必要があるのである[33]。注意すべきは、今日TPMテストは、付随的規制の審査基準との間で水準の合一化が進みつつある点と[34]、内容中立規制の審査水準にも幅がある点である。

このようにして、表現内容規制・表現内容中立規制二分論は1970年代半ば以降、合衆国最高裁判所における表現の自由理論として支配的な地位を獲得していった。おそらく、合衆国最高裁判所史上最も包括的・一般的な審査枠組みとして判断を支配してきたといえるであろう。

しかし、およそあらゆる二元論的思考がそうであるように、表現内容規制・内容中立規制二分論もまた限界を露呈するようになる。冒頭で述べたとおり、自由民主主義を標榜する国家においては明白な内容規制はほとんど存在せず、表現規制は内容中立規制の形態をとって我々の前に立ち現れるのが普通であ

---

30) City of Renton v.s Playtime Theatres inc., 457 US 41 (1986).
31) 拙稿前掲78頁参照。
32) Clark v.s Community for Creative Non Violence, 486 US 288 (1984).
33) 391 US 376-7.
34) 拙稿前掲87頁。

る。そして、その中には表面上は中立規制であるもののその効果として特定見解や主題を狙い撃ちするものも少なくない。このような規制は、それでもなお内容中立規制に分類すべきなのであろうか。1990年代以降の判例理論はこのような問題をはっきりと示している。以下、合衆国最高裁判所の最近の判例を素材にして、表現内容規制・内容中立規制二分論の抱える諸問題を明らかにしたい。

3．合衆国最高裁判所における二分論の展開

（1） 合衆国最高裁判所における二分論

1） 概観と分類

上に述べたとおり、合衆国最高裁判所は基本的にこの二分論を思考枠組みとして表現の自由に関連する事案を扱ってきた。しかし、その適用は複雑である。外形的には表現内容規制に分類される規制が内容中立規制として中間段階の基準で審査されたこともあれば、内容中立規制が内容規制にあたるのではないかという点が厳しく争われた事例もある。合衆国最高裁判所における二分論はすでに一貫性や明確さを欠いていると批判する論者もいる[35]。

そこで、議論を明確化するために、本稿では四つの分類を用いて合衆国最高裁判所判例の傾向を明らかにしたい。すなわち、(I)内容規制の外形をもつ規制が厳格に審査されたケース、(II)内容規制の外形をもつ規制が中間段階以下の基準で審査されたケース、(III)内容中立規制の外形をもつ規制が中間段階以下の基準で審査されたケース、(IV)内容中立規制の外形をもつ規制が厳格に審査されたケースを区別して若干の分析を加えようと思う。

---

35) Leslie Gielow Jacobes, Clarifying the Content-Based/Content Neutral and Content/Viewpoint Determination 34 McGeorge L. Rev. 596 (2003).

2) （Ⅰ）内容規制の外形をもつ規制が厳格に審査されたケース

① Rosenberger v.s Visitors of University of Virginia 判決

州立大学のキリスト教徒学生が出版物助成を否定されたケースについて、これが許されない見解規制にあたるとしたケースである[36]。Kennedy 裁判官法定意見は、キリスト教徒の学生団体への助成が Establishment Clause に違反するとの主張を退けながら、逆にこのような助成資格を認めないことが見解に基づいて差別を行うことに該当するとの立場を明らかにした。

本件助成のガイドラインが修正 1 条違反であるとの結論を導くにあたり、合衆国最高裁判所はこれまでの内容規制に関する先例を振り返りつつ、「政府が一定の話者に対して彼らの表現の内容に基づいて財政上の負担を課すような場合には修正 1 条と対立するとの我々の判断をこれらのルールが明らかにしている」と述べている[37]。そして、「政府が主題（subject matter）ではなくある主題に関して話者がとる特定の見解（views）を標的とする場合には修正 1 条違反は歴然としている。見解の差別は内容規制のはなはだしい形態である」との立場が明らかにされる[38]。

だが、この法廷意見に対して Souter 裁判官（Stevens, Ginsburg, Breyer 裁判官同調）は異議を唱える。Souter 裁判官反対意見は、法廷意見が本件助成が内容規制であるかどうかに関心を奪われ、その結果これまで形成されてきた Establishment Clause に関する判例法理を無視していることを非難するが、表現内容規制の観点については以下のように述べる。「ある区別が見解に基づいているかどうかという論点は政府規制がある特定の見解を広めようとする話者にたまたま適用されるようになったかどうかという論点には向けられない。もちろん、この論点は言論への負担が見解を参照して説明されているかどうかという論点に向けられるのである。ある言論規制が内容規制か内容中立規制かを判断するときには政府の目的が鍵を握る（controllig）のである……（ヴァージニ

---

36) Rosenberger v.s Visitors of University of Virginia, 515 US 819 (1995).
37) 515 US 828-9.
38) 515 US 829.

ア州立）大学が本件ガイドラインを適用するにあたっては何らの見解規制も存在しない」[39]。

　内容規制のうち見解規制については強い違憲性の推定が及ぶと考えてよいが、何をもって見解規制とするのかについは鋭い意見の対立がある。「キリスト教徒の学生団体」という属性がある見解を表明していると考えてよいのか（Kennedy）、それとも見解規制かどうかは表現に対して課される負担の目的によるのか（Souter）。このとらえ方が結論を左右したといえよう。

② Ashcroft v.s American Civil Liberties Union, 542 US 656 (2004)
　2004年には Child Online Protection Act（COPA）による言論規制を差し止める事例において、これを認める判断が示されている[40]。COPA は青少年のインターネット利用に際して、年齢確認ができない以上、青少年にとって有害な情報へアクセスさせることを接続業者に禁止し、違反した業者に刑事罰を科すことを内容としていた。これに対して ACLU が同法の差し止めを求めたのが本件事例であった。ACLU 側は本件規制が表現内容規制であり、その合憲性は厳格に審査されるべきであると主張している。

　法廷意見を述べる Kennedy 裁判官は、「原告が表現内容に基づく言論規制を争うときは、その（合憲性の）立証責任は政府に課されることになり、政府は提示された代替規制手段が争われている法律より効果的でないことを立証しなければならないのである。この問題を検討する際、裁判所は ①一定の保護を受ける言論が規制されようとしていることを確かめた上で、②その目的を実現するために用いられる代替手段は何かを問うのである」と述べる[41]。そして、連邦政府の主張を具体的かつ詳細に吟味するのであるが、結果として、原告が主張する blocking や filtering によっても規制目的は十分に実現できるとして差し止めを認める判断を示している。

---

39)　515 US 843-5.
40)　Ashcroft v.s American Civil Liberties Union, 542 US 656 (2004).
41)　542 US 693.

これに対しては、Scalia 裁判官が本件言論は営利目的で行われる活動にかかわるものであるから厳格な審査基準には服さないとの反対意見を述べ[42]、またBryer 裁判官（Rehnquist, O'Conner 両裁判官同調）は、COPA が定める年齢確認とそれを怠った者への刑罰は「より侵害的でない規制方法」であるとの理解を示している[43]。

3) （Ⅱ）内容規制の外形をもつ規制が中間段階以下の基準で審査されたケース

③　Turner Boradcasting System, Inc. v.s FCC 判決

1994 年にはケーブルテレビ局開設に伴う教育番組編成義務（must carry）が修正 1 条違反ではないかとの論点が争われたが[44]、合衆国最高裁判所 Kennedy 裁判官法廷意見は次のように述べ、内容中立的な規制として中間段階の審査に服するとの結論に達している。

> 「特定の規制が内容に基づく規制なのか内容中立的な規制なのかを見極めるのは常に単純な作業だとはいえない。内容中立的な規制かどうかを見極める中心的な検討事項は政府がある言論の伝えるメッセージに同意しないことを理由としてその規制を課しているかどうかである……一般的なルールとして、その法文上、好ましい言論と好ましからざる言論を表明される思想や見解に基づいて区別するような規制は内容に基づく規制である。本件番組編成規制は内容に関係しない。つまり、この規制はケーブル放送局が視聴者に提供しようと選択した番組にかかわらずすべてのケーブル放送局に対して付随的に負担を負わせる規制に過ぎない。」[45]

しかし、このような意見に対しては O'Conner 裁判官が異論を差し挟んでいる。同裁判官によればケーブルテレビ局に対する must carry 規制は「見解の

---

[42]　542 US 675.
[43]　542 US 677.
[44]　Turner Boradcasting System, Inc. v.s FCC, 512 US 622 (1994).
[45]　512 US 642-5.

多様性、地域的特性、教育番組の編成やニュースあるいは公の問題への選好によるものであるが、これは内容を参照するものである」[46]としてケーブルテレビ局への規制が内容規制であると判断するのである。そして「我々は、その主たる目的が疑問の余地のないような内容中立規制であったとしても許されない内容規制として法律をしばし無効としてきたはずである」[47]と厳しく指摘している。

本件では内容規制の判断方法として「特定メッセージへの不同意」理論が用いられている。「メッセージ」が「見解」とどう異なるのかについては明確ではないが、「主題（subject matter）」や「話題（topics）」より狭い概念であることは事実である。したがって、法廷意見は内容規制を制限的にとらえたと見ることができるだろう。これに対して反対意見は「教育的な番組（educational program）」という言論カテゴリーの強制でも内容規制にあたるとの考えを示している。内容規制の外延をどうとらえるかが両者を分かつポイントであった。

④ Virginia v.s Black 判決

2002年のVirginia v.s Black判決[48]では、黒人居住地域付近でKu Kulux Klanのメンバー等が十字架を焼却する行為を禁止するヴァージニア州法の合憲性が争点となった。O'Connner裁判官法廷意見は、R. A. V判決と本判決を比較しながら次のように述べている。

「十字架を焼却することが象徴的な表現であるという事実は、しかし憲法上の問題を解決するものではない。ヴァージニア州最高裁はR. V. A判決に依拠して、州法がこの種のタイプの内容を理由に差別をするものであって憲法違反であると判断した。しかし、我々はこれに同意しない［……］この内容に基づく差別が憲法違反となるのは、それが市に望ましからざる主題について意見を表明する者に特別な規制を課すからである。我々は、

---

46) 512 US 679.
47) 512 US 680.
48) Virginia v.s Black, 538 US 343 (2002).

R. V. A. 判決において一定の言論の中で内容に基づく差別を行うあらゆる形態を修正1条が禁止していると判示したわけではない。むしろ、我々はとくにある種の内容差別は修正1条に違反しないと判示したのである。」[49]

同じく hate speech が争点となった R. A. V 判決[50]と比較して、本判決では、KKK という特殊な集団による行動が規制対象となったこともあろうが、合衆国最高裁判所は、特定の内容規制でも憲法上許されるとの判断を行ったことが注目される。

⑤ City of Los Angeles v.s Alameda Books, Inc.

同じく付随的規制論に依拠するものとして City of Los Angeles v.s Alameda Books, Inc. 判決が興味深い論点を提供している。本判決の争点は、成人向け書店が近接することによって犯罪を誘発するとの研究に基づき、同一の建物内等に成人向け施設の設置を禁止した Los Angeles 市条例の合憲性であった。これに対して成人向け書店が同条例が修正1条に違反することの宣言と差し止めを求めたのが本件であった[51]。

合衆国最高裁判所では法廷意見に達することはできなかった。相対多数意見を述べる O'Conner 裁判官は前述した Renton 判決によりながら本件条例が内容中立規制に分類されると判示した[52]。つまり Los Angeles 市条例は成人向け図書の内容を理由とした規制ではなく、成人向け書店が乱立することによって生じる都市空間への諸弊害を防止するのが目的であるというのである。いわゆる副次的効果（secondary effect）の除去こそが条例の目的であると判断したのであった[53]。

---

49) 538 US 361.
50) RAV v.s City of St. Paul, 505 US 377 (1992).
51) City of Los Angeles v.s Alameda Books, Inc. 535 US 425 (2002).
52) 535 US 435.
53) 同じく書店に関する事例としては、RICO 法に基づく没収の結果、自らが所有し

この意見には Rehnquist, Scalia, Thomas の3裁判官が同調するが、結論に同意する Kennedy 裁判官は O'Conner 裁判官とは異なる見方で本件条例が副次的効果の除去を目的とした規制であるとの理解を示している。Kennedy 裁判官は、zoning 規制のような都市計画にかかわる規制はたとえそれが表現の内容を参照するものであったとしても副次的効果に向けられた規制に分類できると考える。つまり、都市計画の領域では内容に基づいて zoning を課すことも憲法上許されると考えるのである[54]。言い換えると、表現内容を参照する規制であっても厳格な審査が適用されない領域があると考えるのである[55]。

　このような解釈に対して Souter 裁判官反対意見（Stevens, Ginzburg, Breyer 裁判官同調）は、zoning 規制が時間、場所、方法にかかわる規制であったとしても、本件のような規制は拡声器使用を制限するような規制とは同列に扱えないと述べる[56]。中間段階の審査が適用される領域にはヴァラエティがあり（middle-tier variety）[57]、すべての時間、場所、方法に関する規制を同一の審査水準で扱うことに難色を示したと見ることができよう。

⑥　Morse v.s Frederick, 551 US 393 (2007).

　学校内での言論が問題となった事例である[58]。この事例では、学校行事の際に違法や薬物の使用を勧める横断幕を掲示した生徒とそれに対する学校長の懲戒権が争われた。

　ている書店の書籍が没収されることになった書店経営者がこの没収を修正1条に違反するものとして争った1993年の Alexander v.s United States 判決がある。しかし、本判決ではでは没収が内容中立規制であるかどうかを論ずることなく、その合憲性を認める判断を下している。しかし、反対意見を述べる Kennedy 裁判官は、書籍の内容を問わないで一律に没収を行うことが修正1条の理念に反する旨の意見を展開している。Alexander v.s United States, 509 US 544 (1993).

54)　535 US 446.
55)　553 US 449.
56)　553 US 459.
57)　553 US 456.
58)　Morse v.s Frederick, 551 US 393 (2007).

合衆国最高裁判所判例上、学校での言論規制は通常の場所での言論規制とは異なる取り扱いがなされると考えてきた。つまり、そのような場面では学校長の裁量が優先されるとしてきたのである（「学校での言論（school speech cases）」法理）。したがって、問題は本件事例が伝統的な「学校での言論」カテゴリーにあてはまるかどうかによって決せられることになる。

法廷意見を述べる Roberts 首席裁判官は、本件での言論規制とその結果としての懲戒権行使は修正 1 条に違反しないと結論づけた。本件事例は「学校での言論」にあてはまるケースであり、Tinker[59]判決を始めとした先例法理によって左右されるというのである[60]。

「Tinker 判決は、生徒の言論が学校の機能や規則を物理的かつ実質的に破壊することを学校の責任者が合理的に結論づけられない限りその言論を規制できないと判示している。Tinker 判決の重要な事実は明確で、明らかに修正 1 条の中核にある関心を含意している。生徒は『ベトナムを敵視すること』に反対するとか、休戦を支持するということを表明するために、また彼らの考え方を知らせたりその考えを他人が取り入れるよう尽力するために腕章を用いて政治的な言論に参加しようとした。もちろん、政治的言論は修正 1 条が保障しようとするものの中核的にある。学校活動の基礎にあり、最高裁が識別する唯一の関心は人気のない見解（viewpoint）に常に伴う不快感やその表現から生じるかもしれない議論を単に避けようとすることである。その関心は『何らの無秩序や秩序の転覆を伴わないような沈黙や熱烈な表現の禁止を正当化するには不十分である』。」[61]

次いで法廷意見は、Fraser 判決[62]によりながら、パブリックスクールにおける生徒の憲法上の地位は他の場面における成人の権利と自動的に一致するものではないと述べる[63]。一方、本件においては生徒に薬物使用を断念させるこ

---

59) Tinker v.s des Moines Independent Community School District, 393 US 503 (1969).
60) 542 US 401.
61) 551 US 404.
62) Bethel School Dostrict No. 403 v.s Fraser, 478 US 675 (1986).

ととは「重要、あるいは実際にはやむにやまれぬ利益である」[64]。そこで法廷意見は、生徒に薬物の濫用を断念させるという学校の利益もしくは政策がTinker判決で明らかにされた学校における言論規制の正当化を満足させるかどうかを検討する。そして、本件では「修正 1 条は生徒を危険にさらすような表現を学校行事で見逃すことを学校に求めることはしない」[65]として、学校側の懲戒権行使が憲法上許されると判断した。

これに対してStevens裁判官（Souter, Ginsburg裁判官同調）反対意見は、本件における学校の判断が内容規制に該当すると批判する。同裁判官反対意見はTinker判決Harlan裁判官反対意見に着目する。そして、学校における言論活動の規制が不人気な見解を規制しようとする意図に基づいていてはならないとするHarlan裁判官反対意見を踏まえ、「表現内容に基づく検閲、とりわけ話者の見解に基づく検閲は最も厳格な正当化の立証責任に服するのである」と述べている[66]。そして、本件における学校の懲戒はFrederickの見解を理由としたものであり、見解規制ととらえるべきであるとするのである[67]。

このように、表現内容を参照する規制が厳格審査からはずされる際、合衆国最高裁判所は、「付随的効果理論」を用いることも、「学校の言論理論」に依拠することも、「政府の言論」として処理することもある。そして、おそらくこの排除理由の中で最も議論の余地があるのは「付随的効果理論」である。

ある内容規制を付随的規制と認定する際には規制目的（あるいは立法の意図）が鍵を握る。これは、本来付随的規制理論がO'Brienテストの影響を強く受けてきたことに由来する。O'Brienテストが掲げる「表現の自由の抑圧とは無関係」な審査は規制目的を参酌して判断されることになるからである。だが、付随的規制理論の難点はここにある。内容規制であることと適用される審査基準

---

63)　551 US 405.
64)　551 US 407.
65)　551 US 410.
66)　551 US 435.
67)　551 US 437.

を区別するならば二分論をとる根拠が揺らぐことになるし、内容を参照していることが文面上明白な規定を内容規制でないと強弁するには論理的な飛躍が必要だからである。

一方、「学校での言論」理論は、表現規制が問題となる場所が審査基準に影響すると考える。普通教育機関における表現活動は一般社会におけるものとは異なると主張する。おそらく、教育機関には教育目的を実現するために必要な教育権限が必要である。Morse 判決 Roberts 法廷意見はこの点を強調するものである。一方、Stevens 反対意見は、学校における表現規制であっても特定の見解を規制することは見解規制に該当すると考える。学校のような特殊な空間では内容規制あるいは見解規制も許されるのだろうか。Morse 判決が明らかにしたように、この論争は Tinker 判決以来決着が付けられていない。

4) （Ⅲ）内容中立規制の外形をもつ規制が中間段階以下の基準で審査されたケース

⑦ Ward v.s Rock Against Racism 判決

1989 年合衆国最高裁は、ニューヨーク市のセントラルパークにある野外音楽堂 (bandshell) でコンサートを行う場合、市の用意した音響装置と技術者を用いるよう義務づけた同市ガイドラインが内容中立的な時間、場所、方法に関する規制であるとしてその合憲性を認める判決を下している[68]。

法廷意見を述べる Kennedy 裁判官は、「一般的に言論が問題となるケース、とくに時間、場所、方法が問題となるケースにおいて内容中立規制であるかどうかの判断の中心的な検討は、政府が言論規制を採用するに際し、その言論が伝えようとしたメッセージに同意しないことを理由としているかどうかに向けられる」と述べる[69]。そして、「表現内容にかかわらない目的を実現しようとする規制は、たとえそれが特定の話者のメッセージに付随的な効果をもたらすとしても中立的であるとみなされる」と述べている[70]。

---

68) Ward v.s Rock Against Racism, 491 US 781 (1989).
69) 491 US 791.

この観点から本件ガイドラインを検討すると、その目的はセントラルパーク周辺住民の静穏を保護することにあり、規制も適切なアンプ使用を義務づけることによって騒音に対する苦情を避けることに向けられていた。もっとも、「受け入れることができる出演者に対して受け入れられる sound mix とは何かについて主観的な基準を課し、純粋に美しさを追求するような規制であれば、それは重大な修正1条の問題を引き起こすが、本件はそのような問題を生じさせる可能性がない」[71]として、内容中立規制であることを確認するのである。

表現規制の内容中立性が認められたなら、次の問題は、「同市の規制が重要な利益を実現するために狭く仕立てられているかどうか」に向けられる[72]。この点について法廷意見は、騒音から周辺住民の平穏を保護することは substantial なものであると認める[73]。したがって、論点は狭く仕立てられてあるかどうかに向けられる。この点、原審は音量を制限するためにとられる方法が「必要最小限度 (the least intrusive means)」であることを求めていた。しかし、合衆国最高裁判所は、内容中立規制における手段審査は「より侵害的な方法 (less restrictive alternative)」であるかどうかで足りるとするのである[74]。問題は、LRA の認定方法にある。法廷意見は次のように述べる。

　「しかしながら、その政府利益が言論への侵害度の少ない方法でも十分に実現可能であると裁判所が結論づけたとしても、選択された方法が政府利益を実現するために必要であることを越えて実質的に広く及ぶものでない限りは、無効とはされないだろう。」[75]

このような立場に立ち、Kennedy 裁判官は、野外音楽堂使用における音量制限が内容中立規制であって、中間段階の審査基準を適用し、その合憲性を認

---

70) Id.
71) 491 US 793.
72) 492 US 796.
73) 492 US 796-7.
74) 492 US 797.
75) 492 US 800.

めたのであった。

　このような法廷意見に対する反対意見の矛先はLRA認定における立法府と裁判所の権限の問題に向けられる。Marshall裁判官（Brennan, Stevens裁判官同調）は、LRAの認定において、合憲性の審査を立法府への敬譲に置き換えてしまったと法廷意見を避難する[76]。

　そして、「合衆国最高裁判所は、主張されている政府利益を実現する代替方法の検証として、狭く仕立てられているかどうかの要求を解釈してきたのであって、争点となっている規制が効力を増せば、保護される言論に課している負担を増やすかどうかの検討を求めてきたのである」[77]と述べる。そして、1939年のMartin判決を引きながら、政府利益をより効果的に実現する方法であっても路上におけるビラ配布行為規制を憲法に反すると判断してきたと述べるのである[78]。

⑧　Madsen v.s Women's Health Center, Inc. 判決

　人工中絶に反対する活動家が医療機関付近で言論活動を行うことの差し止めを求めた事例において、合衆国最高裁判所は、これが内容中立規制であるとの判断を示している[79]。Rehnquist首席裁判官による法廷意見は、求められた差し止めのうち、騒音防止や医療機関周辺ゾーンの差し止めについては認めたものの、それ以外の場所での差し止めを退けた。

　本判決で差し止めを求められた活動家側は、言論の差し止めが表現内容を理由とするものであり、厳格な審査に服すべきことを主張している。これに対してRehnquist首席裁判官は、この主張を認めると「すべての差し止め請求が事実上内容規制に分類されてしまう」との危惧を表明する[80]。そして、ある表現

---

76)　492 US 803.
77)　492 US 805.
78)　Id. なお、反対意見は本件ガイドラインが許されない事前抑制に該当するとの論点についても触れているが、ここでは割愛する。
79)　Madsen v.s Women's Health Center, Inc, 512 US 753 (1994).

規制が内容規制かどうかを判別する基準は「規制される言論の内容を参照しているかどうか」であると述べる[81]。本件差し止め請求についてみると、裁判所は活動家たちが裁判所の差し止め命令を繰り返し無視して活動をしてきたという事実があるが、「表明する中絶反対のメッセージに対して、たまたま伴う(incidental)規制を課すものでしかない」。なぜなら、問題となる活動家たちへの差し止め請求は、ある医療機関付近で行われた場合、結果として中絶反対という同じ意見のもち主に対するものであったに過ぎない(happen to share the same opinion)からである[82]。

しかし、Rehnquist 裁判官は、内容中立的な規制が立法によって行われる場合と異なり、差し止め請求によって行われる場合には同じ審査基準を使えないと述べている。なぜなら、「条例は特定の社会利益を促進することについて立法的な選択が反映されているのに対して、差し止め請求は立法上、司法上の命令の侵害に補填を行うものであって、一般的な条例より検閲的、差別的な適用が行われるリスクを伴うからである」[83]。そこで Rehnquist 裁判官は、一般的な時間、場所、方法に関する規制に対する中間段階審査より水準が高い基準を適用すべきだとする。すなわち、「重要な政府利益を実現するのに必要以上に言論に負担を課すものであってはならない」のである[84]。

このような解釈に対しては、Scalia 裁判官（Kennedy, Thomas 裁判官同調）が反対意見を述べる。Scalia 裁判官は、法廷意見が指し止めを認めた部分についてこれが特定のグループだけを狙い撃ちした内容規制であると判断し次のように述べる。「私は言論の差し止めが、たとえ技術的には内容規制にならなくとも、厳格な審査に服すべきほど危険なものと考えるが、本件差し止め請求は内容規制（実際には見解規制）であると考える。」[85]

---

80) 512 US 762.
81) 512 US 763.
82) Id.
83) 512 US 765.
84) Id.

本件差し止め請求において評価を分けたのは、差し止め請求を内容規制として厳格な審査に服せしめる危険性とその認識であった。Rehnquist 法廷意見は仮に裁判所による言論活動の差し止めが厳格な審査に服するとすると、言論活動から生じる損害に対して救済の道が閉ざされる。しかし、表現の差し止めとは内容を理由とするもの以外に考えられないから、修正1条の観点からは高度の危険性を伴うものである。Rehnquist法廷意見はこの点は認識していたからこそ、両者を調和するため「中間段階以上厳格な審査以下」の審査基準を適用したと考えるべきではなかろうか[86]。

⑨ Schenk v.s Pro-Choice Network of Western New York Inc. 判決

1997年には再度反中絶に反対する団体から医療機関を保護するための差し止め命令が表現内容規制の観点から問題となっている[87]。1994年の Madsen 判決と同じく法廷意見は Rehnquist 裁判官によるものであるが、同裁判官は Medsen 判決によりながら、表現活動に対する差し止め請求は「重要な政府利益を実現するのに必要以上に言論に負担を課すものであってはならない」との立場を確認する[88]。そして、この審査基準を適用した結果、差し止め請求のうち範囲が固定されている立ち入り禁止区域（fixed buffer zone）についてはこの基準を満たすものの、固定されてない立ち入り禁止区域（floating buffer zone）については必要以上に表現への負担を課すものとして憲法上許されないとの判断が示されるのである[89]。

---

85) 512 US 795.
86) なお、同年には匿名による政治リーフレット配布行為を禁止するオハイオ州法の合憲性が争われた McIntyre v.s Ohio Election Commission 115 S. Ct. 1511 (1995) 政治広告に対する記名義務を内容規制と認定して、厳格な審査基準を適用した上でその合憲性を否定した事例がある。
87) Schenk v.s Pro-Choice Network of Western New York, 519 US 357 (1997).
88) 519 US 372.
89) 519 US 377-83.

⑩　Hill v.s Colorad 判決

　2000 年 7 月合衆国最高裁判所は、Hill v.s Colorad 判決[90]の中で表現内容規制の外延に関して興味深い判断を示した。争点は、医療施設の玄関から 100 フィート以内であることを知りながら、医療施設に入ろうとする人に対してその同意なくパンフレットを配布したりサインを掲示したり、あるいは説諭をしたり相談に応じようとする行為を禁止するコロラド州法の合憲性であった。この州法は、医療施設の玄関から 100 フィートという距離制限を設けるだけであって、そこで行われる言論行為の内容について規制しようとするものではなかった。

　Stevens 裁判官法廷意見（O'Connner, Ginzburg, Souter, Breyer 各裁判官同調）は 1989 年の Ward 判決（前掲）を引きながら、「内容中立規制であるかどうかの主たる考察は、政府が伝えられるメッセージに対する不同意ゆえに言論規制を採用しているかどうかを判断することにある」と述べている[91]。そして、「表現の自由の権利は他人に対して意見を変えさせるよう説得する権利を含んでいるが、話者のメッセージが聞き手に対して不快であるかもしれないということだけを理由にして制限されてはいけない」と続けている[92]。その上で、このゾーニング規制が内容中立規制に分類されると判断する[93]。すなわち、「進入禁止の理由は侵入者にかかわるものであって、侵入者の言論内容にかかわるものではない」[94]からである。

　本件のような距離制限が表現内容中立規制に分類されるなら、合憲性審査の次のステップはこの規制が「狭く定められているか（narrowly tailored）」に向けられる。Stevens 裁判官法廷意見は本件規制の目的を聞き手のプライバシーに求めつつ、本件規制は医療施設付近で行われる一定の行為を制約するにして

---

90)　Hill v.s Colorad, 530 US 703 (2000).
91)　530 US 711.
92)　530 US 716.
93)　530 US 725.
94)　530 US 738.

も、その行為を完全に禁圧する (total ban) ものにはほど遠く、狭く定められているものとの判断を示す[95]。

ただ、本件で問題となった表現規制は単なる距離制限ではなく、医療施設とりわけ人工中絶に訪れる患者に対するアプローチを封じ込める事実上の効果を伴うものであった。しかし、この規制は少なくとも文面上は中立的規制であることから最高裁判所の判断が分かれることになる。表面上は中立的でありながらその適用については特定のメッセージに適用される規制は表現内容規制ではないのだろうか。そして、この点が本件規制の評価を分かつポイントであった。

反対意見を書く Scalia は、本件のような口頭での表現行為に適用される規制が「明らかにまた間違いなく内容に基づく規制である」と断定する[96]。つまり、本件規制は人工中絶にかかわる言論を規制する内容規制だというのである。曰く「私は、本件規制が反戦活動や労働組合のメンバーが公衆にストライキの理由を説明する（ことを規制する）ような内容規制であることに疑いを差し挟めない」。続けて Scalia は以下のように述べる。

「内容規制とは ① 見解 (viewpoint) を差別すること、② 話者が話す何らかの主題 (subject matter) に規制を置くことのいずれかに該当しないから本件法律を内容規制ではないと法廷意見は判示しているが、我々はこれまで内容規制の全体像がこの二つのカテゴリーに限定されるなどとは一度も判示してこなかった。たとえば、満足や幸福についての感覚を伝える言論を除きすべての言論に適用される特別な場所や方法に関する規制を想像してみよう。この『幸福な表現』規制は『見解規制』ではないかもしれない……また主題を規制するものではないかもしれない。（しかし）当裁判所はこのような規制を内容規制と考え、最も厳格な審査が適用されると考えるであろう。」[97]

---

95) 530 US 730.
96) 530 US 742.
97) 530 US 743.

また、Scalia裁判官と同時に反対意見に回ったKennedy裁判官は「コロラド州は内容に基づく規制の教科書的な例である」と断言する[98]。「コロラド州法によれば、州はある人が可罰的な主張をしているか、説諭をしているか、相談に乗っているかを判断するためには内容を吟味しなければならない。言論禁止ゾーンである市民が他の市民に近づいたとき、州の公務員は話者が何をいっているのかを聞かなければならない」[99]。さらに、「同州法はもう一つ別の理由で内容規制である。それは特定の「話題（topics）」に基づいて言論を規制しているからであ」る[100]。Kennedy裁判官によれば、ある話題が禁止される場所（the specific locations）次第では話題の規制も内容規制となるという[101]。つまり、「法廷意見は本件州法を内容中立規制と判断する誤りを犯した後、同法を見解中立的（viewpoint neutral）であると判断する過ちをあわせて犯したのである」[102]と激しく非難する。

5) （Ⅳ）内容中立的な外形をもつ法律が厳格に審査されたケース

⑪　Bartnicki v.s Vopper判決

最後に、内容中立規制に対して、その合憲性が厳格な審査で判断されたケースを検討しよう[103]。この事例は、内容中立規制のあり方に関して非常に興味深い素材を提供する。

事案は次のようであった。ペンシルベニア州内にある高校の教員組合代表と教育委員会との間で行われる団体交渉において、その労組代表と交渉責任者間での携帯電話の会話が何者かによって盗聴された。その内容は何者かによって地元ラジオ局に届けられ、同局がその会話を放送した。この行為については、

---

98)　530 US 766.
99)　530 US 767.
100)　Id.
101)　Id.
102)　530 US 768.
103)　Bartnicki v.s Vopper, 532 US 514 (2001).

盗聴もしくは盗聴された内容を報じることを禁止した the Omnibus Crime Control and Safe Street Act of 1968 および Pennsylvania 盗聴法に抵触するものとしてラジオ局が起訴された。同法は、故意に盗聴をすること、あるいは盗聴によって得られた情報の内容を故意に開示することを犯罪として規定するものであった。このうち、本件の争点は、第三者の盗聴によって得られた情報内容の開示を禁止した 18 USCS 2511(1)(c) が修正 1 条に違反するのではないかに向けられる。

　法廷意見を述べる Stevens 裁判官は、同法が一般的な適用においては内容中立規制であることを認めつつ、Turner 判決を引用しながら、「ある規制が内容に基づくものか内容中立的なものなのかを判断するに際して、我々はその規制の背後にある目的を検討するのであって、典型的には表現活動に対する政府規制は規制される言論の内容を参照することなしに正当化される限りにおいて、それは内容中立的な規制であると判断してきた」[104]と述べている。そして、本件規制は「盗聴された会話の内容によって区別をしようとするものでも、またその会話の内容を参照することで正当化しようとするものでもない。むしろ、問題となっている会話はそれらが違法に盗聴されたという事実、つまりその主題ではなく情報源の性質によって区別を行おうとするものである」[105]と述べるのである。

　盗聴行為への規制は「行動への規制（a regulation of conduct）」ととらえられるが、盗聴された情報を公開することは「純粋な言論（pure speech）」への規制に他ならない。それゆえ、「一般的な問題として、真実の情報を公にすること（publication）を処罰しようとする国家行為は憲法上の基準を満たすことなど考えられない」[106]という立場からすると、このような規制は憲法上厳しく審査される必要がある。つまり、本件の争点は「問題となっている情報が違法に得られたものであっても、それを公にしようとする者がその情報を合法的に入手し

---

104)　532 US 525.
105)　532 US 526.
106)　532 US 527.

ている場合は違法性の連鎖に基づいて当該情報を公にすることを処罰できるか」[107]にある。

ところで、同法の立法目的は、私人間における会話を盗聴しようとする動きを抑制すること、および会話が違法に盗聴された者の損害を最小限に抑えようとすることにある。しかし、この目的が正当だとしても、違法に盗聴された情報でもそれが合法的に入手され、それを公にしようとする行為を処罰することが目的に対する手段として受け入れられるかどうかを検討する必要がある[108]。この観点から考えると、違法に得られた情報の公刊を禁止すれば盗聴行為そのものを減らせるという正当化には「経験上の証拠がない」[109]。とくに本件の場合は、盗聴者が経済的な見返りや名声を期待することなく、処罰のリスクを冒しながら情報を入手したケースであるから、なおさらこの正当化は通用しないのである[110]。「したがって、公的な情報を善意で開示する行為に対して§2511(1)(c) を適用する場合、政府の第一の正当化事由は明らかに不十分である」[111]。

次に、政府がもち出す第二の正当化事由であるが、「これはかなり強力である」[112]。「私的な会話を公にされることへの危惧は私的言論への萎縮効果をもつ可能性があるからである」[113]。真実の情報を開示することと私的会話を保護するという二つの重要な利益の間で Stevens 裁判官がとったアプローチは利益考量であった。「したがって、我々にとっては憲法上の計算方法（constitutional calculus）の両サイドで考慮すべき重要な利益が存在しているように思われる。そのバランスを考えるにあたっては、プライバシーに対するある侵害は他の侵害より深刻であること、あるいは私的な会話を公にすることは盗聴それ自身より深刻な侵害をもたらすものであることが認められる……しかしながら、本件

---

107) 532 US 528.
108) 532 US 529.
109) 532 US 530-1.
110) 532 US 531-2.
111) 532 US 532.
112) Id.
113) 532 US 532-3.

で同条項を執行することは修正 1 条の中核目的にかかわることになる。なぜなら、それは公的関心事項に関する真実の情報の公表に制裁を科すものだからである」[114]。つまり、Stevens 法廷意見は、私的会話の保護より、公的な関心事項にかかわる真実の情報を公にすることが優先されるべきであるとの結論に達したのであった。

このような Stevens 裁判官法廷意見に対しては、私的会話の保護、すなわち会話におけるプライバシー保護の重要性を強調する Rehnquist 首席裁判官の反対意見が展開される。Rehnquist 首席裁判官は、また本件が内容中立的な規制であるならば、Stevens 裁判官法廷意見のような審査水準ではなく、「内容中立的な規制は、それが重要あるいは本質的な政府利益を追求する場合、それが表現の自由の抑圧と関係がなく、あるいは主張されるところの修正 1 条の自由に対する付随的規制がその利益を実現するために必要以上に強力でないならば維持される」[115]との理解を明らかにする。そして、「本件規制は内容中立的な規制である。それらは違法に入手された情報を規制するに過ぎない。すでに公にされている情報をあらためて公表することを規制するものではない。それらはメディアに特別な負担を課すものでもない。［……］それらは携帯電話を使用する者のプライバシーと表現の自由を促進しようとするものである。違法に盗聴された会話の公表に関してより狭く仕立てられた規制は想像できず、これら法律を厳格な審査の致命的な水準で審査することは先例をねじ曲げることになる。それゆえ、本件法律は表現の自由の抑圧とは無関係な本質的政府利益を促進するものとして維持されるべきである」[116]。

本件規制が内容中立的な規制であるならば、Rehnquist 首席裁判官の反対意見の審査基準に関する理解の方が正しい。Stevens 裁判官法廷意見は、本件規制を内容中立的な規制ととらえた上で、かなり厳格度の高い水準の審査を行っているからである。いや、Stevens 裁判官法廷意見にいう constitutional

---

114)　532 US 533-4.
115)　532 US 544 (Rehnquist Ch. J dissenting).
116)　532 US 548-9.

calculus は審査基準などではなく、真実の情報の公開は私的会話の保護に優先するとの結論を先取りした計算方法なのかもしれない。しかし、本判決の意義は、内容中立的な規制であっても規制の効果次第では内容規制と同様な審査水準で合憲性が判断されるケースがあることを明らかにした点にあるといえるだろう。これはまた、カテゴリカルな判断方法の限界をも表すものである。

以上のような分析から、合衆国最高裁判所における二分論の現状を次のように要約することができる。

第一に、内容規制のうち見解規制は最も危険度の高い表現規制であって、憲法上許容される余地はない。このことには合意がある[117]。しかし、何が見解規制に該当するのかについては裁判官の間で明確な指針が共有されているわけではない。Rosenberger 判決のようにキリスト教学生団体への助成拒否を見解規制と見る一方で人工中絶を行う医療機関付近での言論規制については、これを内容中立規制と見るものと見解規制と見るものとが対立する。

第二に、内容規制かどうかは「特定の思想や見解に対する政府の不同意」が鍵となり、そのような不同意の存在は規制の目的によって判別されると考えられている。したがって、特定表現内容を参照するような規制であってもその規制目的が当該内容への不同意に基づくものでない場合（付随的規制）は内容中立規制のカテゴリーに分類されることになる。しかし、表現規制の目的が何かについて全裁判官が共通した尺度をもっているわけではない。付随的規制かどうかの認定自身が一つの争点となっている。

第三に、内容を参照する規制であっても表現の場所によっては厳格な審査が免除されるケースも少なくない。政府が情報提供者として行動する場合（「政府の言論」）、学校における生徒の表現が規制される場合（「学校内の表現」）、あるいは Hate speech 規制がその典型的な例である[118]。しかし、これらについても

---

117) John Paul Stevens、The Freedom of Speech, 102 Yale L. J. 1293, at 1309 (1993). Stevens 裁判官もこの両者の区別は vital であると述べている。

118) Randall P. Bezanson, The Government Speech Forum : Forbes and Finley and Government Speech selection Judgements, 83 Iowa Law Rev. 1998 at 976. Bezanson

厳格審査を要求する裁判官がいる。

　第四に、内容中立規制に分類された規制であっても適用される中間段階の審査の水準は一定していない。とりわけ LRA の認定は裁判官の間でも激しい議論がある。つまり、中間段階審査基準の水準にはグラデーションが存在する。

　では、表現内容規制・内容中立規制二分論には存続する余地があるだろうか。以下、このような判例の傾向を踏まえながら、表現内容規制・内容中立規制二分論構の再構成を試みたい。

（2）　カテゴリカルな思考枠組みとしての表現内容規制・内容中立規制二分論

1）　カテゴリー的思考と表現の自由

　先に述べたように、表現内容規制・内容中立規制二分論は 1972 年の Mosley 判決で明確化された思考枠組みであったが、この判決は修正 14 条平等原則違反の形をとって争われたケースであった。また、Mosley 判決を理論的に支えた Karst の論文は「修正 1 条の中心的原理としての平等」というタイトルを掲げていたことからも明らかなように、表現内容規制・内容中立規制二分論は、平等保護分析で用いられてきた「疑わしい分類（suspect classification）」の思考様式に範をとったものである。

　周知のとおり、平等保護分析におけるカテゴリー設定は、問題となっている差別に適用される審査水準を決定する意味をもつ。Mosley 判決までは、表現規制の領域では個別利益考量の考え方が支配的であった。Karst にせよ、Ely にせよ、あるいは Tribe にしても、表現の価値や種類に着目するよりも規制の性格に着目することで、より説得力のある司法審査基準を確立しようとしたのであった。ここには「疑わしい分類」的思考方法とのアナロジーを見ることができる。そこで彼らが注目したのが当時理論的水準としては最も先進的な平等保護分析の手法であった。

　　は、regulator としての政府と speaker としての政府は行動原理を異にしており、後者については有効な資源の配分原理が妥当すると考えている。

それでは、平等保護分析において用いられてきたカテゴリー的思考を表現の自由に適用したことにはどのような意味があったのであろうか[119]。第一に、表現内容規制・内容中立規制二分論は、規制の危険性を分類の基準にするものであるから、何が表現の自由にとって脅威で、何が許容できるのかを示す意味をもっていた。しかも、このカテゴリー設定に際しては表現の自由の価値による正当化（思想の自由市場の保障等）が大きな役割を担っていた。つまり、表現の自由の価値を最も脅かす規制類型を洗い出し、それをカテゴリー化するのが、この類型論の意味であった。

第二に、表現規制の合憲性を審査する場合、裁判所は問題となっている規制がいずれのカテゴリーに入るのかに関心を払わなければならないから（あたかも問題となっている差別が「疑わしい分類」のどれにあてはまるのかを検討するのと同様に）、裁判官に共通の議論の土壌を提供することが可能となった。少なくともこの区分論があることによって思考プロセスの可視化が図られたことは事実である。

第三に、この二つのカテゴリーは審査水準を決定するものであるから、それまでの ad hoc な審査に伴う難点を克服する意味があった。

第四に、この類型論は規制の外形によって審査水準を決定するものであるから、争われている表現の価値を判断するという困難な作業を回避することを可能にした。問題となる表現の価値を計ることから裁判所を解放したのである。

---

[119] Frederich Schauer, Categories and First Amendment, 34 Vand. L. Rev. 265 (1981) は、表現の自由領域でカテゴリーを設定することの意味をこのように述べている。「一連の事実が修正 1 条の領域に入るということが決定され、それら事実が修正 1 条の適切なサブカテゴリーに置かれたなら、そのケースを我々がいかに決定するか、より正確にいうと、裁判官がいかに判断するかという問題が生じる」(at 296)。つまり、Schauer は、カテゴリー設定は、問題となる行為が表現の字湯の保護領域にあてはまるか (act one)、あてはまるとしてそれがどのような表現なのか (act two)、その表現の性質が決定されたなら、その表現への規制をどのようなルールで判断するのか (act three) の三段階で重要な役割を果たすと考えているのである。

2) 表現の自由におけるカテゴリー思考の限界

しかし、この二分論には限界がある。Schauer が指摘するように、表現内容規制・内容中立規制二分論は、表現の性格や内容（政治的表現あるいは営利的表現）を度外視して、表現規制の性格に着目するものであるから、個々の場面における規制の必要性や妥当性に目をつぶることになってしまう[120]。たとえば、ネオナチによるユダヤ人居住地への嫌がらせ的表現活動や KKK による示威行動を規制するとすれば必然的に内容を参照する必要がある。一方で、これらの表現が無制限に許されると考えるのは妥当ではない。政府の言論や学校の言論、営利的言論もまた表現内容の参照を伴うものであるが、合衆国最高裁判所はこれらを内容規制とは呼んでいない。合衆国最高裁判所は、ある意味で「とりわけ修正１条が意味するものは、政府はそのメッセージ、思想、主題およびその内容を理由として表現を規制する権限をもたないということである」という Mosley 判決の包括的な説示に苦しめられてきたのである。

また、合衆国最高裁判所は、表現内容規制カテゴリーの射程を限定するために、見解規制と主題規制を分けることを示唆したこともある。これは、厳格な審査の適用を前者に限るとする結論を導くレトリックであった。しかし、主題規制でも場面や場所次第では見解規制として機能することは Hill 判決 Scalia 裁判官反対意見が指摘するとおりである[121]。あるいは、付随的規制理論を用いて、内容規制の範囲を限定することも行われてきた。だが、今日、ほとんどすべての表現内容規制は付随的規制と見ることもできる点は認識する必要がある[122]。

一方で、法文の表面上は内容中立的に定められた規制が特定の内容のみを狙い撃ちする規制も存在する。医療機関周辺での表現活動規制が実質的に中絶反対派の活動を規制するために用いられている事実にも目をつぶるわけにはいか

---

120) Schauer は、ここで問題となっている二分論を a definitioal-absolutist approach と呼んで、その問題点を指摘している（at 278-9）。

121) 530 US 743.

122) Schauer supra note 119 at 284.「主題規制が見解中立的であったためしはない」。

ないだろう。

以上のように考えたとき、表現内容規制・内容中立規制二分論は形骸化の過程にあるといってよい。では、このような現状を踏まえて、表現規制に対する審査基準はどうあるべきなのであろうか。

3) 学説の対応

いくつかの対応が考えられるだろう。まず、この二分論を維持しつつ、両義的な規制について、それが表現内容規制か内容中立規制かを判別する基準を立て、それを個々の事例に適用することが考えられよう。この視点に立つ論者としてはSusan Williamsをあげることができる。Williamsは、規制の目的とあわせて個々の規制の差別的効果に着目する。

Williamsの思考法はこうである。まず、「表現規制の目的が不当なものであったり疑わしいものである場合には合憲性が否定される。目的が正当である場合、規制の目的が表現伝達的ではない害悪（noncommunicative harm）に向けられ、当該規制が曖昧でも恣意的なものでもないならば、話者の観点から見て規制が表現に及ぼすインパクトを明らかにする必要がある。規制は話者の表現伝達的（communicative）な側面にも物理的側面にも、あるいはその双方に影響を与えることが考えられる。仮に、その規制が表現伝達的側面に影響を与えるなら—すなわち実際にメッセージを伝えている言論の一部に影響を与えるなら—それは話者の見解に由来する内容を狙い撃ちするものであり、かなり高次の審査基準が適用される」[123]。

一方、Wilson R. HuhnはWilliamsとは異なる視点から内容規制に対する厳格審査の適用領域を複合的な視点から確定しようとする。Huhnは二分論的なカテゴリー思考に代えて、憲法的なculculusへと移行すべきであると主張する。その際、彼は、五つのファクターを考慮すべきだとする。すなわち、規制の内容（content）、性格（character）、規制が行われる文脈（context）、規制が及

---

[123] Susan Williams, Content Discrimination and the First Amendment, 139 U. Pa. L. Rev. 615, 705 (1991).

ぶ範囲 (scope)、規制の本質 (nature) を総合的に判断して、厳格審査の適用領域を定めるべきだと考えている[124]。ただし、Huhn も見解規制だけはそれ自体違憲であると考えているようである[125]。つまり、「ある法律が純粋に内容規制か内容中立規制かを深く考える」より、「(上の) 諸要素を検討する方がより効果的であるし、また適切である」[126]。要するに、「我々は利益考量を避けることはできない」[127]というのが Huhn の結論である。

Huhn の考え方に同意するのが、R. George Wright である[128]。Wright は Huhn が提示した五つのファクターを考慮する必要があると考えながら、カテゴリーが審査基準とイコールだとの考え方には与しない[129]。ある表現規制が内容規制か内容中立規制かを判断することと適用されるべき審査基準の決定は異なる次元の問題だというのである。また、内容中立規制の定め方がこの二分論の崩壊を招いたと Wright は主張する[130]。付随的規制論の登場がこの二分論の前提を崩したというのである。そして次のように述べている。「より一般的にいえば、内容規制・内容中立規制の区別は目の前のケースで表現の自由の価値に対するリスクを評価するとき頼りになるガイドラインとなることなく複雑さを増幅させてしまっている」[131]。その意味では、Erwin Chemerinsky が指摘するように、表現の自由における中心的課題は内容中立規制をいかに審査するかにあるというべきである[132]。また、このような問題を避けるため、Martin H.

---

124) Wilson R. Huhn, Assessing the Constitutionality of Laws That Are Both Content-Based and Contet-Neutral : The emerging Constitutional Calculus, 79 Ind. L. J. 801 860 (2004).

125) Id.

126) Id. at 861.

127) Id.

128) R. George Wright, Content-Based and Content-Neutral Regulation of Speech : The Limitaion of a Common Distinction, 60 Miami L. Rev. 333 (2006).

129) Id. at 359.

130) Id. at 350.

131) Id. at 363.

132) Erwin Chemerinsky, Content Nuetral As A Central Probelem of Freedom of

Redish のように表現規制である以上は一律に厳格な審査を課すべきだと早くから指摘した論者がいることも忘れてはなるまい[133]。

　繰り返しになるが、今日の社会ではあからさまな見解規制は存在しにくい。法文上特定の見解だけを差別したり、特定の見解だけに加担するような規制は民主国家においては存立の基盤をもたない。これは、誰もが見解規制の危険性を認識し、それが憲法上許されないことを知っているからである。国家もまたあえて見解規制を制定するようなリスクは冒さない。民主化された国家における表現規制はより洗練され、よりもっともらしい目的と手段を備えたものとなる。見解規制がそれ自体違憲であることについては合衆国最高裁判所でも、また憲法学説においても異論を見ない。したがって、表現内容規制・内容中立規制二分論の主たる論点は、法文上特定の内容を参照している規制を内容中立規制と判断し、厳格審査の適用を排除することの是非、および法文上特定の内容を参照していない規制が特定内容の規制を差別的に規制する場合の審査基準の2点である。上に引いた Erwin Chemerinsky が指摘するように、今日表現の自由の中心的問題は内容中立規制にあると見なければなるまい。

　合衆国最高裁判所におけるこの二分論は溶解の過程にあると考えてよい。判例理論は錯綜している。外形上内容を参照する規制が付随的規制として厳格な審査を免れることもあれば、外形上内容中立的な規制が fatal な厳格審査に付されて無効とされるケースもある。明確に適用されなくなった類型論はもはや類型論としての使命を終えつつある。そのような状況を前にして、合衆国の憲法学説は、この二分論の明確さを取り戻すため、「内容規制と内容中立規制」の区別および「内容規制と見解規制」の区別に bright line を設定しようとするもの[134]、二分論の限界を見極めた上で利益考量の再興を図ろうとするものに分かれている。

　このうち前者によると、「内容規制と内容中立規制」の区別は「政府行為の

　　　Speech : Problems in The Supreme Court's Application, 74 S. Cal. L. Rev. 49 (2000).
133)　Martin H. Redish, Content Distinction, 34 Stan. L. Rev. 113, 150 (1981).
134)　Jacobes supra at 635.

表面上に内容を意識した（content conscious）」ところがあるかどうか、つまり「政府のルールを適用するに際してコミュニケーションの内容を理解しようとしているかどうかでその行為が内容に基づくものであるかどうかが判別でき」、また「内容規制か見解規制」かを判別するにあたっては、規制の実体（substance）と手続（procedure）を参考にしなければならない。つまり、実体としては、他の場面では許されるtopicについてある見解を除外しようとしているかどうか、また、手続としては見解に基づく差別的な適用を排除し、一貫した適用ができるかどうかを問うべきだとするのである[135]。

一方、後者は、本来利益考量的アプローチよりも類型的アプローチの方が表現の自由にとって有利なのかを根源的に問うものである。Vartnicki判決Stevens裁判官法廷意見が提示したconstitutional calculusの考え方にあるように、表現の自由の問題は表現の自由の価値や利益と対立する利益を付き合わせる作業によってしか解決できない問題であることを再認識させる[136]。

もちろん、一言でbalancingといってもその方法は一様ではない。Stevens裁判官がいうconstitutional calclusは真実の情報を伝達する利益と私的会話の保護を衡量するものであったが、なぜ前者が優先すべきなのかが提示されているわけではないのである。また、すでにT. Alexander Aleinikoffの指摘にあるように、balancingは「安易に利益衡量に訴えかけ（憲法原理を軽視することにつながり）、憲法を危機にさらすことにもなりかねない」[137]。この問題を克服するためカテゴリカルなアプローチが考案されてきた歴史も忘れてはならない[138]。それゆえ、妥当な解は、「形式主義の硬直さ」からも「個別主義の不確実さ」からも距離を置く姿勢に求められるであろう[139]。

---

135) Id.
136) Wilson R. Huhn, supra at 854.
137) T. Alexander Aleinikoff, Constitutional Law in the Age of Balancing, 96 Yale L. J. 943, at 1004 (1987).
138) Stone 2009 at 275.
139) Frederick Schauer, Harry Kalven and the Perils of Particularism, 56 U. Chi. L. Rev. 397 412 (1989).

表現内容規制・内容中立規制二分論が直面する問題は、表現内容規制を内容中立規制に変換する「付随的規制論」と内容中立規制が内容差別的な効果をもつ de facto content discrimination の問題に集約されるであろう[140]。

このうち「付随的規制論」については、その適用が無制限に拡大すると表現の自由の保障水準全体を低下させることに留意すべきである。あらゆる内容規制は付随的規制に転換される可能性をもつ。直接的規制か付随的規制かを判別するにあたって規制目的が鍵を握るのであれば、表現の規制を直接的な目的に掲げる法律をあえて制定するようなリスクを立法府は冒さないであろう。たとえ付随的規制の存在が認められるにしても、その適用は low value speech の領域に限られるべきである。さもなくば、付随的規制の名の下に見解規制ですら許されてしまうリスクを冒すことになるからである。手段審査は厳格に実施される必要がある。代替表現手段の存在は理論的にではなく実質的に判断しなければなるまい。表現規制の効果に目をつぶるわけにはいかないからである。

de facto content discrimination についてはより深刻な問題がある。表現内容規制か内容中立規制かを規制目的（意図）によって判別するのであれば、表面上内容中立的で、表向きの規制目的が特定表現内容にかかわらない規制は、いくら差別的効果を伴うものでも内容中立規制に類別される。実際の表現規制の大部分はこのカテゴリーに分類される可能性が強い。その内実として特定表現を狙い撃ちする規制でも時間・場所・方法に関する規制の外形をとれば厳格審査を回避することができる。だが、その結果、「思想の自由市場」に流通する表現の種類は限定され、「政府の中立性」は実質的に損なわれる危険性が生じる。また、法文の規定の上では特定表現内容の抑圧とは関係のない規制であっても、その運用について法執行者の裁量が許されていたり、恣意的な適用を許す規制も存在する。表現規制の文面や規制目的を考えるだけでは内容の差別を避けることはできないのである。

このような点を考慮するとき、適用されるべき審査基準は、法文の定め方、

---

[140] Stone 2008 at 43.

規制目的、文脈（規制の背景）、規制される場面・場所・タイミングおよび規制効果を総合的に考慮して決定する必要がある。その判断プロセスはおおむね次のようになるであろう。

まず、規制の文面上、見解規制であることが明白であれば厳格な審査に付される。これが付随的規制であると主張される場合には、対象となる表現がlow value speechに分類されるかどうかを検討し、low value speechだけに適用される規制であれば、十分な代替表現手段の存在が証明されなければならない。

規制の文面上、一定の主題（subject-matter）に向けられた規制も見解規制と同様に考えるべきであろう。特定の主題を包括的に（見解に対しては平等であるとしても）規制する場合も、全体として自由で開かれた討議を阻害するからである。

文面上、内容中立的であることが明白な規制については、規制が適用される場面・場所・タイミングを検討した上で、特定の表現内容だけを規制する効果をもつものでないか、恣意的な運用や適用を許すものではないかが問われなければならない。したがって、文面上、内容中立的で、その効果としても特定の表現内容だけが標的とならない規制であれば内容中立規制として中間段階審査に服すると考えるべきではなかろうか。

4．おわりに

冒頭に掲げた「立川自衛隊宿舎反戦ビラ事件」は表現の自由の行使といえども他人の権利を侵害するものであってはならず、また、表現そのものの規制と表現手段の規制を分け、後者への規制は合憲であるとの結論をただちに導き出していた。しかし、ある表現手段を違法なものとするかどうかは立法府に委ねられた事項であるから、表現手段の適法性は法律の定め方如何に左右されることになる。選択できる表現手段の適法性を立法府がフリーハンドで決めることができるのなら、表現手段への規制には司法審査が及ばないことになるだろう。そうであるならば、「表現そのものの規制」、「表現手段への規制」二分論

は「表現の自由は、民主主義社会において特に重要な権利として尊重されなければなら」ないとする最高裁の一般的な姿勢と真っ向から衝突する。

　すでに指摘したことではあるが、私は最高裁の姿勢判断枠組みは「表現内容規制・内容中立規制二分論」とは異なる性格をもつものととらえている。むしろ、「表現そのものの規制」とは、猿払事件最高裁判決にいう付随的規制、合衆国最高裁が用いる incidental regulation に近いものと見るべきではないかと考えている。「自衛隊のイラク派兵反対」を内容とするビラを自衛隊宿舎内で配布する行為を処罰するなら、それは見解規制に他ならない。なぜなら、他の広告配布行為に住居侵入罪が適用された形跡が本件にはないからである。そこで、最高裁は、本件が内容規制か内容中立的な表現手段への規制かを区別するのではなく、表現そのものへの規制かどうかを問う枠組みを用いたのではあるまいか。自衛隊宿舎内で自衛隊員およびその家族にとって annoying な表現を規制することは「内容を理由とする表現方法の規制」に他ならない。この判断枠組みは表現内容規制・内容中立規制二分論とは異なる性格をもっている。

　しかし、いずれにせよ、最高裁はカテゴリカルな思考枠組みを用いて表現方法の規制を全面的に追認した。この思考方法は、今後表現の自由にとって脅威となるであろう。一方、下級審判決にはカテゴリー思考の限界を克服するような試みもなされている。「立川反戦ビラ事件」第一審判決[141]や同じくビラ配布を目的とした住居侵入が争点となった「葛飾ビラ配布事件」第一審判決[142]では詳細かつ具体的な利益衡量が行われている。また国家公務員による正当ビラ配布が問題となった事件[143]では、猿払事件最高裁判決の射程を限定するような細かな判断が行われており、十分評価に値するものと思われる。

　カテゴリカルな思考は判断の flame of reference を明らかにする点で意味をもっている。しかし、それはよるべき枠組みを示すことはできても表現規制がなぜ許されるのかを説明することはできない。合衆国最高裁判所における表現

---

141)　東京地判平成 16 年 12 月 16 日　判時 1892 号 150 頁。
142)　東京地判平成 18 年 8 月 28 日　最高裁判所刑事判例集 63 巻 9 号 1846 頁。
143)　東京高判平成 22 年 3 月 29 日。

内容規制・内容中立規制二分論の展開は、事案の個別性に目を向ける必要性を教えているように思えてならないのである。

第IV部

集会規制と司法審査

第7章

公共施設管理権と集会規制

1. 序

　本稿では、公共施設管理権に基づく集会規制について論ずる。とくに、公会堂や市民ホールなど、市民の集会に供することを目的として、地方公共団体が設置した「公の施設」を題材に、これら施設への右管理権行使の実態と紛争の本質を考察し、あわせて、不当な集会規制への救済手段のあり方を論ずることにする。

2. 公共施設管理権の性質と実態

(1) 公共施設管理権の概念と範囲

1) 公共施設の概念

　公共施設とは、国または地方公共団体が住民の福祉の向上を目的として設置する施設を一般的に指す。法令上は、都市計画法4条14項などにその用語を見いだすことができる。公の施設とは、そのような公共施設のうち、地方公共団体が設置する施設をいい、地方自治法244条などに具体的な規定を見ることができる[1]。

　さて、公共施設あるいは公の施設といった概念は、伝統的な行政法学で主張されてきた「公物理論」あるいは「営造物理論」とどのような関係があるので

---

[1] この他にも、社会教育法上に定められている公民館の設置などをあげることができよう。

あろうか。公物とは、「国または地方公共団体その他これに準ずる行政主体によって、直接に公の目的のために共用される個々の有体物」を指し、また、営造物とは、「行政主体により行政の目的に供用される人的物的手段の総合体」を意味するものとされてきた[2]。それゆえ、公共施設を一個の不動産としてとらえたならば、それは公物であり、公共の福祉を増進するという目的から、住民の利用に供するという観点からは、いわゆる「公共用営造物」と位置づけることができよう。しかし、公物や営造物の概念は曖昧、多義的であり、それゆえ、必然的に包括的とならざるを得ないため、実定法上は、右にみた「公の施設」や「公共施設」という用語が用いられる傾向にあるといわれている[3]。もちろん、公物理論や営造物理論は、実定法が未整理な段階で、あるべき法原則を指示し、立法のあり方を指導する役割を果たしたことは事実である。ただ、その用語の曖昧さや多義性が、ある財産や施設に対する管理権をアプリオリに決定し、それらに対する包括的な権限行使を正当化したことも指摘しておかなければならない[4]。それゆえ、本稿では、公物管理権や営造物管理権の用語を避け、公共施設の用語を採用し、そのあり方と問題点について検討を及ぼすことにしたい[5]。なお、本稿では地方公共団体が設置・管理する施設、すなわち「公の施設」を中心に検討を進めるが、ここでの検討内容は、国が設置する施設にも妥当するはずである。そこで、以下、国および地方公共団体が設置する

---

2) 田村悦一「公物法総説」雄川・塩野・園部『現代行政法体系　第九巻』（1984）239頁、284頁参照。
3) 松島諄吉「公物・営造物の概念」行政法の争点［新版］147頁、田村前掲249頁参照。
4) 田村前掲247頁以下参照。なお、公物法の概念とそれをめぐる議論、今日における意義については、塩野宏『行政法Ⅲ［第4版］』（2012）246頁参照。
5) 塩野前掲248頁注1）。なお、本稿は、公物や営造物の観念自体が不要だと主張するものではない。国や地方公共団体が所有・管理する物が民法上の物と同等に扱われなければならない必要性はなく、むしろ、公の目的に供される物の性質や法律的特性を解明する意義は大きいからである。ただ、そのことが、営造物や公物という包括的カテゴリーを設定し、そこから一定の解釈論を導き出す思考方法を正当化するわけではない。参照、広岡隆『新版　行政法総論』（1992）103頁。

施設を「公共施設」として包括し、これら施設への管理権を「公共施設管理権」と呼ぶことにする。

2) 公共施設の範囲

公共施設あるいは公の施設は、多様な施設を包摂する概念である。この中には、学校や病院、公園や公民館、公会堂あるいは老人福祉施設などが含まれている。公有財産の概念とは異なり、行政庁自身が所有権をもっている必要はなく、何らかの権原を有していることで足りる。要は、住民の公共の福祉を増進するという目的から設置され、広く住民の利用に供せられている施設であればよいと解せられている。本稿では、このうち、明確に集会に供せられることを予定して設置された施設に考察を限定するが、多様な施設を包摂する公共施設概念が、施設ごとに異なる問題状況を捨象して構成されざるを得ない現実に鑑みて、ともすれば旧来の公物、営造物理論と同様な機能を果たすおそれがあることをあらかじめ指摘しておきたい[6]。

（2） 公共施設管理権の性質と施設利用権

1) 公共施設管理権の性質

公共施設あるいは公の施設の観念が右のような特質をもつものであるとして、そのような施設に対する管理権は、法律上どのような性格と内容を有するのであろうか。

この点、伝統的な公物管理権に関する学説は、住民の施設利用関係を権利として構成するのではなく、公権力による施設設置に伴って生じる反射的利益に

---

6) もちろん、パブリックフォーラムの観念が示唆するように、憲法上の集会の自由にプライオリティを設定し、集会の自由のもつ意味から、公共施設概念を再構成すべきであるが、その前に、集会規制をめぐる実際の法令や判例の状況を観察しておくことが必要であろう。本稿は、そのような試みの一つである。なお参照、中村睦男「表現の自由とパブリックフォーラム論」佐藤・中村・野中著『ファンダメンタル憲法』（1994）97-8頁。

過ぎないと解釈してきた。この観点からは、住民の施設利用の許否は、行政庁の自由裁量によって決定される[7]。また、管理とは、物の性質を保持し、その機能を維持する行為（保存行為）とその施設を住民に利用させるために必要な一切の行為（供用行為）から構成されるであろう。しかし、伝統的な公物理論では、このような管理は一種のユニラテラルな作用として位置づけられ、反対給付を受ける資格は、権利としては観念されてこなかったのである[8]。また、公物管理権が「公物主体が公物の目的を全うするために有する包括的権能」[9]と理解されていたため、その外縁が必ずしも明確ではなく、公物警察権との境界が曖昧で、両者が容易に融合されるおそれもあったことを指摘しておかなければならない。この不明確さが、公共施設管理条例や具体的裁判例において様々な紛争を生じさせていることについては、次に詳論する。

なお注意すべきは、国が設置し管理する公共施設の中には、具体的な法律の委任なしに、公物管理規則によって、施設の運営が行われているものがある点であろう。その際、規則の正当化に援用されるのが行政庁の包括的な公物管理権である。つまり、この種の施設については、法律の授権なしに使用の許否処分が行われており、法律による行政の原則の観点から、無視できない問題を生じさせている。このことは、公園など、本来公衆の用に供せられることが予定されている施設について、さらに深刻な問題を提起するであろう[10]。実定法の

---

[7] 参照、原田尚彦「公物管理権と司法審査―自然公物の利用権と環境権に関連して―」杉村章三郎教授古希記念『公法学研究下』（1974）552頁。本稿が考察する公共施設に関するものではないが、公物管理権一般に関する理論状況を解明する論考として、土井正典「公物管理と公物利用の諸問題の検討」。

[8] なお、公共施設管理権にいう「管理権」の意味については、これを公権力の行使と解する立場と公権力の行使という色彩を希釈した権能だと解する立場の間で議論が行われている。参照、松島前掲298頁。ただ、それを公権力の行使とは違った要素をもつ「管理」ととらえても、一方で、施設利用者の権利性が否定されるのでは、両者が実際に有するであろう解釈論の効果には差異がないのではなかろうか。

[9] 田中二郎『新版行政法（中巻）［前訂第2版］』（1976）318頁。なお、田中博士は、公物管理権と公物警察権の概念を峻別しつつ、両者が「競合し、時には衝突することもある」と述べる。

根拠なしに、公共施設管理権が法律関係を支配している典型的な例である。

2) 公共施設利用権

さて、憲法学説の中には、公共施設の利用申請に対して、国または地方公共団体は応諾する当然の義務があるものではない、と解釈するものがある[11]。もっとも、この学説も公共施設の使用許可が行政庁の自由裁量事項ではないことを認めているので、公共施設管理権の無原則な行使を認めることにはならない。しかし、公共施設といってもその内容は多様で、施設ごとに問題状況は異なるはずだから、かような一般的言明が包括的な公物管理権を前提とした解釈に近接することは事実である。むしろ、国や地方公共団体は、集会の自由への提供という明白な設置目的を有する施設（公民館、市民ホール）については、特段の事情がない限り、使用を応諾する義務を負うと構成する学説に与すべきものと思われる[12]。その理由は次のとおりである。

公共施設、とりわけ地方自治法が定める公の施設については、同法自身に住民の施設利用を権利として明言した条文はないにせよ、「正当な事由」のない限り、利用を拒んではならないこと（244条2項）、利用者に「不当な差別的取扱」をしてはならないこと（同3項）、そして、行政庁のこのような義務への違背には救済手段が与えられることが明確に規定されている（同244条の4）。また、かつて最高裁判所も「その利用の許否は、その利用が公共福祉財産の、公共の用に供せられる目的に副うものである限り、管理者の単なる自由裁量に属するものではない」と明言している[13]。この最高裁判所の説示によると、公共

---

10) 塩野前掲249-50頁参照。
11) 佐藤幸治『憲法［第3版］』（1997）544頁。佐藤幸治教授は、「一般に、土地・建物の所有権などの権原を有するものは、その場所における集会を容認しなければならない義務はない」と述べる。なお、阪本昌成『憲法理論Ⅲ』（1999）158-9頁は、施設利用権（right to access）と使用に対する平等保障（equal access）が異なる概念であるとして、地方自治法244条は、このうち後者を保障したものに過ぎないと解釈する。
12) 伊藤前掲292頁。

施設の使用許可は、講学上の「承認」もしくは「同意」と同義であると解釈されよう。このことに鑑みて、条例の中には「使用許可」という用語に代えて、「承認」という言葉を採用する例がある[14]。それゆえ、公共施設の管理権は、従来の公物管理権とは区別され、住民の利用権に対応したサービスを提供する権能ととらえ直されなければならない。なお、右に指摘したとおり、国が設置管理する施設については、地方自治法244条のような規定がなく、また具体的な法律上の根拠なしに施設管理権が行使されているものもある。しかし、「公共施設」の概念に鑑みて、これらを別異に扱う必要はない。

さて、そこで、地方公共団体が設置する公共施設に照準を合わせ、その管理権に関する条例規定と管理権行使の実状を検討することにしよう。

(3) 条例における施設管理権の実際

地方自治法は、公の施設の設置、管理に関する事項を条例によって定めることを規定している（244条の2、1項）。それゆえ、公の施設の利用をめぐる法律問題の多くは、条例の規定方法をめぐり提起される[15]。

1) 条例における管理権の実例
① 許 可 権 者

公共施設の利用に対して、許可を与える権限を有するのは、通常当該施設の設置者（県知事、市町村長）であるが（地方自治法149条7号）、地方自治法自身、施設管理を公共的な団体に委任することを認めているから（244条の2、3項）、設置者が使用許可権限を行使するとは限らない。たとえば、長崎市文化ホール

---

13) 皇居外苑使用不許可処分取消訴訟　最大判昭和28年12月23日　判時17号19頁。もちろん、この説示は「念のため」行われた傍論である。
14) 金沢市文化ホール条例（昭和57年3月24日条例第2号）第6条1項「文化ホールを使用しようとする者は、あらかじめ市長の承認を受けなければならない」。同様な規定として、八王子市民会館条例（昭和36年6月25日条例第17号）第3条。
15) なお、資料については、高知市役所庶務課（当時）橋本和明氏の協力を得た。ここに感謝申し上げる。

条例は、施設の利用許可を教育委員会に委ねている[16]。さらに、特別法上に根拠を有する公共施設についても設置者と管理者が異なる場合がある。たとえば、国公立学校においては学校長がもしくは学長が、公民館においては館長[17]に使用許可権限が委ねられる。

② 許可要件の内容

多くの条例が規定する許可要件は、おおむね四つの項目に分けることができる。その1は、公の秩序または善良な風俗を害するおそれがないことである。たとえば、千葉市民会館設置管理条例第5条は、「公の秩序を乱し、善良な風俗を害するおそれがあると認められるとき」には、市長は施設の使用を許可しないと規定する[18]。その2は、建物や設備を損傷するおそれがないことである。たとえば、西宮市民会館条例第3条2号は、「建物または付属設備を破損または滅失するおそれがあるとき」には、市長は使用を許可しないと定めている[19]。その3は、施設の管理上支障がないことである。たとえば、八王子市民会館条例第8条2号は、市長は、「管理上支障があると認めたとき」使用を許可しないと明定している[20]。最後に、その他管理者が使用を不適当と認めたとき、使用を許可しない旨定める条例が多い。高知市立公民館条例は、「その他、使用させることが不適当と認められるとき」には、使用を許可しない旨定め、

---

[16] 長崎市文化ホール条例（昭和48年12月22日条例第62号）第4条。
[17] 社会教育法24条および27条1項参照。
[18] 千葉市民会館設置管理条例（昭和48年3月3日条例第7号）。その他、同様な規定として、たとえば、千葉市民ホール設置管理条例（平成3年3月14日条例第5号）第3条1号、岡山市立市民文化ホール条例（昭和51年5月24日市条例第43号）4条1号などがあげられる。
[19] 西宮市民会館条例（昭和41年12月24日西宮市条例第40号）。その他類似の規定として、高知市立公民館条例（昭和43年8月1日条例第37号）第7条3号、前掲金沢市文化ホール条例第7条1号、前掲千葉市民文化ホール条例第3条2号、大津市民会館条例（昭和49年9月28日条例第43号）第4条2号などがあげられる。
[20] 前掲八王子市民会館条例、その他の例として、前掲西宮市民会館条例第3条4号、前掲千葉市民会館設置管理条例3号などを参照。

岡山市立文化ホール条例は、「その他市長が不適当と認めるとき」の不許可処分を容認している[21]。また、徳島市文化センター条例のように、「その他公益上又は管理上適当でないと認められる場合」の使用不許可を認める例もある[22]。

なお、特殊な規定例として、金沢市文化ホール条例第7条3号「集団的に、または常習的に暴力的不法行為を行うおそれがある組織の利益になると認められるとき」をあげることができる。同市は、右規定を受けて、金沢市文化ホール条例施行規則第3条2項で、当該規定にいう組織が暴力団を指すこと、興業のためにホールの利用を申請する者は、暴力団とは関係がない旨を記載した誓約書の提出を義務づけている[23]。

③　許可の取消

これらは、使用申請に対する許可処分の要件であるが、多くの条例は、右許可要件が後に欠けた場合、あるいは不許可要件が後に充足されるに至った場合には、すでに行われた許可処分を取り消す権限を各管理者に与えている[24]。

たとえば、徳島市立文化センター条例第13条は、「利用者がこの条例又はこの条例に基づく規則若しくは支持に従わないとき又は第2条ただし書（使用不許可処分の要件—筆者注）の規定に該当する事由が発生したときは、市長は、利用の承諾を取り消し、又は利用を制限し、若しくは停止し、又は退場を命ずることができる」という包括的権限を管理者に与えている。さらに包括的な例としては、西宮市民会館条例第8条4号「市長において特に必要があると認めるとき」には、使用の許可を取り消すことができる旨の規定をあげることができよう。また、長崎市のように、概括的な設置管理条例を制定し、具体的な許

---

21)　前掲高知市立公民館第7条4号、前掲岡山市立文化ホール条例第4条3号。
22)　前掲徳島市立文化センター条例第2条3項、「公益」という用語を用いた例として八王子市民会館条例第8条1号。
23)　金沢市文化ホール条例施行規則（昭和57年9月21日規則第50号）。
24)　たとえば、前掲八王子市民会館条例第11条1項など参照。

可要件を規則に委ねている例もある。

2) 条例における施設管理権の特徴

上の例から明らかなように、公共施設の管理条例は、きわめて概括的な規定によって、広汎な裁量を管理者に与えている。もちろん、施設管理権の当然の帰結として、建物や設備の毀損を禁止し、施設の通常の用法に従うべきことを義務づける権限は否定されまい。また、本来の目的以外の活動に提供される場合の施設管理者の裁量も通常の使用に供される場合とは違ってこよう[25]。問題は、そのような管理権を越えて、集会内容やそれを主催する団体の属性に着目した許否権限の行使が許されるかにある。とりわけ、いったん行われた使用許可処分を取り消し、または撤回する概括的権限が管理者に与えられていることをいかに正当化するのかが問題となってこよう。

また、公共施設の設置を要請する地方自治法の趣旨を越え、あるいは、同法が各自治体に委ねた施設管理権の範囲を越え、より包括的な権限行使を認める傾向が看取できよう。ここには、伝統的な公物管理権の残滓をみることができるのである。さて、このような包括的な管理権限は、実際の裁判例でどのように争われ、いかなる判断が下されているのであろうか。次に、公共施設管理権に関する紛争を類型的に考察し、裁判所における公共施設管理権解釈の到達点を明らかにしておきたい。

3．公共施設管理権と集会の自由に関する判例理論

（1） 公共施設管理権に関する判例理論

最高裁判所は、すでにみた昭和28年判決において、皇居外苑の使用許可が、行政庁の単なる自由裁量ではないことを明言している[26]。しかし、かかる判断

---

[25] 公共施設の目的外使用における設置管理者の裁量については、田中二郎『新版行政法（中巻）』322頁等参照。なお、参照、後掲広島地裁昭和50年11月25日判決および大阪高裁平成2年2月26日決定　判例地方自治75号42頁。

が「念のため」の傍論という形式で行われたことが象徴するように、公共施設利用をめぐる裁判には、時間の経過によって訴えの利益が失われるというタイミングの障害が課せられている。それゆえ、施設利用の拒否処分あるいは利用許可の取消処分の効力そのものを争うケースはきわめて少ない。公共施設の利用拒否に関する裁判例のほとんどは、行政事件訴訟法25条2項所定の許可取消処分や不許可処分の効力停止に関する訴えによるか、もしくは、処分の違法性に関する事後的な訴えである国家賠償法に基づく訴えのいずれかである。ここでは、このような特徴を考慮しながら、最近の裁判例を中心にして、公共施設管理権に関する判例理論の現況をスケッチしておこう。

1) 施設利用不許可処分の取消訴訟

この点に関する数少ない裁判例の一つとして、熊本地裁平成3年4月8日判決があげられる[27]。事案は、シンポジウム開催のため、熊本県立劇場の使用申請を行ったところ、右開催者に反対する団体等による反対行動が予想され、館内の平穏が害される具体的な危険性があるということを理由に、使用不許可処分がなされたというものであった。熊本地裁は、「県立劇場のような公共施設の利用については、その管理目的からくる規制は認められるものの、その規制は、集会の自由を不当に侵害しないようになされなければならない」と説示し、管理者熊本県知事の処分は、右劇場使用規則4条3項に規定される「その他使用させることが県立劇場の管理上支障があるとき」には該当しない、という判断を示した。なお、本判決は、条例および規則に規定される不許可事由もしくは許可の取消事由にかかわる事実の存否は、処分行政庁が負う旨明らかにしている。

---

26) 本判決をもって、最高裁が公共施設の使用許可が法規裁量に属するものと判断したと解釈する学説がある。松島諄吉「公物管理権」雄川・塩野・園部『現代行政法体系 第九巻』(1984) 311頁。なお、本判決に関する解説として、原田尚彦「集会の自由と公園の使用不許可」憲法判例百選[第3版] 160頁参照。

27) 熊本地裁平成3年4月8日判決 判例タイムズ765号191頁。

2) 施設利用不許可処分・許可取消処分の効力停止の申立

　標記申立に関する裁判例は少なくない。この領域では、裁判所は、集会の自由の重要性に鑑みて、処分の効力停止を認める傾向がある。たとえば、大阪高裁昭和63年9月16日決定[28]は、集会を主催する団体の性格から、反対団体等の妨害行動が予想され、会場周辺（大阪市立港区民センター）に重大な事態が惹起されるとした大阪市長の主張を退け、「憲法上保障された集会、言論、表現の自由を実力によって妨害、阻止しようとする一部団体等の違法な妨害行為に対しては警察当局において適切な警備が当然なされるべき」だとして、効力の停止を容認した原審大阪地裁の判断を維持している。また、岡山地裁平成2年2月19日決定も、集会主催団体の性格から、施設（岡山武道館）の利用を認めた場合には、反対行動等によって、周辺地域に重大な影響が生じるとした管理者（岡山県教育委員会）の判断に対して、「被申立人（同教育委員会）が主張する混乱や影響は、申立人自身が発生させるものではなく、これを妨害しようとする第三者の主として違法な行為によるものである」と述べながら、集会の時期が切迫していること等を強調して、使用許可の取消処分の効力停止を容認した。なお、本判決は、許可処分の取消は、施設管理権から当然に派生するものではなく、実定法の根拠（本件では条例）を待って初めて発生すること、さらに、不許可処分に比較して、いったん行われた許可の取消処分は、より厳格にその適法性が審査されなければならないことを明らかにしている点で、きわめて示唆に富む。

　さらに、京都地裁平成2年2月20日決定[29]は、公会堂をいわゆるセミ・パブリックフォーラムとみなし、集会主催者に反対の意見をもつ団体等の妨害行動とそれに伴って生じる周辺地域への混乱は、地方自治法244条2項所定の「正当な理由」に該当しないことを明らかにしつつ、「集会の自由は、日本国憲法のとる民主主義の根幹をなし、民主主義社会を支える基礎をなすのであって、公権力はもとより、他の個々人又はその集団から憎まれ、排撃される言論

28）　大阪高裁昭和63年9月16日決定　判例時報1305号70頁。
29）　京都地裁平成2年2月20日決定　判例時報1369号94頁。

ないし集会の自由を保障することにこそ表現の自由を保障する意義がある」と説示している。なお、この系譜に属するケースとして、大阪地裁平成2年7月7日決定[30]、東京地裁平成3年7月15日決定[31]および、同決定への抗告事件である東京高裁平成3年7月20日決定[32]がある。

もっとも、東京高裁昭和63年10月22日[33]は、施設利用許可の取消に伴って提起された処分の効力停止を却下した原審東京地裁の決定を維持しているが、施設利用申請への不許可処分もしくは許可の取消処分に対する効力停止の申立は、大筋では容認される傾向があることが理解できよう。換言すると、このようなケースでは、裁判所は、処分の適法性に対して厳格な審査を施す傾向が看取されるであろう。

3) 国家賠償請求訴訟

国家賠償訴訟においても事情は変わらない。多くの裁判例は、施設管理者による使用不許可処分や許可取消処分の適法性を厳格に審査しているのである。

たとえば、大阪地裁昭和50年5月28日判決[34]は、「集会の自由は公会堂管理権の運用上最大限に尊重されるべきであり、軽々に集会内容の当不当を論じて許否を左右することがあってはならない」として、施設管理権が内容審査に結びつくことを強く戒めている。また、広島地裁昭和50年11月25日判決は[35]、事前の集会規制が「集会が行われることにより明らかに公共の安寧秩序

---

30) 大阪地裁平成2年7月17日決定　判例タイムズ755号143頁。
31) 東京地裁平成3年7月17日決定　判例時報1403号23頁。
32) 東京高裁平成3年7月20日決定　判例タイムズ770号165頁。
33) 東京高裁昭和63年10月22日決定　判例タイムズ693号95頁。
34) 大阪地裁昭和50年5月28日判決　判例タイムズ329号223頁。なお、本判決の上告審判決である最高裁昭和54年7月5日第一小法廷判決　判例時報945号45頁もこの結論を支持している。
35) 広島地裁昭和50年11月25日判決　判例時報817号60頁。なお、本判決では、公民館と小学校の使用申請の拒絶が争われているが、小学校については、目的外使用の申請にあたり、学校長の裁量が広く認められることをあわせて判示している。

を不当に侵害するさし迫った危険、すなわち公共の安全に対する明白かつ現在の危険が存する場合」に限り許されると説示し、公民館使用不許可処分の違法性を指摘する。明白かつ現在の危険テストを採用し、施設使用不許可処分の違法性を認めた例としては、他に福岡地裁小倉支部昭和56年3月26日判決[36]がある。

　また、同じく福岡地裁小倉支部昭和55年2月4日判決は、北九州市教育施設の設置及び管理に関する条例6条3号所定の「その他施設の管理に支障を及ぼすおそれのあるとき」にいう「管理」を「通常は限定的に当該施設の構造等物的設備としての施設の管理を指すと解すべき」であるとして、それが「演説会の内容自体に立ち入って管理に支障を及ぼすか否かを判断することは特段の事情のない限り許されない」と明言する。同様な立場を表明したものとして、東京高裁平成4年12月2日判決[37]をあげることができよう。さらに、神戸地裁昭和55年4月25日判決[38]は、集会内容に基づく使用拒絶は、「一見して公序良俗に反するとか、公益を害することが明らかであるなどの特段の事情の存する」場合に、きわめて例外的に許されるに過ぎないことを力説する。ここでも、集会規制に対して、裁判所の厳格な審査が維持されていることを窺い知ることができる。

　公用施設管理権をめぐる右のような裁判所の姿勢は、水戸地裁平成2年6月29日判決[39]では、代替集会施設の利用可能性を現実的に審査するという形であらわれ、集会のために施設の利用を認めておきながら、集会期日が目前に迫った時点で、右許可を取り消した勝田市長の処分の違法性が認められている。

　また、浦和地裁平成3年10月11日判決[40]は、殺害された労働組合総務部長の合同葬儀と当該事件に対して警察が内ゲバ事件として捜査を開始していた

---

36) 福岡地裁小倉支部昭和56年3月26日判決　判例タイムズ449号237頁。
37) 東京高裁平成4年12月2日判決　判例時報1449号95頁。
38) 神戸地裁昭和55年4月25日判決　判例時報979号107頁。
39) 水戸地裁平成2年6月29日判決　判例時報1364号80頁。
40) 浦和地裁平成3年10月11日判決　判例時報1426号119頁。

旨報じられていたという特殊なケースであったが、同裁判所は、地方自治法244条2項を「憲法21条が保障する集会の自由が、民主主義社会を支える根幹となる表現の自由の一つであるという重要性を考慮して設けられたものであると解される」ことを力説する。そして、施設管理者は、憲法21条や地方自治法244条2項により「限定された範囲内で裁量権を有するにすぎない」と明言しつつ、施設設置管理条例所定の不許可事由は、「客観的かつ合理的になされなければならない」として、施設の利用を拒んだ上尾市長に違法性を認めている。また、大阪地裁平成4年9月16日判決[41]は、大喪の礼当日に、天皇制を考える集会の開催のため施設（大阪市立大阪城音楽堂）の利用申請をしたところ、臨時休館に伴って、申請書が受理されなかった点が争われたケースであったが、裁判所は、施設利用申請に対する使用許可は、「基本的には裁量の余地のない確認的行為の性質を有し、実質的には何ら届出制と異なら」ず、「したがって、許可権者としては、申請が所定の記載要件を具備している限りはこれを許可しなければならない」と述べて、右不受理の違法性を認めている。

　さて、以上のように、裁判所は公共施設管理権の行使を厳格に審査し、集会内容による不許可処分を批判していることが理解できよう。裁判所は、条例規定の不許可要件（許可取消要件）該当性判断に際する施設管理者の自由裁量を認めていない。ただし、右浦和地裁判決の控訴審判決である東京高裁平成5年3月30日判決[42]は、事案の特殊性に鑑みてか、施設管理者の判断に「相当の理由」があるとして、原審の判断を退けている。また、オウム真理教による熊本県立劇場の利用申請を右翼による妨害の蓋然性を理由に拒絶した熊本県知事の処分の違法性が争点となった熊本地裁平成5年4月23日判決[43]においては、施設の管理運営上支障が生じる客観的な事情があったとして、併合審理された事件のうち1件について、処分の違法性が否定されている。

---

41)　大阪地裁平成4年9月16日判決　判例時報1467号86頁。
42)　東京高裁平成5年3月30日判決　判例時報1455号97頁。
43)　熊本地裁平成5年4月23日判決　判例時報1477号112頁。

（2） 最高裁平成 7 年 3 月 7 日第三小法廷判決

1） 法廷意見の概要

最高裁平成 7 年 3 月 7 日判決は、このような判例の蓄積を踏まえ、公共施設管理権と施設利用権の関係について、最高裁としての判断を示した注目すべき判決であった[44]。

事件は、関西国際空港開設反対運動にかかわる団体（その実態は中核派であると認定されている）とかかる団体に施設の利用を拒んだ大阪府泉佐野市の間で争われたものであった。その際、施設管理者たる大阪府泉佐野市長が使用不許可とした根拠は、「公の秩序をみだすおそれがある場合」（泉佐野市民会館条例 7 条 1 号）および「その他会館の管理上支障があると認められる場合」（同条 3 号）であった。

法廷意見は、集会の自由がもつ憲法上の重要性を強調し、かかる自由に対する制約は、利用者が競合する場合の調整以外では、「他の基本的人権が侵害され、公共の福祉が損なわれる危険性がある場合に限られる」と説示する。そして、「このような制約が必要かつ合理的なものとして肯認されるかどうか」は、基本的に利益衡量によって判断される旨述べる。ただ、法廷意見は、かかる利益衡量が、「精神的自由権を制約するものであるから、経済的自由の制約以上に厳格な基準の下にされなければならない」ことにも注意を喚起している。本件の場合、「単に危険な事態を生ずる蓋然性があるというだけでは足りず、明らかな差し迫った危険の発生が具体的に予見されることが必要であると解するのが相当である」、つまり、集会規制の適法性は、明白かつ現在の危険テストで処理されるべきことが確認されているのである。

---

44) 最高裁第三小法廷平成 7 年 3 月 7 日判決　判例時報 1525 号 34 頁。なお、本判決に対する批評として、小高剛「法学教室」180 号 102 頁、浅利祐一「法学セミナー」488 号 75 頁参照。なお、小高教授は、本件条例が施設の内部関係というよりも、周辺の事情を考慮していることを指摘し、施設管理権がそこまで及ぶのかという点から疑問を提示している。

また、法廷意見は、「普通地方公共団体が公の施設の許否を決するに当たり、集会の目的や集会を主催する団体の性格そのものを理由として、使用を許可せず、あるいは不当に差別的に取り扱うことは許されない」として、内容規制の禁止を明言する。もっとも、本件の場合、利用申請団体の性格を理由とした使用拒否処分ではなかったかという点が危惧されよう。しかし、法廷意見は、それが「団体の性格そのものを理由とするものではなく」、右処分の行われた当時の状況、すなわち右団体とそれに反対する団体との間での対立抗争が続けられており、施設の利用を許可した場合には、施設の職員、通行人、付近住民に危害が及ぶことが「具体的に予見される」ことを理由としてなされたものであることを強調する。

2) 園部裁判官補足意見

これに対して、園部裁判官は、主として施設管理権の意義と限界という観点から補足意見を展開している。まず、同裁判官は、本件条例を始め、多くの施設管理条例が規定する「公の秩序をみだすおそれがある場合」という不確定概念が、施設管理者に「かなり広範な行政裁量を認めるものといわなければなら」ず、表現の自由保障に対して「公権力による恣意的な規制」を許すおそれがあることを指摘する。そして、施設管理条例といった「公物管理条例」は、当該施設に関する「公物管理権」について定めるのを本来の目的とすべきであって、「地方公共の秩序維持及び住民・滞在者の安全の保持のための規制」は、公物警察権行使にかかわる規制に委ねるべきであり、本件条例所定の右条項は、「正当な事由」による「公の施設利用拒否を規定する地方自治法244条2項の委任の範囲を越える疑いがないとはいえない」という判断が示されるのである。

3) 若干のコメント

右最高裁判決の法廷意見の特徴は、表現の自由規制に対する厳格な司法審査の適用を前提に、「明白かつ現在に危険テスト」を援用して、利益衡量により

施設管理権行使の適法性が審査されると判示したことであろう。換言すれば、「明白かつ現在の危険」テストによって、「公の秩序をみだすおそれがある場合」という包括概念に合憲限定解釈を施したところに、本判決の特質を見いだすことができよう。もちろん、施設管理権行使に対して、明白かつ現在の危険テストを適用した例は、下級審判決ではめずらしくない。本判決は、このことを最高裁レベルで初めて認めたところに意義を有するのである。また、法廷意見は、施設管理権による集会内容の規制を排撃しながら、集会それ自体ではなく、集会が行われることによって生じる周辺への危害を禁止するための規制を容認する。これは、表現に対する間接規制（付随的規制）という思考方法を採用したものである。この点、右にみた下級審判決の多くが、付随的規制論への安易な逃避を戒めていることと対照的である。

これに対して、園部裁判官補足意見は、公物管理権（公共施設管理権）に公物警察規制を含ませることへの警戒を示している。このようなスタンスは、法廷意見以上に、施設管理権行使に伴う広汎な行政裁量に危惧を表明し、不確定概念による不用意な集会規制を封じるものだといってよい[45]。もっとも、そのような判断を示すのであれば、より端的に、施設管理権には、当該施設の機能や構造を維持する権能のみが含まれるとした方が明快ではなかろうか。この観点からは、施設に危害を生じる強度の蓋然性を理由とする使用不許可のみが認められよう。

ともあれ、本判決は、集会規制が「明白かつ現在の危険」という観点から容認されることを明らかにした。しかし、当該テストの立証責任、具体的には「明白かつ現在の危険」の存在証明の程度については、いまだ不明確なまま、問題を将来に残している。

---

45) 塩野宏教授は、園部裁判官補足意見が、「当該条例が公物管理条例であることから、公物警察権の行使の根拠たることを得ないことを指摘している」として、「正当な意見で、これが法廷意見とならなかったのは残念である」と述べている。塩野前掲『行政法Ⅲ』276頁注1)。

4．公共施設管理権と手続的保障

（1） 公共施設の利用をめぐる紛争の本質

　以上のように、公共施設管理権をめぐる判例の立場には、施設管理者による許否処分の自由裁量を否定し、集会主催団体や集会内容を理由とした施設利用許否を退ける確立した傾向を看取できる。しかし、右のような判例理論にもかかわらず、公共施設の利用関係をめぐる紛争は後を絶たない。それは、なぜであろうか。

　まず、裁判所の判断にもかかわらず、施設管理条例に規定される不確定概念は除去されないまま存続していることがあげられよう。従来、施設管理条例所定の概括条項に対して文面審査を施した例はない。紛争の性質上、裁判は、概括条項に規定される包括概念への事実の適合性という争点に局限されざるを得ない。処分の適法性は、アド・ホックに検討されるしかなく、明確に管理条例そのものの合憲性が争われる機会はなかったのである。それゆえ、数多くの下級審判決の積み重ねにもかかわらず、施設管理権の意義や範囲そのものが争われる機会は少なかったのである。その意味で、右最高裁判決における合憲限定解釈は、きわめて重要な意義をもつといえよう。むろん、表現規制における合憲限定解釈の有効性自体には、いささかの疑問が提示されよう。

　次に、施設管理者の側における特殊なバランス感覚あるいは損益計算をあげることができる。公共施設の利用関係をめぐる紛争の多くは、マジョリティとはいえず、むしろ異端視されてきた集団にかかわるものである。それゆえ、施設管理者においては、当該集団に施設利用を許し、住民の批判を受けるよりも、たとえ裁判にもち込まれても、施設の使用を拒否する方を選択するというインセンティブが機能しやすい。これは、裁判に費やされるコストよりも、施設利用を許可することに伴って生じる住民感情への影響を選好するということを意味している。ある団体への施設利用許可が生じさせるであろう様々な軋轢を回避するために、不許可処分（許可取消処分）と裁判を選ぶという選択がな

されているのである。公共施設管理権をめぐる紛争の多くが第一審判決で終結していることも、このことを裏書きするであろう。つまり、公共施設の利用拒否をめぐる紛争の背景には、施設をめぐる住民の意識や感情といった複雑な問題が控えているのである。

（２） 施設管理権行使と手続的保障

　右最高裁判決において、園部裁判官補足意見が指摘するように、公共施設管理権（公物管理権）と公物警察権は異なる概念であるから、施設管理条例に公の秩序維持や周辺住民の安全、あるいは公序良俗違反の禁止を定めることは、当該管理権の根拠たる地方自治法244条の趣旨を越えている。これは、本来公共施設管理権（公物管理権）が所与の概念として機能し、その具体的な範囲や意義についての洗い直しが十分行われてこなかったことにも原因がある。もっとも、具体的な実定法の根拠なしに公物管理権が観念され、機能している事例があることに思いいたせば、そのような混乱が生じるのも当然ではあろう[46]。

　すでに検討したように、施設管理権をめぐる紛争には、利用予定日の渡過に伴う訴えの利益の喪失というハードルが課せられている。このハードルは、施設管理条例が、いったん行われた使用許可の取消をかなり広汎に認めていることと相俟って、施設利用申請者の地位をより不確定なものとしている。ところで、地方自治法は、公の施設の利用に際する不利益処分に対して、審査請求あるいは異議申立の権利を保障している[47]。しかし、切迫した状況においては、このような権利に実効性を期待することはできない（なお、集会開催予定日が迫っている状況でなされた使用許可の取消処分については、右不服審査を経由しないでも、訴えが違法となるわけではない）[48]。また、利用申請者においても、このような審査請求に期待するより、代替開催方法を探求する方が現実的であろう。

---

46) 塩野前掲書266-7頁参照。
47) なお、審査請求、異議申立の権利に関して、これらを具体化する条項を置く条例は少ない。また、かかる権利に関する教示を行う例もない。
48) 前掲熊本地裁平成3年4月8日判決等参照。

さて、施設管理権行使に伴う以上のような問題点を打開するためには、最高裁平成7年判決に沿って、不確定概念を限定解釈することと同時に、施設管理者の判断を手続的に統制することが必要であると思われる。別言すれば、行政手続法の趣旨を、施設管理権の局面でも実現しなければならないのである。

まず、施設利用不許可処分、もしくは許可取消処分の理由開示が要求されよう。もちろん、ここで要求される理由とは、単なる根拠条文の提示にとどまらず、より具体的な要件該当事実の提示が要求される。それにより、不利益処分を受けた申請者、あるいは利益処分の不利益的変更を受けた者に将来の訴えの便宜を提供するのみならず、管理者においても、より慎重な考慮を促すことになろう。

次に、とりわけ、いったん行われた使用許可処分を取り消す場合には、聴聞の機会が付与されるべきであろう。もちろん、不服審査請求と同様に、集会開催期日が切迫した状況下での聴聞は困難である。だが、そのことは、許可の取消における聴聞の必要性を一般的に否定する根拠とはなり得ない[49]。

なお、このような手続的保障によっても、施設管理者の広汎な裁量権が完全に縮減されるわけではない。施設管理者は、臨時休館措置という事実行為によって、「望ましからぬ」集会を閉め出すことが可能だからである。この点、前掲大阪地裁平成4年9月16日判決は、不受理を事実上の拒否処分と同視していることが注目される。

5. 結 び

本稿では、集会の自由を中心にして、公共施設管理権の意義と限界を考察してきた。公共施設管理権が適正に行使されるためには、なにより、管理権者の

---

49) 宇賀克也『行政手続法の理論』(1995) 80-1頁参照。なお、地方公共団体における施設管理権への手続統制は、一般的な行政手続条例を適用するという方法と、施設管理条例に手続保障条項を規定するという方法が考えられるが、施設利用に伴う権利・義務を明確にするという観点からは、後者によるべきものと思われる。

判断が"accountable"であることが必要であろう。最高裁第三小法廷平成7年判決の意義は、いまだ明確とはいえないが、同判決が指し示した「明白かつ現在の危険」テストによる合憲限定解釈と施設管理権に対する迅速な手続的統制の活用は、施設利用許可よりも裁判を選ぶという管理者のインセンティブを縮減する効果をもつのではなかろうか。

6．補遺——上尾市福祉会館最高裁判決の意義

　泉佐野市民会館事件最高裁判決は、多くの公共施設設置・管理条例が定める、「公の秩序をみだすおそれがある場合」の条項を限定解釈し、その適用に歯止めをかけた。その意味で画期的な判決であったといえよう。最高裁は、本判決の翌年、上尾市福祉会館使用不許可処分事件において、この姿勢を踏襲する判断を示している。

　事例は、何者かによって殺害されたJR関係労組幹部の合同葬のため、上尾市福祉会館の使用を申請したところ、同市は、この使用が「会館の管理上支障があると認められるとき」に該当するとして、不許可処分にしたものである。

　最高裁は、次のように述べて、この処分が違法であると判断した。

　　「同法244条に定める普通地方公共団体の公の施設として、本件会館のような集会の用に供される公の施設が設けられている場合、住民等は、その施設の設置目的に反しない限りその利用を原則的に認められることになるので、管理者が正当な理由もないのにその利用を拒否するときは、憲法の保障する集会の自由の不当な制限につながるおそれがある。」

　　「本条例6条1項1号は『会館の管理上支障があると認められるとき』を本件会館の使用を許可しない事由として規定しているが、右規定は、会館の管理上支障が生ずるとの事態が、許可権者の主観により予測されるだけでなく、客観的な事実に照らして具体的に予測される場合に初めて、本件会館の利用を許可しないことができることを定めたものと解すべきである。」

「本件不許可処分は、本件会館を本件合同葬のために利用させた場合には、上告人に反対する者らがこれを妨害するなどとして混乱が生ずると懸念されることを一つの理由としてされたものであるというのである。しかしながら、前記の事実関係によれば、館長が前記の新聞報道により幹部の殺害事件がいわゆる内ゲバにより引き起こされた可能性が高いと考えることにはやむを得ない面があったとしても、そのこと以上に本件合同葬の際にまで上告人に反対する者らがこれを妨害するなどとして混乱が生ずるおそれがあるとはとうてい考え難い状況にあったものといわざるを得ない。また、主催者が集会を平穏に行おうとしているのに、その集会の目的や主催者の思想、信条等に反対する者らが、これを実力で阻止し、妨害しようとして紛争をおこすおそれがあることを理由に公の施設の利用を拒むことができるのは、前示のような公の施設の利用関係の性質に照らせば、掲載の警備等によってもなお混乱を防止することができないなど特別な事情がある場合に限られるものというべきである。ところが、前記の事実関係によっては、右のような特別な事情があるということはできない。なお、警察の警備等によりその他の施設の利用客に多少の不安が生じることが会館の管理上支障が生ずるとの事態にあたるものでないことはいうまでもない。」

公の施設の利用を拒むには、考えられる支障が抽象的であってはならない。同時に、集会の内容が敵対関係にある者の反対行動を惹起し、混乱が生じるとの予測だけでは、条例が定める不許可事由には該当しないとの判断を確認している。この説示は泉佐野市民会館事件の考え方と基本的には同じものと読むことができる。しかし、両判決のアプローチは、子細に見ればやや性格を異にしている。

泉佐野市民会館事件の場合、最高裁は、利益衡量の枠組みにより判断することを前提にして、具体的な衡量に際しては「明らかな差し迫った危険の発生が具体的に予見されることが必要」との視点を設定した。いわば、表現の自由と対立する利益の重さを蓋然性の程度で判断するとの姿勢を明らかにしたともい

えよう。これに対して、上尾市福祉会館事件では、集会の自由と自治法244条を結びつけることによって、公の施設管理権に対して、直接の制約を課したとも読むことができる。

両判決を比較し、泉佐野市民会館事件における二段階審査（利益衡量と明白かつ現在の危険類似の判断）のもつ曖昧さを指摘する[50]と同時に、上尾市福祉会館の説示を評価する試みも見られるところではある[51]。たしかに、集会の自由のもつ重要性を前提としたとき、利益衡量をベースにして、不許可処分の適法性が争われるとすれば、結論は目に見えている。それは、危険惹起の蓋然性判断が、基本的には管理者の第一次的判断権に委ねられる傾向があるからである。実際、泉佐野市民会館事件判決背景には、判断権の所在という問題があったのではあるまいか。

これに対して、上尾市福祉会館事件は、地方自治法244条が集会の自由を具体化しているとの前提に立ち、条例および条例の運用に枠をはめたようにも読める。その意味で、上尾市福祉会館事件最高裁判決の方が泉佐野市民会館事件判決より、集会の自由を厚く保護したと考えることも、あながち不可能ではない。

では、公の施設をめぐる紛争が再度最高裁で争われるとするならば、いかなる判断枠組みが用いられるであろうか。人権規制の合憲性を利益衡量により判断する傾向が強まっているならば、泉佐野市民会館事件のフレームを基礎にした判断が行われるのではなかろうか。それは、集会の自由にとって不利な判断を生む可能性を意味している。

地方自治法244条をめぐる紛争を子細に検討すると、権利保障における実定規定の重要性が明らかとなる。公の施設の利用申請に対する司法判断が円滑に行われてきた背景には、自治法が明確な条文を定めていた事実が大きな役割を

---

50) 川岸令和「集会の自由と市民会館の使用不許可」憲法判例百選Ⅰ［第6版］182頁。

51) 佐々木弘道「公の集会施設における『集会の自由』保障・考」『現代立憲主義の諸相下』（2013）365頁。

演じていた。そして、地方自治法の精神を生かすのであれば、利益衡量という一般的なレトリックを廃して、実定規定の解釈に徹する姿勢が求められている。

第8章

広島市暴走族追放条例事件

1. 序　　論

（1）暴走族対策と自治体

　暴走族が社会問題化して相当な時間が経過している。その間、道路交通法の改正や地域ぐるみでの取り組み、教育過程をとおした対応など、様々な努力が払われてきたが、いまだ抜本的な問題解決には時間を要するであろう。

　暴走族は、集団的に暴走行為を行うことにより、交通秩序や居住環境に悪影響を及ぼすだけでなく、地域の文化環境にも様々な影響を与える。本稿で検討する広島市暴走族追放条例（以下「広島市条例」もしくは「本条例」とする）は、暴走族という問題を包括的にとらえて対応を試みる点に特徴がある。暴走族を地域全体の問題として、住民一人ひとりが関心をもち、対応を迫られた課題としてとらえている点は、従来の暴走族対策には見られない特質であるといえる。

　このような自治体の努力は、正当に評価されなければならない。道交法や既存の法令では対処しきれない問題に対して、独自条例を制定することもまた、地方分権の時代においては、十分に評価すべきである。

　ただし、そのような真摯な取り組みもまた、憲法や既存の法秩序と十分整合的に行われなければならない。とりわけ、独自条例を制定し、刑罰権を背景にして、住民の権利を制限する場合には、憲法が保障する基本的人権や法が自治体に与えた権限を冷静に見極める必要がある。

（2） 問題の所在

本稿で検討対象とする広島市暴走族追放条例は、次のような規定を置いている。

第1条　この条例は、暴走族による暴走行為、い集、集会及び祭礼等における示威行為が、市民生活や少年の健全育成に多大な影響を及ぼしているのみならず、国際平和文化都市の印象を著しく傷つけていることから、暴走族追放に関し、本市、市民、事業者等の責務を明らかにするとともに、暴走族のい集、集会及び示威行為、暴走行為をあおる行為等を規制することにより、市民生活の安全と安心が確保される地域社会の実現を図ることを目的とする。

第2条　この条例において、次の各号に掲げる用語の意義は、それぞれ当該各号に定めるところによる。

(7)　暴走族　暴走行為をすることを目的として結成された集団又は公共の場所において、公衆に不安若しくは恐怖を覚えさせるような特異な服装若しくは集団名を表示した服装で、い集、集会若しくは示威行為を行う集団をいう。

第16条　何人も、次に掲げる行為をしてはならない。

(1)　公共の場所において、当該場所の所有者又は管理者の承諾又は許可を得ないで、公衆に不安又は恐怖を覚えさせるようない集又は集会を行うこと。

(2)　公共の場所における祭礼、興行その他の娯楽的催物に際し、当該催物の主催者の承諾を得ないで、公衆に不安又は恐怖を覚えさせるようない集、集会又は示威行為を行うこと。

(3)　現に暴走行為を行っている者に対し、当該暴走行為を助長する目的で、声援、拍手、手振り、身振り又は旗、鉄パイプその他これらに類するものを振ることにより暴走行為をあおること。

(4)　公共の場所において、正当な理由なく、自動車等を乗り入れ、急発進させ、急転回させる等により運転し、又は空ぶかしさせること。

2　何人も、前項各号に掲げる行為を指示し、又は命令してはならない。
第17条　前条第1項第1号の行為が、本市の管理する公共の場所において、特異な服装をし、顔面の全部若しくは一部を覆い隠し、円陣を組み、又は旗を立てる等威勢を示すことにより行われたときは、市長は、当該行為者に対し、当該行為の中止又は当該場所からの退去を命ずることができる。
第19条　第17条の規定による市長の命令に違反した者は、6月以下の懲役又は10万円以下の罰金に処する。

　冒頭で述べたように、今日、暴走族の存在を肯定する一般市民はいない。広島市条例のタイトルにあるように、暴走族を追放もしくは根絶することは喫緊の課題であることは間違いない。その意味で、第1条が定める目的自体を否定することはできないであろう。
　問題は、第16条1項(1)号、本号の効力を担保するために定められた第17条および第19条にある。これら条項には、以下のような憲法上の疑義を指摘できる。

① これら条項は、憲法上重要な価値をもつ集会の自由を不必要に侵害するおそれがある。具体的には、公共の場所における集会規制は、恣意的な表現抑圧につながってはならないが、本条例の場合には、「暴走族」概念の曖昧さと相俟って、選別的な集会規制を容認するものであり、憲法21条1項ならびに地方自治法244条1項、2項および3項に違反するのではないか。

② これら条項は、犯罪構成要件が不明確であり、曖昧であって、憲法31条に照らし合わせて、文面上違憲と考える余地がある。

③ これら条項は、集会の自由に対して包括的かつ曖昧な事前の許可を義務づけるものであって、憲法21条2項によって禁止される検閲に該当するのではないか。

④ これら条項は、曖昧な概念によって、服装の自由を不必要に制限するものであり、憲法13条幸福追求の権利および憲法21条表現の自由を侵害す

るものではないか。

(3) 判　　決

本条例については、すでに1件起訴されたケースがある。これに対して被告人側は、本条例の違憲性を主張したのであるが、第一審広島地方裁判所は、おおむね次の理由により、この主張を退けている[1]。

① 集会の自由は、憲法21条1項が保障する表現の一形態として重要な基本的人権であり、特に尊重されるべきであるが、他方それは、多数人が集合する場所を前提とする表現活動であり、行動をともなうものであるから、他者の権利ないし利益と矛盾・衝突する可能性が強く、それを調整するために必要かつ合理的な制約を受けることは、やむを得ないものであって、このような制約を加えても、それは集会の自由に内在する制約として憲法21条1項に違反しないというべきである。

② そして、当該規制目的が正当であり、規制手段と規制目的との間に合理的関連性があり、かつ規制によって得られる利益と失われる利益とを衡量しても相当であると判断される場合は、当該規制は必要かつ合理的な制約として、憲法21条1項に違反しないというべきである。

③ 本件条例は、公共の場所を、誰もが平穏に利用することができるようにするとともに、当該公共の場所やその周辺で飲食等を楽しもうとする者や、これらの者に飲食等を提供しようとする者の安全と平穏にも寄与し、もって、市民生活の安全と安心を確保することを目的としているものと解され、このような目的は、もとより正当なものとして是認されるべきである。

④ 暴走族に属する多数の少年たちが本件広場等の広場において集会を重ね、その結果、公衆の本件広場等の平穏な利用が阻害され、あるいは、周辺の飲食店舗等の平穏な利用にも悪影響を与えていたことからすれば、本

---

1) 広島地判平成16年7月16日（最判刑集61巻6号645頁に収録）。

件各規定は上記目的との間に合理的な関連性があると認めることができる。

⑤ さらに、本件各規定は、平穏な態様による集会等を何ら規制するものではなく、集会等のうち、「公共の場所」において、「当該場所の所有者又は管理者の承諾又は許可を得ないで」、「公衆に不安又は恐怖を覚えさせるような」態様で行われるものに限って規制の対象とし、さらに上記のような態様で行われる「い集又は集会」のうち、「広島市の管理する公共の場所」において、「特異な服装をし、顔面の全部若しくは一部を覆い隠し、円陣を組み、又は旗を立てる等威勢を示すこと」により行われるものに限定して中止命令等の対象としている。これに対する法定刑も6ヶ月以下の懲役又は10万円以下の罰金刑であって、他の関係法令と比較しても特に過酷とはいえないことからすれば、本件各規定による集会等に対する規制内容は、目的に照らし必要かつ合理的な規制として許容されるべきである。

⑥ 弁護人は、本件各規定が表現内容に中立的な規制ではなく、表現内容自体に対する規制であるから、その規制が憲法21条に適合するか否かに当たっては、明白かつ現在の危険の基準によるべき旨主張する。しかしながら、本件条例16条1項1号は、規制対象となる行為の主体を「何人も」と規定しており、これは主体が暴走族構成員であるか否かにかかわらず、公共の場所における集会等の態様を基準に規制を加えようとするものであって、表現内容に中立的な規制というべきである。したがって、弁護人の主張は採用できない。

これに対する控訴審判決[2]も、おおむね同様な立場に立ち、控訴人の主張を退けているが、注目すべきは次の説示ではないかと思われる。

① 本条例の制定目的には十分な合理性、必要性が認められる上、暴走族集団による広島市の管理する公共の場所使用を規制するについては、他に採

---

2) 広島高判平成17年7月28日　判タ1195号128頁。

り得る方法、手段等は事実上想定し難く、さらにその規制の態様等も必要最小限度にとどまるものと評価することができる。

② 控訴人は、本条例が暴走族集団の「い集又は集会」を禁止することを目的として制定されており、暴走族集団の「い集又は集会」を価値のない危険なものとして規制しており、暴走族集団に属する者に対する表現規制を行うものであるから、表現内容に中立的な規制ではなく、表現内容に対する規制である等として、本条例による規制の違憲性を指摘して論難するが、本条例は、暴走族集団の「い集又は集会」自体を規制したものでないことは、規定上明白であるから、緒論の前提自体に疑問があり、また本条例の内容等に照らすと、暴走族集団の構成員であること自体に着目した規制ではなく、当該構成員であるか否かを問わず、暴走族集団特有の特異な服装等をした上、円陣を組む等の方法により、公衆に不安若しくは恐怖を感じさせる態様で、広島市が管理する公園等でのい集等に及んで、市長から命じられた退去処分に従わなかった者を処罰するというものであるから、いわゆる表現内容への中立的制約と考える余地もないではない上、既述のとおり、その規制内容等は合理的かつ必要最小限度にとどまるものであって、しかも、既述のとおり、暴走族集団に属する者の表現内容自体を直接的に規制するものとはいいがたく、所論にはただちに賛同することはできない。

③ 控訴人は、本件のような集会規制については、「泉佐野市民会館事件」最高裁判決が明示した、「明白かつ現在の危険」のテストが妥当すべきであると主張するが、市民会館の使用の諾否は、集会開催の許否に直結するところ、本条例は集会自体を禁止したり規制するものではないこと、市民会館の使用の際には、同一場所を複数の集団が使用することは想定されておらず、他人の自由を侵害すること自体が考えがたいのに対して、本件広場は、元来多数の人々や複数の集団が利用することを前提としており、本条例が想定する処罰対象としての暴走族集団に特徴的に認められるその集まりは、他の人々や他の集団による本件広場の使用を事実上排除するもの

であるから、いわば他人の自由を侵害する態様のものに限定されており、その意味では、他人の自由を侵害する具体的な危険が予見されるものといえないでもないこと等を総合すると、本件条例と上記最高裁判決の事案とは、規制の趣旨、対象が全く異なっているというべきであるから、所論は失当というほかはない。

これら二つの判決の問題点については逐次触れることにして、ここでは、三つの点について述べるにとどめたい。

第一に、両判決とも本件集会規制が内容規制なのか、内容中立規制なのかという判断枠組みを中心に組み立てられていることに注意したい。これは、被告人側の主張に対する応答であることは確かであるが、内容規制中立規制という判断枠組みを用いて合憲性を審査した点は、評価に値する。

第二に、それにもかかわらず、本件を内容中立的規制と判断したことには問題があるように思われる。後に分析するように、本件条例は、暴走族に限定して規制を課すものであるから、表現主体に基づく規制であることは否めない。特定の主体に照準を合わせて集会を規制することは表現内容中立的規制であろうか。

第三に、たとえ本件条例が表現内容中立的規制であったとしても、その合憲性の審査基準は、両判決のように緩やかな水準で足りるのであろうか。この点については、わが国の学説などを参照した検証が求められよう。

2．集会の自由と規制をめぐる問題

（1）集会の自由に対する憲法保障

1）　集会の自由の意義

憲法21条は、明示的に集会の自由を保障している。集会の自由は、表現の自由と同様に、立憲民主主義過程の維持に不可欠な自由である。集会の自由は、思想良心の自由、表現の自由と並び、民主主義社会を支える基礎となって

いる[3]。もちろん、非政治的な集会もまた、他者との間で有意義なコミュニケーションを交わし、情報を共有することにより、個人の人格形成に欠くことのできない役割を演じる[4]。最高裁判所も「集会は、国民が様々な意見や情報等に接することにより自己の思想や人格を形成、発展させ、また相互に意見や情報を伝達、交流する場として必要であり、さらに対外的に意見を表明するための有効な手段であるから、憲法 21 条 1 項の保障する集会の自由は、民主主義社会における重要な基本的人権の一つとして特に尊重されなければならない」と明言している[5]。むろん、集会の自由には、公衆や交通秩序に物理的な影響を及ぼすものもあるから、そのような特性に応じた規制が許されることについても異論はない。

集会の自由は、「集会を開催し、それを指導し、またはそれに参加する等の行為について、その目的・場所・方法・規模の如何を問わず、またそれが公開か非公開かの如何にかかわらず、原則として、公権力による制限を受けないとの保障」を意味する[6]。また、集会の自由は、「集会に対して、道路、公園、広場、公会堂といった一定の場所の提供を公権力が拒んではならないという権利、換言すれば、公共施設の管理者たる公権力に対し、集会をもとうとする者が、公共施設の利用を要求できる権利を含んでいる」[7]。地方自治法 244 条 2 項、3 項はこのことを具体化するものである。パブリックフォーラムという言葉を使うかどうかは別として、現行法制度上、公権力は公共施設の利用者に対して理由なくこれを拒み、また不当な差別的取り扱いを行うことが禁止されているのである。

---

[3] 橋本公亘『日本国憲法［改訂版］』(1988) 252 頁。
[4] 芦部信喜『憲法［第 3 版］』(2003) 193 頁、佐藤幸治『憲法［第 3 版］』(1995) 544 頁。
[5] 最大判平成 4 年 7 月 1 日民集 46 巻 5 号 437 頁。
[6] 初宿正典『憲法 2』(1996) 330 頁。
[7] 伊藤正己『憲法［第 3 版］』(1995) 297 頁。

2) 集会規制に対する姿勢

　集会の自由が民主主義社会にとって不可欠な権利であり、個人の人格形成にとって重要な役割を演じる権利である以上、集会規制に対しては慎重な姿勢で臨む必要がある。

　この点で、最高裁判所は、皇居前広場事件判決において、公共施設の利用許諾が「管理者の単なる自由裁量に属するものではない」ことを認め[8]、また、公共施設の使用拒否処分として掲げられる「公の秩序をみだすおそれ」の存在が問題となった泉佐野市民会館事件では、「単に危険な事態を生ずる蓋然性があるというだけでは足りず、明らかな差し迫った危険の発生が具体的に予見されることが必要である」と解している[9]。

　これらを受けて、下級審判決でも、公共施設に対する利用拒否処分を厳しく審査する姿勢が確立されているとみてよい。たとえば、広島地裁昭和50年11月25日判決は、事前の集会規制が「集会が行われることに明らかに公共の安寧秩序を不当に侵害する差し迫った危険、すなわち公共の安全に対する明白かつ現在の危険が存する場合」にのみ許されるとする判断を示している[10]。

　学説においても、集会規制に対する慎重な姿勢は共有されている。たとえば、芦部信喜教授は、合衆国最高裁で展開されてきたパブリックフォーラム論を参考にしつつ、パブリックフォーラムにおける表現規制は、重要な政府利益に奉仕すべく、狭く定められており (narrowly tailored)、表現に対して十分な代替チャネルを残すものでなければならないと述べている[11]。また、佐藤幸治教授は、「集会規制は、人権相互の矛盾・衝突の調整を目的とするものでなければならず、規制手段もその目的を達成する上で必要最小限度のものにとどまら

---

[8] 最大判昭和28年12月23日　民集7巻13号1561頁。

[9] 最判平成7年3月7日　民集49巻3号687頁。判例解説として、川岸令和「集会の自由と市民会館の使用不許可」憲法判例百選Ⅰ［第3版］174頁。

[10] 判例を分析するものとして、拙稿「公共施設管理権と集会規制」法学新報103巻2・3号（1997）257頁以下参照。

[11] 芦部信喜『憲法学Ⅲ人権各論(1)』(1998) 444頁。

なければならない」と述べている[12]。

それでは、本件広島市条例は、このような観点からみて、十分正当化できる集会規制であろうか。以下検討する。

（２）　広島市条例における集会規制の問題点

1)　条例の目的と定義
① 　条例の目的と禁止対象

広島市条例は、第1条において、条例の目的を「市民生活の安全と安心が確保される地域社会の実現」に求めている。これは、自治体として当然の関心事項である。

しかし、この目的に対して、条例が達成手段として列挙する「暴走族のい集、集会及び示威行為、暴走行為をあおる行為」はどのような関係に立つのであろうか。市民生活の安全、安心の確保にとって、い集、集会、示威行為、暴走行為をあおる行為は、等しく禁圧されなければならない行為といえるであろうか。この点は、審議過程でも明らかにされてはいない。

さらにいうと、「い集」と「集会」の概念上の相違についても明確な定義が施されているわけではなく、むしろ「蝟集、公衆という言葉は、本条例の中において特別の意味を付与して用いているわけではないので、特に定義をいたしておりません」との市民局長答弁[13]から推測すると、これら禁止行為相互の関係、条例の目的との関連性、重要性については、十分な考慮がなされなかったのではあるまいか。このような規定は、少なくとも犯罪の構成要件を定めるには、やや慎重さを欠いている。なお、犯罪構成要件の不明確さについては後述する。

広島市条例が用いる他の概念についても同様なことが指摘できる。たとえば、暴走族の定義について、本条例第2条(7)号は、「暴走行為をすることを目的として結成された集団又は公共の場所において、公衆に不安若しくは恐怖を

---

12)　佐藤幸治前掲545頁。
13)　平成14年度第一回広島市議会定例会会議録（平成14年3月1日）305-6頁。

覚えさせるような特異な服装若しくは集団名を表示した服装で、い集、集会若しくは示威行為を行う集団をいう」と規定する。しかし、厳密にいえば、「暴走行為をすることを目的として結成された集団」は暴走族と同義であるが、「公共の場所において、公衆に不安若しくは恐怖を覚えさせるような特異な服装若しくは集団名を表示した服装で、い集、集会若しくは示威行為を行う集団」のすべてを暴走族と同視するわけにはいかない。これら定義は、現実の暴走族に備わった特徴を記述するものとはいえようが、条例に用いる用語としては、いささか広汎で、厳格さに欠ける。

　法概念は、現実の印象をそのまま表現したものであってはならない。たしかに、広島市条例における暴走族の定義は、犯罪構成要件の一部をなすものではない。だが、たとえば組織的な犯罪の処罰及び犯罪収益の規制等に関する法律第2条1項が定める「団体」の定義と比較したとき、いささか慎重さを欠いているといわざるを得ない。この点で、暴力団に対して公の施設の利用を制限するための使用基準として、「集団的に又は常習的に暴力的不法行為を行うおそれがある組織の利益になると認めるとき」には使用を許可しないとする条文案が公共施設管理権の範囲を逸脱しないとした行政実例（昭和40年12月25日自治行第147号）などが参照されるべきではなかったか。この例にならうと、暴走族を「集団的又は常習的に暴走行為を行う集団」のように定義づけることも可能であった[14]。

　このことを配慮してか、広島市条例第16条1項は、暴走族の定義を断念し、禁止行為を「何人」にも適用する方向をとった。しかし、広島市条例は、暴走族の「追放」を目的とする条例であるはずであるから、条例の目的と比較して、その禁止行為の定め方は、過大包摂（overinclusive）なものとなっている。

　つまり、広島市条例は、暴走行為や暴走をあおる行為だけではなく、暴走族的な集団が行う集会を規制対象にしているが、これが本条例第2条(7)号の意

14）ちなみに、平成15年4月1日施行の鹿児島県暴走族等の追放の促進に関する条例第2条(4)号は、暴走族を「暴走行為をすることを目的として結成された集団をいう」と定義づけるが、これでもなお不明確さは残る。

味を曖昧にしているのである。他県の条例には、広島市条例第2条(7)号の後半部分、すなわち「公共の場所において、公衆に不安若しくは恐怖を覚えさせるような特異な服装若しくは集団名を表示した服装で、い集、集会若しくは示威行為を行う集団」との定義は見当たらない。このような集団は、暴走族に限られないからである。

しかし、広島市条例第16条1項は、一転して、一定の集会行為を「何人」に対しても禁じている。そして、この不整合を繕うため、広島市条例は、第17条で、罰則適用の要件として、中止・退去命令を行うこととし、中止命令の対象となる行為を「本市の管理する公共の場所において、特異な服装をし、顔面の全部または一部を覆い隠し、円陣を組み、又は旗を立てる等威勢を示すことにより行われたとき」という要件を付け加えるのである。

要するに、広島市条例は、一定の集会の禁圧を狙っているが、そのような集会を行っている団体は、暴走族そのものとは一致しない場合がある。広島市は、このことを認識している。その結果、広島市条例は、暴走族対策を越える規制効果をもつに至るのである。

② 公共施設管理権と広島市条例

本件広島市条例は、第16条1項(1)号で、何人も「公共の場所において、当該場所の所有者又は管理者の承諾又は許可を得ないで、公衆に不安又は恐怖を覚えさせるようない集又は集会を行うこと」を禁じている。また、第17条は、これらの行為が「本市の管理する公共の場所において、特異な服装をし、顔面の全部又は一部を覆い隠し、円陣を組み、又は旗を立てる等威勢を示すことにより行われたときは、市長は、当該行為者に対し、当該行為の中止又は当該場所からの退去を命ずることができる」と定めている。そして、第19条は、この命令に違反した者に6ヶ月以下の懲役又は10万円以下の罰金という制裁を科している。だが、これら条文には、次のような二つの問題が含まれている。

第一に、広島市条例の目的からすると、禁止対象となるべき行為は、暴走族の行う「い集、集会」であって、それ以外の者が行う同種の行為ではないはず

である。本条例の審議過程では、この点に対する疑義が指摘され、規制対象を「何人」ではなく、厳密に定義された「暴走族」に限定されるべきではないかという、正当な主張が行われていることに注目すべきであろう[15]。

この点につき、市民局長答弁は、「何人もといたしておりますため、禁止行為は暴走族以外にも及」ぶことを認めつつ、「この条例の目的が第1条に定めてあり、それは各条文を解釈する際に一般条項として制限的に働きますので（中略）、善良な市民の集団に対し命令することはありません。また、条例の解釈にあたっても、そうした逸脱がないように心がけてまいります」と述べている[16]。

しかし、憲法が明示的に保障する集会の自由を制限する法令は、文面上、明確に禁止行為とそれ以外の行為を指し示すものでなくてはならない。広島市条例は、本来の条例の目的を越え、暴走族以外の者に対してもまた、「公共の場所において、当該場所の所有者又は管理者の承諾又は許可を得ないで、公衆に不安又は恐怖を覚えさせるようない集又は集会を行うこと」を禁止する効果をもっているのである。これは、集会の自由という民主主義社会にとって根幹をなす権利に対して、不必要な萎縮効果をもたらすものである[17]。

第二に、広島市条例は、市民の安全や安心に対して具体的な危険を惹起するような「い集、集会」を禁止するのではなく、抽象的な危険にとどまる行為をも禁止対象としている。第17条による中止命令の対象は、「本市の管理する公共の場所において、特異な服装をし、顔面の全部又は一部を覆い隠し、円陣を組み、又は旗を立てる等威勢を示すことにより行われたとき」に行われることになっているが、これら行為がただちに市民の安全と安心に危害を及ぼすとの因果関係は明確にされてはいない。これは、前記最高裁判例が、公の施設の使用拒否処分につき求めている「単に危険な事態を生ずる蓋然性があるというだ

---

15) 広島市議会予算特別委員会議事録（総務関係）（平成14年3月15日）297-9頁。
16) 平成14年度第一回広島市議会定例会会議録（平成14年3月1日）300-1頁。
17) 藤井俊夫「過度の広汎性の理論および明確性の理論」『憲法講座第2巻』(1987) 353頁。

けでは足りず、明らかな差し迫った危険の発生が具体的に予見されることが必要である」との要件に抵触するものであり、公の施設管理権（「公共施設管理権」ともいう。以下同じ意味で用いる）の範囲を逸脱するものといえる。

なお、広島市条例第17条が公共施設管理権の範囲を逸脱しているとしても、公共施設警察権の範囲内にあるかどうかも議論に値するであろう。しかし、公共施設警察権は、い集や集会がその他の利用者や周辺住民等の生命や身体、平穏をもたらす直接的な損害に向けられるべきであり、単なる「威勢を示す」ことを禁圧する場合まで包括するとは考えられない。

広島市条例第17条が、仮に「暴走族」を厳格に定義した上で、規制対象を「暴走族」に限定し、公衆への安全に対する危害や公有または私有財産に対する損害の惹起が具体的に予見できる場合に禁止対象を限定していたならば、このような問題は回避できたのかもしれない。また、禁止される「い集、集会」の態様を限定し、集会の人数による制限を設けるといった工夫がなされていれば、このような包括性、抽象性は免れていたと考えることもできよう。しかし、本件条例は、制定を急ぐあまり、これら重要な点に十分な考慮が行われなかったとのうらみが残る。

以上の点から、本件広島市条例は、集会の自由を過度に広汎に制限するものであって、憲法21条に違反する。

なお、付言すると、広島市公園条例第6条は、市長が公園の利用を禁止、制限できる場合を認めているが、そこでは「公園の損壊その他の理由によりその利用が危険であると認められる場合」として、より具体的な危険の存在が求められている。この規定との比較においても、本件広島市条例は、公共施設管理権の行使としては、やや異常な規定となっており、従来の概念を大きく踏み外している。

いずれにしても、本件広島市条例は、条例の目的にとって狭く規定されたものとはいえず、また必要最小限度の規制というにはほど遠く、集会の自由に対して不必要な負担を課すものといわざるを得ない。

3．構成要件の不明確さをめぐる問題

(1) 構成要件の不明確さ

1) 罪刑法定主義の要請と司法審査

広島市条例は、犯罪構成要件の点でも重大な憲法問題を残している。すでに言及したように、「暴走族」や「い集、集会」の概念ですら、その外延は明確に定められてはいないのである。

法令の文言、とりわけ刑罰法規の文言は明確でなければならないという原則は、罪刑法定主義のコロラリーとして、憲法31条に含意されている[18]。この点につき、佐藤幸治教授は、とりわけ、表現の自由を規制する立法については、「表現の自由に対する萎縮的効果を最小限にするべく、とくに明確性が厳格に要求され、法文上明確にする余地が残されている限り、文面上無効の判決手法が妥当すべきものと思われる」[19]と述べている。

最高裁判所の判例理論もまた、一般論としてこのことを認めている。たとえば、徳島市公安条例判決は次のように述べている[20]。

「刑罰法規の定める犯罪構成要件が曖昧不明確のゆえに憲法31条に違反し無効であるとされるのは、その規定が通常の判断能力を有する一般人に対して、禁止される行為とそうでない行為とを識別するための基準を示すところがなく、そのためその適用を受ける国民に対して刑罰の対象となる行為をあらかじめ告知する機能を果たさず、またその運用がこれを運用する国又は地方公共団体の機関の主観的判断にゆだねられて恣意的に流れる等、重大な弊害を生ずるからであると考えられる。」

本判決が構成要件の明確性を「通常の判断能力を有する一般人」との観点か

---

18) 野中俊彦・中村睦男・高橋和之・高見勝利『憲法Ⅰ［第3版］』(2001) 379頁；佐藤幸治『憲法［第3版］』前掲523頁；芦部信喜『憲法学Ⅲ』前掲389頁。
19) 佐藤幸治『憲法［第3版］』前掲523頁。
20) 最大判昭和50年9月10日　刑集29巻8号489頁。

ら見定めるとした点については、最高裁内部にも批判があるが、この点については ここでは触れない。問題は、本件広島市条例が禁止行為とそれ以外の行為を明確に区別し、刑罰の対象となる行為をあらかじめ告知する機能を果たしているかどうか、また、本件条例が運用者の主観的判断によって恣意的に適用されるおそれはないかである。

2) 禁止行為の識別可能性と恣意的な適用の危険性

広島市条例第16条(1)項および17条の内容は、一見して理解できるほどに明確ではないが、その全体の構成からすると、市長による中止・退去命令の対象となるい集、集会を次のように想定していることがわかる。

① 広島市が所有または管理する公共の場所において
② 市長もしくは当該場所の管理者の許可を得ず行われ
③ 公衆に不安または恐怖を与えるもののうち
④ 特異な服装をし、顔面の全部又は一部を覆い隠し、円陣を組み、又は旗を立てる等威勢を示すことにより行われるもの

そうすると、問題は、「い集、集会」の定義にとどまらず、「公衆への不安または恐怖」の測定方法、「特異な服装」の定義、「威勢を示すこと」の定義もしくは程度が問題となってくる。これらはほとんどが不確定概念であって、犯罪構成要件と呼ぶにはあまりに漠然としており、罪刑法定主義の要請にもとるものといわざるを得ない。この点について若干敷衍しておこう。

広島市条例では、「い集、集会」の精確な定義がなされていない。そして、精確な定義がなされていないことへの危惧が条例審議過程でも表明されていたことも既述のとおりである。

一般的に「い集（蝟集）」とは「たくさんのものが一所に群がり集まる」ありさまを指し、「集会」とは、「多数の人が一定の目的のため集まること」を指すとされている。だが、本条例では、この点の定義が施されておらず、むしろ、ともかくも人が集まることを規制対象としたいとの意図がうかがえる。しかし、規制対象となる行為は、明確に定めておく必要がある。これは、凶器準

備集合罪（刑法208条1項）にいう「集合」概念と比較して、犯罪構成要件とするにはあまりに雑ぱくである。

それゆえに、本件条例は、条例の適用者に対して広汎かつ恣意的な運用を許すものとなっている。たとえば、本条例の文言上は、暴走族に属しない数人が市政に対する批判を目的として、「特異な服装」を身にまとい、所属する労働組合を表示する旗を振り回し、「威勢を示した」場合にも、市長の中止命令を出すことを認めている。

もちろん、このような集団示威行動は、本条例の規制対象とはならないとの市民局長答弁が条例審議過程で明らかにされてはいる。だが、条文上は、これもまた規制対象に含まれることは明らかである。前記市民局長答弁がいう「条例の適用にあたっても、そうした逸脱がないよう心がけ」るためには、なにより条文上の明確さが求められよう。

また、「公衆に不安又は恐怖を覚えさせる」とは具体的に誰の感受性を基準として、誰が判断するのかもまた不明なままである。この点についての危惧も条例審議過程で明らかとされていた[21]。

さらに、い集、集会に対する中止命令の判断は、誰がいかなる基準に基づき行うのかについても明確な指針が示されてはいない。この点で、市民局長答弁は、中止命令に従わなかった場合に第19条罰則が適用となるので、構成要件の拡大解釈はないとするが[22]、むしろ、そこで問われていたのは、中止命令が出される場合の要件の明確さであった。

つまり、「い集、集会」の定義、「公衆への不安または恐怖」の測定方法、「特異な服装」の定義、「威勢を示すこと」の程度がそれぞれ判断者に白紙委任されている以上、条例の運用者による主観的判断の余地は否定できない。

以上の点から、広島市条例第16条(1)項および第17条は、禁止行為とそれ以外の行為を明確に区別し、刑罰の対象となる行為をあらかじめ告知する機能を果たしておらず、また、本件条例が運用者の主観的判断によって恣意的に適

---

21) 広島市議会定例会議事録（平成14年3月1日）305頁。
22) 広島市議会定例会議事録（平成14年3月1日）301頁。

用されるおそれを有するものであって、明確性の原則を逸脱するものである。

3) 合憲限定解釈の余地

広島市条例第 16 条 1 項(1)号に掲げる禁止行為は、第 17 条の中止命令とそれに違反した場合の罰則（第 19 条）を伴っている。それによると、第 16 条 1 項(1)号の行為が「本市の管理する公共の場所において、特異な服装をし、顔面の全部又は一部を覆い隠し、円陣を組み、又は旗を立てる等威勢を示すことによりおこなわれたとき」に中止又は退去命令を出すことができることとなっている。

しかし、子細に検討すると、「特異な服装をすること」や「顔面の全部又は一部を覆い隠すこと」、「円陣を組むこと」または「旗をたてること」がただちに「威勢を示すこと」を意味するわけではない。これらは「威勢を示すこと」の例示として列挙されているが、これら行為の中でも「威勢を示す」に至らない行為を想定することは可能である。したがって、これら行為の中でも「威勢を示す」にまでは至らない行為の可罰性を否定し、本条は、あくまで「威勢を示す」に至った行為の可罰性を規定したものと限定解釈することもあながち不可能ではなかろう。また、そのような限定解釈が可能であれば、集会の自由等に対する本件広島市条例の衝撃度も緩和されたかもしれない。

ただ、集会の自由という、民主社会の生命線の一部をなす自由の制限が問題となる場面では、その萎縮効果を除去する必要があるから、このような限定解釈は妥当しないと考えるべきであろう[23]。また、第 16 条 1 項(1)号は、その程度にかかわらず、い集、集会の禁止を包括的に定め、第 17 条は、禁止されるい集、集会の中で中止もしくは退去を求めることができるものを一般的に定めていると解するのが素直であるため、限定解釈の余地は見当たらない[24]。

---

23) 高橋和之『憲法判断の方法』(1995) 78 頁。
24) ちなみに、第 16 条 1 項(1)号にいう「公衆に不安又は恐怖を覚えさせるような い集又は集会」とは、結局、第 17 条に掲げる行為、すなわち「特異な服装をし、顔面の全部又は一部を覆い隠し、円陣を組み、又は旗を立てる等威勢を示すこと」を

4．広島市条例における事前抑制の問題

（1） 憲法と事前抑制の法理

　憲法21条2項は、検閲を明示的に禁止している。これは、検閲という表現規制形態が情報伝達を事前にコントロールすることにより、情報操作を可能にし、民主主義的な意思決定に致命的な打撃を与えることを考慮したためである[25]。

　最高裁判所は、この検閲の概念を「行政権が主体となって、思想内容等の表現物を対象とし、その全部又は一部の発表の禁止を目的として、対象とされる一定の表現物につき網羅的・一般的に発表前にその内容を審査した上、不適当と認めるものの発表を禁止することを、その特質として備えるものをいう」と定義している[26]。この定義については、検閲の主体は行政権に限られるべきではないとする批判[27]、網羅的一般的なものに限られるべきではないとする批判[28]があるが、ここでは言及しない。

　集会の自由に対して、事前に許可を求める法令は検閲の禁止に触れないのであろうか。この点、新潟市公安条例事件最高裁判決は、「集団示威行動等につき、単なる届出制ではなく、一般的な許可制を定めてこれを事前に抑制することは憲法の趣旨に反するが、特定の場所又は方法につき、合理的かつ明確な基準の下に、あらかじめ許可を受けさせ、又は届出をさせて、公共の福祉が著しく侵されるような場合につきこれを禁止しても憲法に違反しない」と述べてい

　　伴うい集あるいは集会を意味すると解釈することも可能である。仮に立法者がこのような解釈を意図していたのであれば、むしろ端的に第16条1項(1)号の内容として禁止内容を書き込むべきではなかったか。
25)　芦部『憲法 [第3版]』179頁；佐藤幸治『憲法 [第3版]』519頁；橋本公亘『日本国憲法 [改訂版]』261頁。
26)　最大判昭和59年12月12日　民集38巻12号1308頁。
27)　芦部信喜『憲法 [第3版]』179頁。
28)　橋本公亘『日本国憲法 [改訂版]』262頁。

る[29]。なお、東京都公安条例事件最高裁判決は、公安条例による集団示威行動の規制を一般的に認めつつも、「不許可の場合が厳格に制限されている」ことを合憲性の要件にあげていることが注目される[30]。

一方、学説では、事前の許可もしくは届出において表現内容を審査する場合には、これを検閲と同視し、表現内容ではなく、表現の時間・場所・方法に対する審査にとどまる場合には、許される事前の抑制と見るのが通説的な見解といえよう[31]。また、事前の抑制も原則的に禁止され、これが例外的に許されるためには、規制がやむを得ない最小限のものにとどまることを条件とする学説もある[32]。

このように、憲法は検閲を禁止すると同時に、事前の抑制に対しても相当な警戒心をもって望んでいることが明らかといえる。

(2) 広島市条例と検閲・事前抑制の法理

1) 公共施設管理権と集会の許可

それでは、広島市条例はこのような検閲禁止、事前抑制の法理との関係で、どのように評価されるべきであろうか。ここでは、まず、広島市における公共施設管理権の行使と本件広島市条例における集会規制の関係から検討する。

本件で問題となった広島市西新天地公共広場（通称アリスガーデン）は、条例（広島市西新天地公共広場条例、以下「公共広場条例」とする）によって設置された公の施設であって、一般的な公共施設管理権の法理が適用される場所である。当該設置条例は、一般的に見られる公の施設設置条例の体裁と内容を踏襲するものであって、当該場所での禁止行為、制限される行為、利用申請手続などが定められている。しかし、本条例と本件広島市条例の関係は、必ずしも明確にされてはいない。

---

29) 最大判昭和29年11月24日　刑集8巻11号1866頁。
30) 最大判昭和35年7月20日　刑集14巻9号1243頁。
31) 野中他『憲法Ⅲ［第3版］』340頁。
32) 内野正幸『［新版］憲法解釈の論点』(1997) 75頁。

本件広島市条例第16条1項(1)号は、「公共の場所において、当該場所の所有者又は管理者の承諾又は許可を得ないで、公衆に不安又は恐怖を覚えさせるような集又は集会を行うこと」を何人にも禁じている。

　まず、本号は、「承諾又は許可を得ないで」かかる行為を行うことを禁止している。ここにいう「承諾」は直接的には私有財産に属する公共の場所（興業場、飲食店等、広島市条例第2条(4)号参照）を所有または管理する者の承諾を指すものと推測される。また、「許可」とは行政庁が行う利用許可処分を指すものと解される。したがって、広島市西新天地公共広場の利用に関しては、条例に定める市長の利用許可が問題となる。つまり、広島市条例第16条1項(1)号は、法文上、公共広場条例第5条に定める許可を受けた者には適用されないことになる。

　しかし、公共広場設置条例が要求する許可は、同条例第3条、第4条に掲げる行為に関するものであって、い集、集会の実施そのものに関する許可ではない。たとえば、公共広場設置条例第3条は、広場の損傷、汚損、形質の変更等に関する許可を、同第4条は、「行商、募金、出店その他これらに類する行為」（第(1)号）、「業として写真又は映画を撮影すること」（第(2)号）、「興業を行うこと」（第(3)号）、「展示会、集会、競技会その他これらに類する催しのために広場の全部又は一部を独占して使用すること」（第(4)号）に関する許可を求めるものであって、通常のい集、集会の実施そのものに関する許可を求めているわけではない[33]。

　そうすると、広島市条例第16条1項(1)号に規定する「許可」は、公共広場設置条例第3条、第4条等で定められる「許可」とは異なり、公共広場設置条例第5条で整備されている許可手続とは異なる手続により求められることにな

---

[33] なお、公の施設の「全部又は一部を独占して使用すること」とは、「公の施設を特定の個人又は団体などに限り利用させ、住民一般の利用に供するという公の施設の目的が実質的に達成できないような状態になることをいう」と解されているので、そのような集会を催さない限り、許可を要する集会とはいえないであろう。参照、松本英昭『要説地方自治法』(2002) 402頁。

るが、かかる手続は定められていない。広島市条例第16条1項(1)号に規定される「許可」手続はどこにも存在しないのである。したがって、同号がいう「許可」は、少なくとも法文上は無意味な概念といえよう。要するに、同号は、「公共の場所において、公衆に不安又は恐怖を覚えさせるようない集又は集会を行うこと」を禁止したものであって、許可の有無は実質的に意味をなさないのである。

このように考えると、本号は、「許可」との文言を用いているものの、許可手続や基準を定めた条項は存在せず、実質的に、公の施設に対して一定の行為を包括的かつ恣意的に禁止する効果をもっている。

2) 許可基準

本号は、その許可基準が不明確である点について、憲法21条2項が禁ずる検閲に該当する。ここでは3点を指摘することにしたい。

第一に、本条例の文言からすると、「公衆に不安又は恐怖を覚えさせるような」い集、集会については、何人たりとも公の施設の使用許可が認められないであろう。だが、「公衆に不安又は恐怖を覚えさせるような」い集、集会が実施されたかどうかは、実際に集会が実施された後でなければ判断できないという背理が生じる。それゆえ、い集、集会が開催されるに先だって、「公衆に不安又は恐怖を覚えさせる」か否かを判定することはできないはずである。

第二に、よしんば、事前に「公衆に不安又は恐怖を覚えさせるような」い集、集会を判別できると仮定しても、これが誰によって、いかなる手続で、どのような実体的要件に照らし合わせて判断されるのかを明示しない本号には決定的な欠陥がある。それゆえ、本号は、許可基準なき事前抑制として運用されるおそれを否定できないのである。本号は結果として、憲法上当然に許される集会の開催や、市政批判を目的とした行動を思いとどまらせる効果を有し、集会の自由に対して著しい萎縮効果をもたらすものであって、憲法21条2項が禁止する検閲に該当する。

第三に、「い集」と「集会」を混然と規制対象としていることについても問

題が生じる。これらの精確な定義については、条例の審議過程でも明確な議論が行われていたわけでないが、ここでは、辞書的な用法にならって、一定の目的をもって集合する行為を「集会」、そうではない人の集まりを「い集」と区別するものと、さしあたり定義づけておこう。

そうすると、(ア)「公衆に不安又は恐怖を覚えさせるような」い集がどのようなものであるか、(イ)特定の目的が事前に特定されていない「い集」に対して許可を求めることにはいかなる現実性があるのか、(ウ)人々の集会等に提供される公の施設について、単なる「い集」をも規制対象とすることが適切なのかどうか、という疑問が生じる。

繰り返し述べると、本号は規制対象を暴走族に限定していない。本号は、法文上、暴走族対策としてではなく、一般市民のい集や集会をも規制対象としたものである。これは、公共施設における集会規制を定めた立法例としては、むしろ異例の部類に属する[34]。

以上の点からすると、本件広島市条例第16条1項(1)号は、憲法21条2項が禁ずる検閲に該当し、無効といわざるを得ないであろう。

(3) 集会規制における内容中立性

1) 内容中立規制の認定について

冒頭で紹介したように、広島市条例の合憲性については地裁判決と高裁判決がこれを確認する判断を示している。両判決とも、本件条例を内容中立的な規制と認定した上で、きわめて緩やかな審査基準を適用した。

この点について地裁判決は、「本件条例16条1項1号は、規制対象となる行為の主体を『何人も』と規定しており、これは主体が暴走族構成員であるか否かにかかわらず、公共の場所における集会等の態様を基準に規制を加えようとするものであって、表現内容に中立的な規制というべきである」として、規制の外形に注目した判断を示している。これに対して高裁判決は次のように述べ

---

34) 拙稿「公共施設管理権と集会規制」前掲262-4頁。

る。

　「本条例は、暴走族集団の『い集又は集会』自体を規制したものでないことは、規定上明白であるから、緒論の前提自体に疑問があり、また本条例の内容等に照らすと、暴走族集団の構成員であること自体に着目した規制ではなく、当該構成員であるか否かを問わず、暴走族集団特有の特異な服装等をした上、円陣を組む等の方法により、公衆に不安若しくは恐怖を感じさせる態様で、広島市が管理する公園等でのい集等に及んで、市長から命じられた退去処分に従わなかった者を処罰するというものであるから、いわゆる表現内容中立的制約と考える余地もないではない。」

　つまり、高裁判決は、本件条例が(a)暴走族集団の表現行為自体を規制しているわけではないこと、(b)特定団体の構成員であるがゆえに規制するものではないことに着目して、その内容中立性を認定しているのである。

　しかし、繰り返し述べることになるが、本件条例が暴走族をねらい打ちしたものでないとすれば、それは一般の集会行為をも規制対象とすることになり、過大包摂との誹りを免れないであろうし、逆に、本件条例が暴走族的な表現行為を規制するものに限定されているのであれば、かかる表現行為自体を有害なものと見立て、その属性に着目して規制するという意味で、まさに表現内容規制なのではあるまいか。

　本件規制の内容中立性を強調するならば、その包括性、一般性が浮かび上がることになり、本件規制が暴走族的な表現行為に限定されているということを強調するならば、その内容規制としての性格が浮き彫りにされる。まさに、広島市条例は目的と規制効果の間で揺れ動くものとなっている。

　また、両判決とも、本件規制が暴走族の構成員であるかどうかを問わないで課される、その意味で主体の属性に中立的な規制であると認定しているようである。しかし、そうであればなおさら、本件規制は暴走族的な表現行為を禁止する内容規制なのではあるまいか。いささか皮肉な言い方をすれば、暴走族的な表現行為を行う者を暴走族と見ることも可能である。

2) もう一つの内容規制的な性格

さらに、もう一つ注意すべきことがある。それは、この規制がもつ、別の意味での内容規制的な性格である。

広島市条例は第16条1項(1)号において、「公共の場所において、当該場所の所有者又は管理者の承諾又は許可を得ないで、公衆に不安又は恐怖を覚えさせるような集又は集会を行うこと」を何人にも許さないとした上で、第17条は、この行為が、とくに「本市の管理する公共の場所において、特異な服装をし、顔面の全部若しくは一部を覆い隠し、円陣を組み、又は旗を立てる等威勢を示すことにより行われたときは、市長は、当該行為者に対し、当該行為の中止又は当該場所からの退去を命ずることができる」と定めていた。

このうち、高裁判決は、16条1項(1)号に着目して、本件規制を内容中立的な規制と「考える余地もないではない」と認定した。ここでは、この認定に譲歩して、本件規制を内容中立的な規制と仮定してみよう。そうすると、17条に規定される行為は、暴走族的な表現行為に限定されないことになる。しかし、「特異な服装をし、顔面の全部若しくは一部を覆い隠し、円陣を組み、又は旗を立てる等威勢を示すことにより行われ」る示威行為は、特定のメッセージを禁圧することにならないのであろうか。このような示威行為は、市民集会においても見られる形態である。それゆえ、本件規制は、結果として特定のメッセージを規制する、内容規制としての性格をあわせもっているのである。

これらの点から見て、本件規制を内容中立規制と考えることはできない。

3) 内容中立規制に対する司法審査基準

地裁判決、高裁判決は、本件規制を内容中立的な規制と認定した上で、本件規制の合憲性をほとんど無審査で認めているように読める。

周知のとおり、表現内容中立規制であれば、そのことからただちに規制の合憲性が導き出せるわけではない。内容規制・内容中立的な規制の二分論は、その後に適用される司法審査基準を決定する枠組みでしかないのである。そして、わが国の学説は、合衆国最高裁やアメリカの憲法学説を参照しながら、内

容中立な規制に対する司法審査基準を構築してきたのであった。

5．服装に対する規制と憲法13条

(1) 服装の自由と憲法保障

1) 問題の所在

　広島市条例第17条は、第16条1項(1)号に掲げる禁止行為が「本市の管理する公共の場所において、特異な服装をし、顔面の全部若しくは一部を覆い隠し、円陣を組み、又は旗を立てることにより行われたとき」に、市長が中止又は退去命令を出し、これに従わない場合の制裁を19条で予定している。ここで問題となるのは、「特異な服装」をすることを規制対象とする部分である。

　憲法は服装の自由について明言する条文を置いていない。しかし、服装の選択は、個人の幸福追求に直結する権利である以上、憲法13条の射程内にある行為と考えるべきである。また、服装の選択は、個人のメッセージを表明するものとして、表現の自由によっても保障されていると解すべきであろう。以下、それぞれの論拠について簡単に論ずる。

2) 幸福追求の権利と服装の自由

　服装の自由が憲法13条の幸福追求の権利に含まれるか。これについては、幸福追求の権利をどうとらえるかによって、説明の仕方が異なる。

　まず、幸福追求の権利を「国家によって禁止されていない行動の自由を一般的に保障したもの」ととらえる一般的自由権説では、服装の自由も当然憲法13条の保障範囲に入ることになる[35]。ただし、このことからただちに、問題となっている自由を無制限に保障すべしとの結論が導き出されるわけではない。ある行為が憲法上保障範囲に入るということとそれがどの程度保障されなければならないのかは、次元の異なる問題であって、実際に保障される権利の内容

---

35)　橋本公亘前掲219頁；長尾一紘前掲137頁；戸波江二『憲法［新版］』176頁；内野正幸前掲53頁。

や程度は、具体的な利益考量によって定められるというべきである。

これに対して、幸福追求の権利の範囲を「個人の人格的な価値や利益に不可欠な権利」に限定してとらえる人格的利益説では、服装の自由が個人の人格的な価値や利益に不可欠かどうかが保障要件として課されることになる[36]。それでは、人格的利益説に立った場合、服装の自由は幸福追求の権利に含まれないのであろうか。人格的利益説に立つ学説の多くは、服装の自由もまた憲法13条によって保障されると考えている。

たとえば、芦部信喜教授は、「少なくとも髪型や服装などの身じまいを通じて自己の個性を実現させ人格を形成する自由は、精神的に形成期にある青少年にとって成人と同じくらい重要な自由である」と解している[37]。また、佐藤幸治教授は、髪型や服装の自由は、「それ自体としては憲法上の端的な保障類型であるという趣旨ではない……それ自体が正面きって人権かと問われると、肯定するのは困難であろう」と解しながら、「こうした様々な事柄が人格の核を取り囲み、全体としてそれぞれの人のその人らしさを形成している」とし、「こうした事柄にも、人格的自律を全うさせるために手段的に一定の憲法上の保護を及ぼす必要がある場合がある」[38]と結論づけている。

人格的利益説に立つ学説でも、服装の自由に対する制限は「もとより十分に実質的な合理的理由がなければならない」[39]とするので、一般的自由権説に立脚した場合と保障の程度に大幅な差が生じるわけではない。

この点について、最高裁判所はどのように解しているのであろうか。一般的な服装の自由が争われたケースは見当たらないが、喫煙の自由が争われた高知刑務所事件判決では、喫煙の自由が「憲法13条の保障する基本的人権の一つに含まれるとしても」と述べているので、一般的自由権説に立脚していると解

---

36) 芦部信喜『憲法［第3版］』前掲115頁；同『憲法学Ⅱ』（1994）344頁；佐藤幸治『憲法［第3版］』前掲448頁；初宿正典『憲法2』前掲192頁。
37) 芦部信喜『憲法学Ⅱ』前掲404頁。
38) 佐藤幸治『憲法［第3版］』前掲461頁。
39) 芦部信喜『憲法［第3版］』前掲116頁。

することができる。そうすると、この自由への制限は「必要かつ合理的なもの」でなくてはならず、それは、「制限の必要性の程度と制限される基本的人権の内容、これに加えられる具体的制限の態様との較量のうえに立って決せられるべきこと」となろう[40]。

3) 広島市条例における服装規制の問題点

服装の自由はなぜ尊重されなければならないのであろうか。それにはいくつかの正当化事由が考えられよう。たとえば、英国の法哲学者ジョセフ・ラズ (Joseph Raz) がいうように、特定の表現 (ここでは後述するように、服装選択の自由が表現の自由の一部を構成すると考える) に対する検閲、犯罪化は、社会的、権威的な不当認定であると考えることが適切であろう。

ラズがいうように、特定の表現内容に対する規制は、生き方への不当認定であって、その個人に侮辱を与えることに等しいと考えるべきではあるまいか[41]。服装を犯罪のイメージに結びつけ、社会的に価値を否定すること、特定の服装に対して劣等意識を植えつけることは、公権力としては許されない不当認定 (codemnation)[42]であって、特定の集団にスティグマを与えることに他ならない。長期的な視点から見て、これは有効な暴走族対策であり得るであろうか。

この点で、広島市条例は、条文に「特異な服装」との文言を用い、ある特定の服装が社会的に見て奇異であり、異常であるとの認定を行っている。これは、特定の服装を社会的に排除する規定であって、特定の服装を着用している者に対して「異常」との烙印を押すことに他ならない。広島市条例の審議過程でも、「服装というのは、本来個人のファッションであり、それが特異かどうかは見る人の主観に左右される問題」であることが正当に指摘されている[43]。

---

40) 最大判昭和 45 年 9 月 16 日　民集 24 巻 10 号 1410 頁。
41) ジョセフ・ラズ『自由と権利』(森脇康友編、1996) 297 頁。
42) Joseph Raz, Ethics in the Public Domain, at 163 (1994).
43) 広島市議会定例会議事録 (平成 14 年 3 月 1 日) 299 頁。

もちろん、収監者や児童生徒が学校で着用する服装に対して規制を及ぼすことは可能であって、学校長の裁量権の範囲内にある規制であれば、一定の教育的配慮から、特異な服装を排除することも許されよう。しかし、このような「特異な服装」が規制されるのは、学校や監獄という、特別な空間に限定されなければならない。本件広島市条例は、公の場で、一般的包括的に「特異な服装」を規制するものであって、一定の教育的配慮や空間特性から来る制約に基づくものではない。

いわゆる暴走族が着用する衣服には、恐怖心をあおったり、不快感をもたらす要素も含まれているかもしれない。だが、それは、刑罰権をもって禁圧すべき行為ではない。「特異な服装」が禁止されるのであれば、端的に「特異な服装」の生産販売を規制すべきであろうが、これは憲法上許されない（本件広島市条例においても、また他の自治体条例においても「努力義務」にとどまっている）。憲法上許容される行為を一市町村条例で禁圧することは、もはや条例制定権の範囲すら逸脱しているのではあるまいか。

また、「特異な服装」の概念自体もはっきりしない。一般的にいうと、「特異性」の認定には「標準性」が前提となるはずであるが、標準的な服装とはどのような服装であろうか。いわゆるストリート系ファッションですら、本条例の対象となる危険性を有している。社会に存在する「通常人」の目で見て、標準性を欠いた服装を「特異」と認定し、低価値なものと決めつけることは、ファッションが日常性からの離反によって発展してきた経緯を無視するものではあるまいか。

社会の中で、他者とのかかわりの中に生きる人間にとって、服を身にまとう行為には、根源的な重要性がある[44]。たとえそれが、通常人の目には、社会的価値を欠き、異端と映ろうとも、そのことだけで規制対象とするのは、あまりに高い代償を自由な社会に支払わせるものではなかろうか。

---

44) 鷲田清一『ひとはなぜ服を着るのか』(1998) 22頁。

（2） 表現行為としての服装とその規制

1） 表現行為としての服装

服装の選択は、憲法13条幸福追求の権利にとどまらず、憲法21条表現の自由によっても保障される行為である。

表現の自由には、言語的なコミュニケーションだけでなく、非言語的なコミュニケーションも含まれると解されている[45]。学説は、これを象徴的表現（symbolic speech）と名づけ、保障の必要性や規制の合憲性審査基準を論じているのである。

もちろん、象徴的な表現は、通常の言語を用いるコミュニケーションとは異なる方法をとることがあるため、言語的表現にはみられない規制も考えられよう。合衆国最高裁判所では、ベトナム戦争反対のための徴兵カードの焼却、ホームレス救済のための野営、星条旗の焼却などが表現行為としてどこまで保障されるのか（これら表現に対する規制はどこまで許されるのか）が議論されている[46]。

それでは、象徴的表現に対する規制はどのような場合に認められるのであろうか。これについては、合衆国最高裁判所で展開されてきた司法審査基準に範をとりつつ、象徴的な表現規制が当該表現行為のメッセージ伝達効果（cummunicative attributes）、すなわち、ある表現が伝えようとしている内容に向けられているのか、そうではなく、当該表現行為の外形が付随的にもたらす害悪を規制しようとしているのかによって、審査水準を区別するという考え方を採用すべきものと思われる。

この審査基準によると、メッセージ伝達効果に向けられた規制に対しては厳格な審査が、付随的効果に向けられた規制に対しては中間段階の審査を適用し

---

[45] 芦部信喜『憲法学Ⅲ』前掲240頁。
[46] 榎原猛『表現権理論の新展開』（1982）；紙谷雅子「象徴的表現(1)-(4)」北大法学論集40巻5・6号、41巻2号、3号、4号（1990-1）；拙稿「時間・場所・方式規制に対する司法審査」前掲。

ようとしているのである[47]。つまり、メッセージ伝達効果に向けられた規制については、「やむにやまれぬ規制利益の存在」と「最も制限的でない規制手段」の存在立証が課され、付随的効果に対する規制については、「重要な政府利益に奉仕すべく狭く規定されている」ことと「表現に代替手段を十分残していること」が問われなければならないのである。

2) 広島市条例における服装規制と司法審査

このような観点から考えると、本件広島市条例第17条は、「特異な服装」がもたらす恐怖心や不安感というメッセージ内容そのものへの規制として分類することが可能である。本件条例において「特異な服装」を規制することは、交通渋滞を招いたり、公の施設を損傷することを防止する目的をもっているわけではない。むしろ、これは、端的に「特異な服装」がもたらすメッセージ内容を禁圧することを目的としている。すなわち、「特異な服装」としての特攻服等が不快感や不安感というメッセージをもたらすことを危惧し、これを禁圧しようとするものである。したがって、本件規制は表現内容に対する規制とみなすべきであって、厳格な司法審査に付されるべきである。

では、広島市条例における服装規制は厳格な審査に耐えられるのであろうか。まず「やむにやまれぬ規制利益」の存在が問題となる。この利益は「基本的憲法価値の制限を正当化するほど重大な価値を有する公共目的でなければならない」[48]と解されている。しかし、「不安又は恐怖」の防止は、服装の自由という人間にとって根源的な価値のある自由を禁圧するほどに重大な価値をもつ公共目的とはいえまい。仮に、このような抽象的な規制利益が表現を規制する正当化事由になるのであれば、自由社会の根幹部分もまた容易に損なわれるであろう。

本件条例で問われているのは、「不安又は恐怖」が実際に惹起されたかでは

---

47) 芦部信喜『憲法学Ⅲ』前掲437頁；拙稿「時間・場所・方式規制に対する司法審査」前掲84-9頁。
48) 芦部信喜『憲法学Ⅲ』前掲27頁。

なく、惹起されるであろうという漠然たる状況にとどまっている。表現は、それが単に不快であるという理由だけで禁圧されてはならない。

次に、服装規制は「最も制限的でない規制手段」といえるであろうか。「不安又は恐怖」から一般市民を保護することには、もっともらしい規制利益がありそうにもみえる。しかし、「不安又は恐怖」から住民を保護するには、既存の公共施設警察権の範囲（公の施設の利用に伴って生じる危険等から住民の生命財産を守る自治体権能）では不十分なのであろうか。広島市条例の審議過程では、この点はまったく明らかにされておらず、むしろ解決すべきは、「特異な服装」をした集会の背後に暴力団が控えている事実ではないのか、との疑問があったことを指摘しておきたい[49]。

6. 結　論

以上の点を要約しよう。

① 広島市条例第16条1項(1)号、第17条は、集会の自由を不当に侵害するものであって、憲法21条1項に違反する。また、これは、地方自治法が自治体に与えた公共施設管理権の範囲を逸脱するものであって、地方自治法244条1項に違反する。

② 広島市条例第16条1項(1)号、第17条は、禁止されるべき行為を明確に告知しておらず、それゆえ、条例の運用者に恣意的な適用を許すものであって、憲法21条1項および憲法31条に違反する。

③ 広島市条例第16条1項(1)号、第17条は、明確な集会許可基準や手続を定めておらず、憲法21条2項が禁止する検閲に該当する。

④ 広島市条例第16条1項(1)号、第17条は、幸福追求の権利に包摂される服装の自由を侵害するものであり、憲法13条に違反する。

---

49) 広島市議会予算特別委員会議事録（平成14年3月15日）295頁。

もちろん、本稿は、広島市や広島県警あるいは教育機関を通じて行われている暴走族対策への努力に水を差すことを意図しているものではなく、むしろその真摯な取り組みを十分評価した上で、憲法上の問題を指摘したものである。暴走族の根絶は、多くの自治体や住民の切望するところであろう。ただ、その努力は憲法規定に反するものであってはならないし、健全な民主主義や自由をかえって阻害するものであってはならない。これまでの検討から、広島市の取り組みは、その劇的効果を狙うあまり、やや勇み足であったとの感は免れない。

　実際、広島市と同様な暴走族追放条例を制定している自治体でも、本件条例のような集会規制にはきわめて懐疑的であって、罰則の適用も暴走行為につながる空ぶかし等、実際の危害を惹起するような行為に限定されていることも忘れてはならない[50]。地方分権の推進により、自治体の条例制定権にも一定の拡大がみられる。しかし、条例制定権もまた、憲法や法律の枠を無視することはできないのであって、条例制定権の健全な発展は、憲法や法律の準拠枠組みを尊重することによって、初めて可能となるであろう。

---

50) 愛知県暴走族追放条例（平成 14 年 4 月 1 日施行）、千葉県暴走族及び暴走行為者の追放の促進に関する条例（平成 14 年 4 月 1 日施行）、鹿児島県暴走族等の追放の促進に関する条例（前出）でも集会そのものを規制対象としてはいない。

第 9 章

合憲限定解釈の限界

1. はじめに

　2007年9月最高裁判所は暴走族の追放を目的として制定された広島市条例の合憲性を認める判決を下した[1]。同市条例はその制定過程から様々な問題点が指摘されてきた。とりわけ、「暴走族の追放」を目的として一定の行為を禁止する条例が「何人にも」適用されることの可否は条例の濫用を許すものではないのかとの疑念が提示され、広島県弁護士会も会長名で懸念を表明するほどの問題点を含むものであった[2]。

　しかし、最高裁判決多数意見はこのような問題点を合憲限定解釈により解決しようとしたのである。では、条例の目的と規制対象との間に齟齬があることが一見して明らかであるようなケースにまで合憲限定解釈を施すことは許されるのであろうか。そもそも合憲限定解釈はどのような場合に可能で、それはいかなる観点から判断されるのであろうか。言い換えると「合憲限定解釈の限界」はどこにあり、それはどのように判断されるべきか。

　本稿では従来の最高裁判決の判断枠組みを分析することによりこのような課題に答えたいと思う。そのため本稿では、まず従来の最高裁における判例理論をスケッチし、広島市条例の合憲性をその枠組みの中に位置づける。そして、その作業を踏まえて合憲限定解釈の限界について検討したいと思う[3]。

---

1) 最判平成19年9月18日　判タ1252号100頁。
2) 中国新聞2002年3月15日。
3) 合憲限定解釈の根拠やその問題点については芦部信喜の古典的業績を参照。芦部

2. 最高裁における合憲限定解釈の展開

(1) 最高裁における合憲限定解釈

1) 合憲限定解釈をめぐる対立

① 都教組判決と合憲限定解釈

合憲限定解釈はいわゆる縮小解釈の一種である[4]。この解釈手法は法文を縮小して解釈する際、憲法という枠組みを参照するところに特色がある。合憲限定解釈は司法の自己抑制から派生したものと理解されてきた。とくに合衆国最高裁で展開されていた「憲法判断回避のルール」の一つであると理解され来たのである[5]。最高裁はこのような解釈手法を早い段階から採用している[6]。

しかし、合憲限定解釈が脚光を浴びたのは1969年の都教組判決であったといえよう。本判決において最高裁は、「法律の規定は、可能な限り、憲法の精神にそくし。これと調和しうるよう、合理的に解釈されるべきものであって、この見地からすれば、これらの規定の表現のみに拘泥して、ただちに違憲と断定する解釈は採用することができない」と述べている。そして、公務員の争議行為を一律禁止している地公法の規定について「その元来の狙いを洞察し労

信喜「憲法判断回避の技術とその論拠」『憲法訴訟の理論』(1973) 293頁。同「労働基本権制約立法の合憲限定解釈と判例変更の限界」『現代人権論』(1974) 317頁。

4) 法解釈のあり方という観点から合憲限定解釈に触れるものとして、青井秀夫『法理学概説』(2007) 491頁参照。畑尻剛「法令の合憲解釈」憲法判例百選Ⅱ[第6版] 424頁。

5) 芦部信喜『司法のあり方と人権』(1983) 182頁。しかし、橋本公亘教授は「合憲限定解釈は法律の体系的解釈をしたもので、裁判所が違憲判断を回避したものではない」と述べる。橋本公亘『日本国憲法[第2版]』(1988) 641頁。後に述べるように、合憲限定解釈は部分的違憲判決を含むものであるから、橋本教授の指摘が正しい。

6) 最大判昭和32年11月28日 刑集16巻11号1593頁(第三者所有物没収事件)、刑集16巻5号495頁(交通事故の報告義務と自己負罪特権)。これらの点について新正幸『憲法訴訟』(2008) 441頁。

基本権を尊重し保障している憲法の趣旨と調和しうるように解釈するときは、これらの規定の表現にかかわらず、禁止されるべき争議行為の種類や態様についても、さらにまた、処罰の対象とされるべきあおり行為についても、おのずから合理的な限界の存することが承認されるはずである」と述べる。

合憲限定解釈は、法令の合憲性それ自体が争われている場合において法文の射程を限定することでその合憲性を維持する解釈手法である。この解釈手法がとられた場合には、法令違憲の判断が回避されることを意味する。それと同時に法令の適用領域に関する立法府の意図が裁判所の解釈によって縮減されることも意味している。

それゆえ、合憲限定解釈については異なる二つの方向からの批判が提起されることになる。

まず、(a)法文の射程を限定しなければ合憲性を維持できないような法令はむしろ端的に法令違憲とすべきではなかったかという批判がある。これは、(a1)労働基本権の制約のような事例ではそもそも合憲限定解釈が不可能であるとの立場と(a2)都教組判決で争われた地公法37条1項および61条4号の規定を合憲限定解釈することは困難であるとする批判に分けられる。いずれも合憲限定解釈という手法を認めつつも、その妥当する領域を問題にしようとする批判である。

次に、(b)合憲限定解釈の手法自体が法令の射程を曖昧にし、構成要件の明確性を損なうおそれがあるという批判がある。都教組判決反対意見は基本的にこの立場に立っている。

② 全農林判決における合憲限定解釈の否定

1973年最高裁は全農林判決において都教組判決の論理を完全に否定した。すなわち、「公務員の行う争議行為を違法なものとそうでないものとに区別し、違法な争議行為を違法性の強いものと弱いものに区別し、あおり行為等の罪として刑事制裁を科されるのはそのうち違法性の強い争議行為に限るとし、あるいはあおり行為等につき、争議行為のいわゆる通常随伴するものを国公法上不

処罰とされる争議行為自体と同一視し、かかるあおり等の行為自体の違法性の強弱または社会的許容性の有無を論ずるなどといった不確定な限定解釈は、かえって犯罪構成要件の保障機能を失わせることとなり、その明確性を要請する憲法 31 条に違反する疑いすらある」と述べるのである。

全農林判決に対する批判は根強い。より広汎な人権制約を正当化するため憲法 31 条を援用することの当否は別としても、全農林判決が指摘したことは最高裁における法令解釈のあり方そのものにもかかわっている。合憲限定解釈が縮小解釈という典型的解釈手法の一種である以上、これ自体を否定することは不可能であろう。それゆえ、合憲限定解釈をとることができる場合はいつか、どの範囲でそれが可能か、その際どのような要件が求められるのかについては問題が先送りされていると見るほかない。しかし、このような問題は、全農林判決が合憲限定解釈を否定したことではなく、都教組判決が合憲限定解釈を採用したことに起因しているとみることが可能である。先の批判にあるように、都教組判決における地公法の規定は本来合憲限定解釈になじむようなものであったのか。合憲限定解釈自体に無理があったといえないのか。都教組判決反対意見にあるように、合憲限定解釈は法文を無にするような一種の立法と見る余地も十分あったのである。

しかし、それにもかかわらず最高裁は合憲限定解釈の手法を用いていくつかの法律に対する文面上違憲の主張を退けてきたのである。

2) 最高裁における合憲限定解釈の展開

① 法文の明確性と司法審査[7]

後述するように、合憲限定解釈以前の問題は法文が「曖昧」であったり「過度に広汎」である場合に、法文の文面上無効を攻撃する手法として用いられる。では、法文の「曖昧さ」や「広汎さ」はどのように判別するのであろうか。最高裁はこの問題について「社会通念」や「通常の判断能力を有する一般

---

[7] 佐藤幸治『憲法訴訟と司法権』(1984) 170 頁、藤井俊夫「過度の広汎性の理論および明確性の理論」芦部編『講座憲法訴訟 第 2 巻』(1987) 347 頁。

人」の概念を設け、これを基準にして具体的問題に対処してきた[8]。

たとえば、「みだりに他人の家屋その他の工作物にはり札をし」た者を処罰する規定を置く軽犯罪法1条33号前段の合憲性について、最高裁判所は、この規定が憲法21条に違反しないかが争われた事件において、同規定が「公共の福祉のため、表現の自由に対して許された必要かつ合理的な制限」であると述べている[9]。そして、同規定にいう「みだりに」の解釈について、「他人の家屋その他の工作物にはり紙をするにつき、社会通念上正当な理由があると認められない場合を指称するものと解するのが相当であって、所論のように、その文言があいまいであるとか、犯罪の構成要件が明確でないとは認められない」とする。

この判決では、まず軽犯罪法1条33号の存在それ自体が憲法に違反しないという判断を前提にして、その構成要件である「みだりに」が不明確であるとの主張に対しては「社会通念上正当な理由」と読み替えることで（もしくは意味を補充することで）曖昧ゆえに無効の主張を退けたのであった。

また、徳島市公安条例事件[10]では「交通秩序を維持する」という包括規定が曖昧ゆえに無効ではないかが争われた。この判決の中で最高裁は次のように述べている。

　「刑罰法規の定める構成要件があいまい不明確ゆえに憲法31条に違反し

---

[8] 一方、最高裁は東京都公安条例事件においては法令の不明確さが争点となったにもかかわらず合憲限定解釈を明示的に用いないで文面上合憲の結論を導き出している。その際最高裁は、集団行進や集団示威運動への許可制について、「条例全体の精神を実質的かつ有機的に考察する」ことによって許可制の合憲性を追認したのである。そして、同条例が規制対象とする「道路その他公共の場所」や「場所の如何を問わず」という一般的な定め方について、むしろ集団行進等の危険性を強調してその包括性に関する議論を集結させたのであった。
　　また、岐阜県青少年保護育成条例事件のように、規制基準の不明確さを突く主張に対して、これを一顧だにせず有害図書規制の必要性という観点のみからその合憲性を追認している。

[9] 最大判昭和45年6月17日　最判刑集24巻6号280頁。

[10] 最大判昭和50年9月10日　最判刑集29巻8号489頁。

無効であるとされるのは、その規定が通常の判断能力を有する一般人に対して、禁止される行為とそうでない行為とを識別するための基準を示すところがなく、そのため、その適用を受ける国民に対して刑罰の対象となる行為をあらかじめ告知する機能を果たさず、また、その運用がこれを適用する国又は地方公共団体の期間の主観的判断にゆだねられて恣意に流れる等重大な弊害を生ずるからである。」

そして、法規には「規定の文言上の表現力に限界があるばかりでなく、その性質上多かれ少なかれ抽象性を」有することから、「禁止される行為とそうでない行為との識別を可能ならしめる基準といっても、必ずしも常に絶対的なそれを要求することはできず……それゆえ、ある刑罰法規があいまい不明確ゆえに憲法31条に違反すると認めるべきかどうかは、通常の判断能力を有する一般人の理解において、具体的場合に当該行為がその適用を受けるものかどうかの判断を可能ならしめるような基準が読み取れるかどうかによってこれを決定すべきである」と述べるのである。そして、このような観点から徳島市公安条例が規制対象とそれ以外の区別が可能であると判断するのである。

② 「税関検査基準」
　ア）　税関検査と合憲限定解釈[11]

最高裁が判例史上初めて明確に合憲限定解釈の成立要件について述べたのは税関検査訴訟であった。関税定率法21条1項3号（現69条の11第1項7号）が定める「風俗を害すべき書籍、図画」が不明確であるとの主張に対して、最高裁は「およそ法的規制の対象として『風俗を害すべき書籍、図画』というときは、性的風俗を害すべきもの、すなわち猥褻な書籍、図画を意味すると解することができるのであって、この間の消息は旧刑法が『風俗ヲ害スル罪』の章の中に書籍、図画等の表現物に関する罪として猥褻物公然陳列と同販売の罪の

11）　最大判昭和59年12月12日　最判民集38巻12号1308頁。代表的な判例評釈として、阪本昌成『憲法判例百選Ⅰ［第5版］』152頁、高橋和之「判例時報」1163号198頁、大沢秀介『メディア判例百選』124頁。

みを規定し、現行刑法上、表現物で風俗を害すべきものとして規制の対象とされるのは 175 条の猥褻文書、図画等のみであることによっても窺うことができるのである」と述べる。

そして、「関税定率法 21 条 1 項 3 号にいう『風俗を害すべき書籍、図画』等との規定を合理的に解釈すれば、右にいう『風俗』とは専ら性的風俗を意味し、右規定により輸入禁止の対象とされるのは猥褻な書籍、図画に限られるものということができ、このような限定的な解釈が可能である以上、右規定は、何ら明確性に欠けるものではなく、憲法 21 条 1 項の規定に反しない合憲的なものというべきである」とする。

そこで、合憲限定解釈が許されるかどうかについてであるが、最高裁は次のように述べている。

「表現の自由を規制する法律の規定について限定解釈をすることが許されるのは、その解釈により、規制の対象となるものとそうでないものが明確に区別され、かつ合憲的に規制し得るもののみが規制の対象となることが明らかにされる場合でなければならず、また、一般国民の理解において、具体的場合に当該表現物が規制の対象となるかどうかの判断を可能ならしめるような基準をその規定から読みとることができるものでなければならない。」

本稿ではこの基準を「税関検査基準」と呼ぶことにする。最高裁は、この基準を関税定率法にあてはめるに際して、旧刑法や現行刑法、その他の法令における「風俗」の用語法を確認しつつ、結論として「『風俗を害すべき書籍、図画』等を猥褻な書籍、図画等に限定して解釈することは、十分な合理性を有するものということができるのである」と結論づけている。

しかし、このような合憲限定解釈については伊藤正己裁判官らによる反対意見が鋭い批判を展開している。すなわち、合憲限定解釈によっても「風俗を害すべき書籍、図画」をわいせつ的表現に限定して解釈することはできず、また表現規制を合憲限定解釈するについては「他の場合よりも厳しい枠があるべきであり、規制の目的、文理及び他の条規との関係から合理的に導き出し得る限

定解釈のみが許されるのである」と述べるのである。要するに、「わいせつ的表現」を規制したいのなら、「わいせつ的表現」のみを規制するような立法をすべきであるというのである。

したがって、法文が曖昧であったり過度に広汎である場合、解釈によって合憲的な適用対象を限定することが適切であるのか、それともそれは立法によって解決すべきであるのかという司法部の役割に直結する問題が横たわっているというべきであろう。

イ）福岡県青少年保護育成条例における合憲限定解釈[12]

同様な論点は福岡県青少年保護育成条例事件においても見いだされる。「淫らな」行為の規制対象が争点となった本判決において、最高裁大法廷判決は、条例の目的や他の条文の「趣旨及びその文理に徴すると、本条例10条1項の規定にいう『淫行』とは、広く青少年に対する性行為一般をいうものと解すべきでなく、青少年を誘惑し、威迫し、欺罔し又は困惑させる等その心身の未熟さに乗じた不当な手段により行う性交又は性交類似行為の他、青少年を単に自己の性的欲望を満足させるための手段として扱っているとしか認められないような性交又は性交類似行為をいうと解するのが相当である」と述べている。ここでは、合憲限定解釈が条例の目的や他の条文の規定を手がかりにして正当化されていることが特徴である。

このような多数意見に対して、伊藤正己裁判官反対意見の合憲限定解釈は「一般人の理解として『淫行』という文言から読みとれるかどうか疑問であって、もはや解釈の限界を超えたものと思われる」と述べている。

一方、最高裁は泉佐野市民会館事件[13]において法令の適用対象や程度について限定解釈を施している。

---

12) 最大判昭和60年10月23日 刑集39巻6号413頁。代表的な判例評釈として、宍戸常寿・地方自治判例百選［第2版］56頁、芝原邦爾・刑法判例百選Ⅰ［第5版］6頁。
13) 最判平成7年3月7日 最判民集49巻3号687頁。

地方自治法244条は住民の福祉の増進のために用いられる施設、すなわち「公の施設」について、設置管理者は正当な理由のない限り住民の利用を拒んではならないと定めている。この規定を受けて、各自治体は公の施設設置管理条例で利用拒否が可能な場合を列挙するのが通例であるが、その事由の中には本件で問題となった「公の秩序をみだすおそれがある場合」のような一般的抽象的な規定も存在する。

最高裁は、このような規定を解釈適用するにあたって「憲法の保障する集会の自由を実質的に否定することにならないかどうかを検討すべきである」とした上で次のように述べている[14]。

> 「このような観点からすると、集会のように供される公共施設の管理者は、当該公共施設の種類に応じ、また、その規模、構造、設備等を勘案し、公共施設としての使命を十分達成せしめるよう適正にその管理権を行使すべきであって、これらの点からみて利用を不相当とする事由が認められないにもかかわらずその利用を拒否し得るのは、利用の希望が競合する場合のほかは、施設をその集会のために利用させることによって、他の基本的人権が侵害され、公共の福祉が損なわれる危険がある場合に限られる。」

したがって、本件で問題とされた「公の秩序をみだすおそれがある場合」は「集会の自由を保障することの重要性よりも、本件会館で集会が開かれることによって、人の生命、身体又は財産が侵害され、公共の安全が損なわれる危険を回避し、防止することの必要性が優越する場合をいうものと限定して解すべきであり、その危険の程度としては……単に危険な事態を生ずる蓋然性があるというだけでは足りず、明らかな差し迫った危険の発生が具体的に予見されることが必要であると解するのが相当である」と判示したのである。

泉佐野市民会館事件は集会の自由を不必要に侵害しないよう法文の適用対象を限定すべきであるとの解釈がとられているので（その結論は別として）、そこ

---

14) この説示については税関検査訴訟最高裁大法廷判決が先例として引用されている。

での合憲限定解釈は一定の人権保障機能を果たすものと評価することができるであろう。しかし、このような解釈はむしろ異例である。むしろ、合憲限定解釈に関する最高裁の判例理論は「税関検査基準」に集約されているとみることができる。すなわち、最高裁は合憲限定解釈が許される条件を①その解釈により、規制の対象となるものとそうでないものが明確に区別され、かつ合憲的に規制し得るもののみが規制の対象となることが明らかにされる場合でなければならず（これを本稿では「税関検査基準①」と呼ぶ）、また、②一般国民の理解において、具体的場合に当該表現物が規制の対象となるかどうかの判断を可能ならしめるような基準をその規定から読みとることができる（これを本稿では「税関検査基準」と呼ぶ）という2要件に集約したのであった。

では、実際このような「税関検査基準」は合憲限定解釈を正当化するためのテストとして機能するのであろうか、またその適用は法の解釈の観点や司法権と立法権の役割分担の観点から見たとき十分批判に耐えられるのであろうか。以下、項をあらためて検討する。

（2）広島市暴走族追放条例事件における合憲限定解釈

1）最高裁判決

① 法廷意見

広島市暴走族追放条例（以下「本件条例」という）は16条1項において、「何人も、次に掲げる行為をしてはならない」と定め、その1号で「公共の場所において、当該場所の所有者又は管理者の承諾又は許可を得ないで、公衆に不安又は恐怖を覚えさせるようない集又は集会を行うこと」と定めている。また、本件条例17条は、「前条第1項第1号の行為が、本市の管理する公共の場所において、特異な服装をし、顔面の全部若しくは一部を覆い隠し、円陣を組み、又は旗を立てる等威勢を示すことにより行われたときは、市長は、当該行為者に対し、当該行為の中止又は当該場所からの退去を命ずることができる」と定め、本件条例19条は、この市長の命令に違反した者は、6ヶ月以下の懲役又は10万円以下の罰金に処するものと規定している[15]。

この条規に違反したとして逮捕起訴された者が本件条例の合憲性を争ったケースがここで題材として取り上げる広島市暴走族追放条例事件である。第一審判決は[16]、被告人の行為が上記の本条例19条、16条1項(1)号、17条に該当するとして、被告人に懲役4月、3年間刑執行猶予の有罪判決を言い渡した。第二審判決[17]も第一審判決を支持した[18]。

　そこで被告人が本件条例の合憲性を争ったのであるが、その主張の力点は、

---

15)　広島市暴走族追放条例は次のような規定を置いている。
　(行為の禁止)
　第16条　何人も、次に掲げる行為をしてはならない。
　　(1)　公共の場所において、当該場所の所有者又は管理者の承諾又は許可を得ないで、公衆に不安又は恐怖を覚えさせるような集又は集会を行うこと。
　　(2)　公共の場所における祭礼、興行その他の娯楽的催物に際し、当該催物の主催者の承諾を得ないで、公衆に不安又は恐怖を覚えさせるような集、集会又は示威行為を行うこと。
　　(3)　現に暴走行為を行っている者に対し、当該暴走行為を助長する目的で、声援、拍手、手振り、身振り又は旗、鉄パイプその他これらに類するものを振ることにより暴走行為をあおること。
　　(4)　公共の場所において、正当な理由なく、自動車等を乗り入れ、急発進させ、急転回させる等により運転し、又は空ぶかしさせること。
　2　何人も、前項各号に掲げる行為を指示し、又は命令してはならない。
　(中止命令等)
　第17条　前条第1項第1号の行為が、本市の管理する公共の場所において、特異な服装をし、顔面の全部若しくは一部を覆い隠し、円陣を組み、又は旗を立てる等威勢を示すことにより行われたときは、市長は、当該行為者に対し、当該行為の中止又は当該場所からの退去を命ずることができる。
　(委任規定)
　第18条　この条例の施行に関し必要な事項は、市長が定める。
　(罰則)
　第19条　第17条の規定による市長の命令に違反した者は、6月以下の懲役又は10万円以下の罰金に処する。
16)　広島地判平成16年7月16日。
17)　広島高判平成17年7月28日　判タ1195号128頁。
18)　第一審、第二審判決に関する評釈として、拙稿「集会規制における内容中立性の諸問題」中央ロー・ジャーナル3巻3号(2006) 55頁。

本件条例が過度に広汎であるという点に向けられた。これに対して最高裁は次のように述べて、その主張を退けた[19]。

「所論は、本条例16条1項1号、17条、19条の規定の文言からすれば、その適用範囲が広範に過ぎると指摘する。

なるほど、本条例は、暴走族の定義において社会通念上の暴走族以外の集団が含まれる文言となっていること、禁止行為の対象及び市長の中止・退去命令の対象も社会通念上の暴走族以外の者の行為にも及ぶ文言となっていることなど、規定の仕方が適切ではなく、本条例がその文言どおりに適用されることになると、規制の対象が広範囲に及び、憲法21条1項及び31条との関係で問題があることは所論のとおりである。

しかし、本条例19条が処罰の対象としているのは、同17条の市長の中止・退去命令に違反する行為に限られる。そして、本条例の目的規定である1条は、『暴走行為、い集、集会及び祭礼等における示威行為が、市民生活や少年の健全育成に多大な影響を及ぼしているのみならず、国際平和文化都市の印象を著しく傷つけている』存在としての『暴走族』を本条例が規定する諸対策の対象として想定するものと解され、本条例5条、6条も、少年が加入する対象としての『暴走族』を想定しているほか、本条例には、暴走行為自体の抑止を眼目としている規定も数多く含まれている。

また、本条例の委任規則である本条例施行規則3条は、『暴走、騒音、暴走族名等暴走族であることを強調するような文言等を刺しゅう、印刷等をされた服装等』の着用者の存在（1号）、『暴走族名等暴走族であることを強調するような文言等を刺しゅう、印刷等をされた旗等』の存在（4号）、『暴走族であることを強調するような大声の掛合い等』（5号）を本条例17条の中止命令等を発する際の判断基準として挙げている。

このような本条例の全体から読み取ることができる趣旨、さらには本条

---

19) 本判決に関する評釈として、曽我部真裕「判例セレクト2007（憲法五）」7頁、田中祥貴「速報判例解説（憲法No. 2)」15頁、山田健吾「速報判例解説（行政法No. 10)」65頁、巻美矢紀「平成19年度重要判例解説」16頁。

例施行規則の規定等を総合すれば、本条例が規制の対象としている『暴走族』は、本条例2条7号の定義にもかかわらず、暴走行為を目的として結成された集団である本来的な意味における暴走族の外には、服装、旗、言動などにおいてこのような暴走族に類似し社会通念上これと同視することができる集団に限られるものと解され、したがって、市長において本条例による中止・退去命令を発し得る対象も、被告人に適用されている『集会』との関係では、本来的な意味における暴走族及び上記のようなその類似集団による集会が、本条例16条1項1号、17条所定の場所及び態様で行われている場合に限定されると解される。

そして、このように限定的に解釈すれば、本条例16条1項(1)号、17条、19条の規定による規制は、広島市内の公共の場所における暴走族による集会等が公衆の平穏を害してきたこと、規制に係る集会であっても、これを行うことを直ちに犯罪として処罰するのではなく、市長による中止命令等の対象とするにとどめ、この命令に違反した場合に初めて処罰すべきものとするという事後的かつ段階的規制によっていること等にかんがみると、その弊害を防止しようとする規制目的の正当性、弊害防止手段としての合理性、この規制により得られる利益と失われる利益との均衡の観点に照らし、いまだ憲法21条1項、31条に違反するとまではいえないことは、最高裁昭和44年（あ）第1501号同49年11月6日大法廷判決・刑集28巻9号393頁、最高裁昭和61年（行ツ）第11号平成4年7月1日大法廷判決・民集46巻5号427頁の趣旨に徴して明らかである。」

② 堀籠裁判官補足意見

合憲限定解釈に関するこのような法廷意見について、堀籠裁判官補足意見は次のように述べている。

「被告人の本件行為は、本条例が公共の平穏を維持するために規制しようとしていた典型的な行為であり、本条例についてどのような解釈を採ろうとも、本件行為が本条例に違反することは明らかであり、被告人に保障

されている憲法上の正当な権利が侵害されることはないのであるから、罰則規定の不明確性、広範性を理由に被告人を無罪とすることは、国民の視点に立つと、どのように映るのであろうかとの感を抱かざるを得ない。

　一般に条例については、法律と比較し、文言上の不明確性が見られることは稀ではないから、このような場合、条例の文面を前提にして、他の事案についての適用関係一般について論じ、罰則規定の不明確性を理由に違憲と判断して被告人を無罪とする前に、多数意見が述べるように、本条例が本来規制の対象としている『集会』がどのようなものであるかをとらえ、合理的な限定解釈が可能であるかを吟味すべきである。確かに、集会の自由という基本的人権の重要性を看過することは許されず、安易な合憲限定解釈は慎むべきであるが、条例の規定についてその表現ぶりを個々別々に切り離して評価するのではなく、条例全体の規定ぶり等を見た上で、その全体的な評価をすべきものであり［……］合理的限定解釈が可能であるから、そのような方向で合憲性の判断を行うべきであり、これを違憲無効とする反対意見には同調することができない。」

③　那須裁判官補足意見

さらに、那須裁判官補足意見は「どのような場合に限定解釈が許されるのか、その要件に関し補足して私の考えを明らかにしておきたい」として「税関検査基準」を援用しながら、次のように述べる。

　「『暴走族』の意味については、『オートバイなどを集団で乗り回し、無謀な運転や騒音などで周囲に迷惑を与える若者たち』を指すものであると理解するのが一般的であり（広辞苑［第5版］等）、この理解はほぼ国民の中に定着しているといってよい。したがって、本条例の『暴走族』につき、上記のとおりの限定解釈ができれば、本条例の規制の対象となるものが本来的な意味における暴走族及びこれに類似する集団に限られその余の集団は対象とならないことも明確になるのであるから、『広範に過ぎる』という批判を免れるとともに、『規制の対象となるものとそうでないもの

とが明確に区別され、かつ、合憲的に規制しうるもののみが規制の対象となることが明らかにされること』という大法廷判決の第一の要件が充たされるのは明らかである。」

　第二の要件について同裁判官は、本件条例のタイトルや条例中に用いられている「暴走族」の文言、そして社会通念に照らし合わせると、本件条例が「本来的な暴走族及びこれに類する集団のみを対象とするものであるとする限定解釈の内容は、一般国民の理解においても極めて理解しやすいものである」と評価する。ただし、「公共の場所において、公衆に不安若しくは恐怖を覚えさせるような特異な服装若しくは集団名を表示した服装で、い集、集会若しくは示威行為を行う集団」をも暴走族として取り扱うこととしている条例2条7号は「一般国民の理解においてはむしろ社会通念に反する奇異なものと映り、定義規定にあるとの一事をもって正確な理解に達することは容易ではないとも考えられる」として、その問題点を指摘する。しかし、「規制の対象となるかどうかの判断を可能ならしめるような基準をその規定から読みとることができるかどうか」の判断は、定義規定だけに着目するのではなく、広く本条例中に存在するその他の関連規定をも勘案して決すべきものであり、そのような広い視点から判断すれば、本条例における『暴走族』につき多数意見のように限定解釈をすることは大法廷判決の示す要件にも合致し、十分に合理性を持つと考える」と結論づける。

④　藤田裁判官反対意見

　以上のような多数意見に対して、藤田裁判官と田原裁判官反対意見は、本件条例を合憲限定解釈することが困難であるとの結論に達している。

　藤田裁判官反対意見はまず、「日本国憲法によって保障された精神的自由としての集会・結社、表現の自由は、最大限度に保障されなければならないのであって、これを規制する法令の規定について合憲限定解釈をすることが許されるのは、その解釈により規制の対象となるものとそうでないものとが明確に区別され、かつ合憲的に規制し得るもののみが規制の対象となることが明らかに

される場合でなければならず、また、一般国民の理解において、具体的場合に当該表現行為等が規制の対象となるかどうかの判断を可能ならしめるような基準を、その規定自体から読み取ることができる場合でなければならないというべきである」との立場を明らかにする。そして、定義規定について次のように述べる。

「しかし、通常人の読み方からすれば、ある条例において規制対象たる『暴走族』の語につき定義規定が置かれている以上、条文の解釈上、『暴走族』の意味はその定義の字義通りに理解されるのが至極当然というべきであり（そうでなければ、およそ法文上言葉の『定義』をすることの意味が失われる）、そして、2条7号の定義を字義通りのものと前提して読む限り、多数意見が引く5条、6条、施行規則3条等々の諸規定についても、必ずしも多数意見がいうような社会的通念上の暴走族及びそれに準じる者のみを対象とするものではないという解釈を行うことも、充分に可能なのである。

加えて、本条例16条では『何人も、次に掲げる行為をしてはならない』という規定の仕方がされていることにも留意しなければならない。多数意見のような解釈は、広島市においてこの条例が制定された具体的な背景・経緯を充分に理解し、かつ、多数意見もまた『本条例がその文言どおりに適用されることになると、規制の対象が広範囲に及び、憲法21条1項及び31条との関係で問題があることは所論のとおりである』と指摘せざるを得なかったような本条例の粗雑な規定の仕方が、単純に立法技術が稚拙であることに由来するものであるとの認識に立った場合に、初めて首肯されるものであって、法文の規定そのものから多数意見のような解釈を導くことには、少なくとも相当の無理があるものと言わなければならない。」

また、表現規制に対する合憲限定解釈については次のように述べている。

「私もまた、法令の合憲限定解釈一般について、それを許さないとするものではないが、表現の自由の規制について、最高裁判所が法令の文言とりわけ定義規定の強引な解釈を行ってまで法令の合憲性を救うことが果た

して適切であるかについては、重大な疑念を抱くものである。本件の場合、広島市の立法意図が多数意見のいうようなところにあるのであるとするならば、『暴走族』概念の定義を始め問題となる諸規定をその趣旨に即した形で改正することは、技術的にさほど困難であるとは思われないのであって、本件は、当審が敢えて合憲限定解釈を行って条例の有効性を維持すべき事案ではなく、違憲無効と判断し、即刻の改正を強いるべき事案であると考える。」

⑤　田原裁判官反対意見

田原裁判官反対意見は、「本条例は、通常の判断能力を有する一般人の視点に立ったとき、その文言からして、多数意見が述べるような限定解釈に辿りつくことは極めて困難であって、その規定の広範性とともに、その規制によって達成しようとする利益と規制される自由との間の均衡を著しく欠く点において、憲法11条、13条、21条、31条に違反するものと言わざるを得ない」として本件条例が過度に広範な規制であると断定する。

その際、同裁判官は、本件条例の規制対象者と規制対象とされる行為にわたり詳細な分析を展開する。

本件条例の適用対象者については、次のように述べている。

「16条1項柱書に記載されているとおり『何人も』であって、本条例制定の目的とする『暴走族』ないし『それと同視することができる集団』という限定は付されていない。多数意見は、本条例の目的規定や、本条例には暴走行為自体の抑止を眼目とする規定が数多く含まれていること、本条例の委任規則である本条例施行規則3条は、本条例17条の中止命令等を発する際の判断基準として暴走族であることを前提とする諸規定を設けていること等を総合すれば、『本条例が規制の対象としている暴走族は、本条例2条7号の定義にもかかわらず、暴走行為を目的として結成された本来的な意味における暴走族の外には、服装、旗、言動などにおいてこのような暴走族に類似し社会通念上これと同視することができる集団に限られ

るものと解され』るとするが、本条例16条の『何人も』との規定を多数意見のように限定して解釈することは、通常の判断能力を有する一般人において、著しく困難であるというほかはない。しかも、本条例の制定過程における市議会の委員会審議において、本条例2条7号の暴走族の定義を『暴走行為をすることを目的として結成された集団をいう』と修正し、また16条1項につき、『何人も』とある原案に対して、『暴走族の構成員は』と修正する案が上程されたが何れも否決されているのであって、かかる条例制定経緯をも勘案すれば、多数意見のような限定解釈をなすことは困難であるというべきである。」

次いで、対象とされる行為についても、条例が定める「特異な服装」と「い集」についていずれもこれら概念が暴走族のみに限定されて適用されるものとはなっていないと批判し、「本条例の目的規定を超えて『何人も』がその対象であり、その対象行為は、本条例の制定目的を遥かに超えて、特異な服装等一般に及び得るのであって、その対象行為は余りに広範囲であって憲法31条に違反すると共に、民主主義国家であれば当然に認められるいわば憲法11条、13条をまつまでもなく認められる行動の自由権を侵害し、また、表現、集会の自由を侵害するものとして憲法21条に違反するものであると言わざるを得ない」と結論づけている。

2) 合憲限定解釈をめぐる対立
① 多数意見における合憲限定解釈

堀籠裁判官補足意見が指摘するように、条例には規制対象や規制される行為について明確に規定しないケースが散見される。その多くは、行為の反社会性や侵害される法益の重要性から、あえて憲法問題を争うまでもなく合憲であるとの前提に立ち解釈運用されているに違いない。本件条例は制定過程から規定文言の包括性抽象性については議論があった。その点で、本件条例は合憲性が必ず争われる運命にあったということもできる。

本判決で法廷意見と反対意見の結論を分けたのは、「暴走族追放」を目的と

する条例が「何人にも」適用されるという矛盾、不均衡をどう見るかであった。法廷意見は目的や条例全体の規定から「何人も」規定の問題点を微少なものと解釈し、反対意見は「何人も」という規定が集会の自由に対してもつインパクトを重く見たのである。そして、ここには合憲限定解釈に対する考え方の違いが反映されている。

　法廷意見は合憲限定解釈を施すに際して、本件条例の他の条文を引証する。つまり、条例全体が暴走族への適用を予定しているということから「何人」への適用はないと解釈したのである。おそらく、その背景には、堀籠裁判官補足意見が述べるように、「本条例についてどのような解釈を採ろうとも、本件行為が本条例に違反することは明らかであり、被告人に保障されている憲法上の正当な権利が侵害されることはないのであるから、罰則規定の不明確性、広範性を理由に被告人を無罪とすることは、国民の視点に立つと、どのように映るのであろうかとの感を抱かざるを得ない」という実質的な理由が控えていたと思われる。この意見が多数意見の本音を言い表している。そうでなければ、「本条例がその文言どおりに適用されることになると、規制の対象が広範囲に及び、憲法21条1項及び31条との関係で問題があることは所論のとおりである」との認識を踏まえてもなお本件条例を合憲限定解釈することはなかったであろう。

　もちろん本音の理由が法の解釈を正当化するわけではない。そこで堀籠裁判官は、「条例全体の規定ぶり」を見るべきだと述べる。そこには、おそらく「何人も」という規定がもつ本条例の致命的な欠陥を何とか補正したいとの考えが見て取れるのである。

　これに対して那須裁判官補足意見は、税関検査に関する最高裁大法廷判決に依拠しながら、合憲限定解釈が許されるための二つの要件を掲げ、本件条例がこの2点を充足するものであることを論証する。だが、那須裁判官補足意見においても、2要件の充足は「定義規定だけに着目するのではなく、広く本条例中に存在するその他の関連規定をも勘案して決すべきものであ」るとされているのであるから、これも法廷意見と同じ視点からのアプローチであるといえよ

う。

② 反対意見における合憲限定解釈

以上のような多数意見に対して、反対意見は、「暴走族」という規定の甘さに加えて、本件条例の禁止事項が「何人」に対しても適用されることを重く見た。この点、藤田裁判官が皮肉を用いて指摘するように、暴走族の追放を目的とした条例の禁止事項を何人にも適用する規定を正当化するには「単純に立法技術が稚拙である」ことを理由とするほかない。しかし、これは立法技術の未熟さによるものではない。現実に、本件条例の審議過程ではまさにこの点に対する危惧や疑問が明らかにされており、この条文はそのような疑問をあえて振りきった形で制定されているからである[20]。この点については田原裁判官反対意見にも鋭い指摘がなされている。

それゆえ、立法過程に着目した場合、本件条例（とりわけ16条）を合憲限定解釈することには相当な困難が伴いそうである。本件条例において立法者は暴走族の行う一定の行為を禁止しようとしていたのではなく、暴走族であれ一般の市民であれ、「公共の場所において、当該場所の所有者又は管理者の承諾又は許可を得ないで、公衆に不安又は恐怖を覚えさせるような集又は集会を行うこと」等を禁止しようとしていたのである。

したがって、本件条例16条を暴走族のみに適用すると解釈することは「通常の判断能力を有する一般人において、著しく困難であるというほかない」とする田原裁判官の意見が説得力をもっている。

では、そもそも合憲限定解釈が許される場合とはどのような場合なのか。本件条例のように、暴走族の追放を直接的な目的として制定された規範が副次的には何人に対しても適用され、そのことを立法者も意図していたような条例を合憲限定解釈することは可能なのであろうか。次に、この点に立ち入った検討を行いたいと思う。

---

20) 広島市議会予算特別委員会議事録（総務関係　平成14年3月15日）297-9頁。この点について拙稿前掲63頁参照。

3．合憲限定解釈の限界

（1） 合憲限定解釈とは何か

1） 合憲限定解釈とは何か

合憲限定解釈とは、「憲法適合性が争われている法令について、広狭二義の解釈が可能であり、広い解釈をとるとその法令が違憲となり、あるいは違憲となる疑いが生ずる場合には、憲法の規定若しくは原理に適合するように狭く限定的に解釈し、憲法上問題のない狭い解釈を採用しなければならないという法令解釈のあり方ないし準則」[21]をいう。あるいは、「ある法令について違憲の疑いがかけられているとき、その疑いを除去するように法令の意味を解釈する手法をいう」[22]とされる。

このような解釈手法は、民主主義における司法審査の役割を確定する観点から正当化されてきた。すなわち、国民代表が制定した法律には合憲性の推定が働くのであるから、法令に対する違憲判断はそれが真に求められている場合に限り行うべきであると考えられてきたのである[23]。

合憲限定解釈には二つの種類（もしくは機能）があると考えられている。第一に「人権保障促進型」[24]（「人権保障機能」）[25]であり、法令を限定解釈することにより規制あるいは刑罰法規の射程を限定し、問題となっている行為をその射程外に置くことで人権保障を促進するものである。射程外にある行為に法令を適用することは違憲となる。

第二に「立法正当化型合憲限定解釈」[26]（「法令正当化機能」）[27]がある。問題と

21）　芦部信喜『憲法［第 4 版］』（高橋和之補訂 2007）
22）　戸松秀典『憲法訴訟［第 2 版］』（2008）234 頁。
23）　佐藤幸治『憲法［第 3 版］』（1997）363 頁。
24）　戸松前掲 235 頁。
25）　新正幸前掲 458 頁。
26）　戸松前掲 239 頁。
27）　新前掲 458 頁。

なっている法令の射程を限定することによりその合憲性を維持するものである。この場合、争われている行為はその射程内に置かれることになるから、結論的には行為を制限する方向で機能する。

わが国の判例学説ともこのような合憲限定解釈を認めてきた。とりわけ判例には合憲限定解釈を施したと考えられる事例が多く見受けられる。そしてそのほとんどが「立法正当化型合憲限定解釈」に分類される。そこでは、争われている自由の種類は問題とされない。

これに対して学説は合憲限定解釈という解釈手法を認めた上で、表現の自由に対する適用については慎重な姿勢を示してきたように思われる[28]。表現の自由は民主制に直結した権利であり、これに対する規制には合憲性の推定が及ばないからである。

しかし、最高裁は表現規制についても合憲限定解釈を施してきた。いやむしろ表現規制の領域でこそ合憲限定解釈を自在に活用してきたように思われる。公務員の政治活動に対する国公法等の規制、集団示威行動に対する公安条例の規制、税関検査、青少年条例による有害図書の規制等、表現の自由領域での重要な判断が合憲限定解釈の手法を用いて行われてきたのである。

2) 合憲限定解釈の機能と様式

右に見たように合憲限定解釈には二つの機能があると理解されてきた。しかし、今日「人権保障促進機能」は判例上ほぼ淘汰されている[29]。したがって今日、合憲限定解釈は「法令正当化機能」を営むものだけが残されている。

ところで、この「法令正当化機能」であるが、法文に対する合憲性の争い方によっては異なる機能を果たす可能性がある。

第一に、問題となる法文の「過度に広汎性」が争われる場合、当該法文に合憲限定解釈を施すと、合憲部分と違憲部分が判別され、争点となっている行為がどの部分に属するのかにより合憲判断と違憲判断が分かれることになるので

---

28) 佐藤前掲364頁。
29) 戸松前掲240頁。

あるから、この場合には消極的な違憲判断が含まれることになる。たとえば、税関検査訴訟では非わいせつ的表現に対する検査が、福岡県条例事件では「真剣な」交際に対する適用が違憲であるとする判断を含むことになる。

　第二に、問題となる法文の「あいまいゆえに無効」が争われる場合、当該法文に合憲限定解釈を施すと、法文の合憲的な適用部分が確定されることになるが、この場合は違憲的な適用部分については明らかにされないまま法文が残ることになる。つまり、争点となっている行為が合憲的な適用部分に属することだけが確認され、それ以外の行為についての憲法適合性についての判断はなされないまま放置されることになる。たとえば、徳島市公安条例事件における「交通秩序を維持する」との文言は曖昧なまま残されることになる[30]。また、泉佐野市民会館事件における「公の秩序をみだすおそれがある場合」についても同様なことが指摘できよう。

　それゆえ、法文の文面上違憲を争う場合も、争い方次第で合憲限定解釈の営む機能は異なっていると見ることも可能である[31]。

　次に、最高裁が合憲限定解釈の手法を用いるとき、それをどのような根拠に基づいて行うかも重要である。合憲限定解釈も論理解釈の一種であると見れば、法文の通常の（日常的な用語例、法令用語としての通常の意味等）意味から逸脱する解釈を採用するわけであるから、そのような解釈をとることの説明（正当化）が求められる。

　この点について最高裁は、法令全体の規定の仕方（目的条項、問題となる条規以外の規定）を援用したり、他の法令における用語法を参照することによって合憲限定解釈の正当性を導き出そうとする傾向にある（もっともそのような解釈手法が「税関検査基準」を満足するかどうかについては後に検討したい）。つまり、最高裁は問題となる条規の字句をその法律（条例）全体の目的や趣旨などから体

---

30)　もちろんこれは、「過度に広汎性」と「あいまいゆえに無効」が異なる概念上もしたがってスタンディングも異なっていることにも起因している。高橋和之『憲法判断の方法』(1995) 41頁。

31)　阪本昌成「税関検査訴訟」昭和59年度重要判例解説20頁。

系的に考察し、その射程を定めようとしているのである[32]。

しかし、合憲限定解釈とは、通常の解釈を行うと違憲となる条規について、それを限定解釈することにより合憲と判断する解釈手法である。本来ならば、「過度に広汎」であったり、「曖昧」であるために違憲と判断すべき法令を特別な言語操作により合憲と判断する解釈手法であるから、そこには合憲判断への強い動因が存在するはずである。それは何か。おそらく、法文が抱える問題性とその法文が適用を予定する行為の重大性（違法性、反社会性、違憲とした場合の社会的影響等）を比較衡量して、それでもなお後者を重視すべきだとの決断が合憲限定解釈の背景にある政策的判断なのであろう。いうなれば、合憲限定解釈とは、限定解釈というレトリックを用いた司法的裁量判断の表明である。

（2） 合憲限定解釈の限界

1） 合憲限定解釈の限界

わが国の憲法学説はこの解釈手法を留保付きながら認めてきたのである。たとえば、佐藤幸治教授は「合憲限定解釈の手法は、違憲判断の回避ということで、単純に憲法とりわけ基本的人権の保障に消極的態度の現われと解すべきではなく、基本的人権の保障に一定の積極的な役割を果たしていることは認められなければならない。しかし同時に、無理な合憲限定解釈は法律の予見機能を失わせることにある危険があり、また、法律の合憲性についての厳密な検討を回避する方便とされるおそれなしとしない。したがって、立法目的を大きく損なうような限定解釈は、法律の改変として許されないといわなければならない」[33]と述べている。

また、高橋和之教授は合憲解釈の可能性について次のように述べる。「解釈である以上、解釈として合理的に可能な範囲内にとどまるべきであり、それを超えれば、いかに明確化に成功しようと、法律の『書き直し』であり、立法権のさん奪といわなくてはならない」[34]

---

32) それゆえ、合憲限定解釈は体系的解釈の一種類である。前掲492頁参照。
33) 佐藤前掲363頁。

一方、合憲限定解釈それ自体に批判的ともとれる学説もある。たとえば、渋谷秀樹教授は、「安易にこのようなルールを用いて法令を救済するのは問題であり、そのような限定解釈をしなければ合憲とならない法令は、文面上、違憲とすべきである」[35]と述べている。また、芦部信喜教授のように、合憲限定解釈が果たす役割に一定の理解を示しつつも、精神的自由権を制約する過度に広汎な法律の合憲性が争点とされているときには、「原則として文面上無効と判断すべき場合が少なくない」と述べている[36]。

2）「税関検査基準」の構成とその有効性

このような学説の考え方に対して、最高裁は「税関検査基準①②」で答えようとしてきた。すなわち、①その解釈により、規制の対象となるものとそうでないものが明確に区別され、かつ合憲的に規制し得るもののみが規制の対象となることが明らかにされる場合でなければならず（これを本稿では「税関検査基準①」と呼ぶ）、また、②一般国民の理解において、具体的場合に当該表現物が規制の対象となるかどうかの判断を可能ならしめるような基準をその規定から読みとることができること（これを本稿では「税関検査基準②」と呼ぶ）を求めてきたのである。では、この基準は実際どのように構成され、それはどのような機能を営んでいるのであろうか。

「税関検査基準①」について、この基準は二つのレベルから構成されている。第一に限定解釈により規制対象が明確に区別できるかというレベルであり、第二にそのようにして明らかにされた対象を規制することが憲法上許されるかというレベルである。第一のレベルは descriptive な問題に属し、第二のレベルは mormative なレベルに属している。

このうち第一の descriptive なレベルについては、実際上問題は起きにくいであろう。なぜなら、理論的には、法文がその文言上規制対象としているもの

---

34) 高橋和之「憲法判断回避の準則」『講座憲法訴訟 第2巻』（1987）24頁。
35) 渋谷秀樹『憲法』（2008）650頁。
36) 芦部信喜『現代人権論』（1974）324頁。

はいかようにも区別することができるからである。たとえば、「淫行」規定の規制対象は「青少年を誘惑し、威迫し、欺罔し又は困惑させる等その心身の未熟さに乗じた不当な手段により行う性交又は性交類似行為の他、青少年を単に自己の性的欲望を満足させるための手段として扱っているとしか認められないような性交又は性交類似行為」を指すと区別することも可能であるし、「青少年を誘惑し、威迫し、欺罔し又は困惑させる等その心身の未熟さに乗じた不当な手段により行う性交又は性交類似行為」のみを指すと区別することも可能である。したがって、このレベルの区別はあまり決め手とはならない。

　第二の normative なレベルについては、そのような区別が制約される人権との関係で均衡状態にあるかどうかを問うものと考えることができる。これは、たとえば都教組判決にいう「その元来の狙いを洞察し労働基本権を尊重し保障している憲法の趣旨と調和しうるように解釈するときは、これらの規定の表現にかかわらず、禁止されるべき争議行為の種類や態様についても、さらにまた、処罰の対象とされるべきあおり行為についても、おのずから合理的な限界の存することが承認されるはずである」にかかわる問題設定であるといえよう。この判断を決するのは実質的な利益考量である。規制対象となる行為の違法性、反社会性、これを規制対象から除外したときの社会的影響を総合考慮することがこのレベルの判断で行われているとみることができよう。

　「税関検査基準②」は、法令が必須の条件として備えていなければならない「予見可能性」にかかわっている。これは徳島市公安条例事件がいう「ある刑罰法規があいまい不明確ゆえに憲法 31 条に違反すると認めるべきかどうかは、通常の判断能力を有する一般人の理解において、具体的場合に当該行為がその適用を受けるものかどうかの判断を可能ならしめるような基準が読み取れるかどうかによってこれを決定すべきである」を言い換えたものと解することができるであろう。そうなると問題は、法文が用いる用語の通常の用語法やその言葉から一般人が抱くイメージと限定解釈の結果がどの程度かい離しているのか、そのかい離が言葉の用語法として適切なものなのかどうかを問う必要がある。

しかし、このような分析方法は結論先行的な説明に終始するおそれがある。たとえば福岡県条例事件最高裁判決は「淫行」を限定解釈することが「税関検査基準②」を充足すると考えているようであるが、伊藤正己裁判官反対意見はこれを「もはや解釈の限界を超えている」と述べている。要するに多数の裁判官が「通常の判断能力を有する一般人」をどのように措定するかによって、結論は容易に左右されるのである。

　以上の点から考えたとき、合憲限定解釈を採用するかしないかは「税関検査基準①」の第二基準によって判断されていると見ることができる。それゆえ、広島市暴走族追放条例事件最高裁判決堀籠裁判官補足意見にいう「罰則規定の不明確性、広範性を理由に被告人を無罪とすることは、国民の視点に立つと、どのように映るのであろうかとの感を抱かざるを得ない」という説示こそが合憲限定解釈に踏みきる理由である。

　本来、合憲限定解釈とは文面審査における法令の分析方法であったはずである。ところが「税関検査基準」は「いかなる類型の行為を処罰するのが合理的であるのかという刑罰法規の実体的内容の合理性」[37]に関する判断を含んだテストとして構成されている。つまり、「曖昧ゆえに無効」や「過度に広汎性」が争われる法令を合憲限定解釈する際、その可否は「『処罰範囲の明確性』という一般的に指摘されている視点の他に、『処罰範囲の合理性』が実質的な対立点を形成していることを確認しておかなければならない」[38]のである。そして、この点に関する判断こそが合憲限定解釈の実質的な結論を左右しているのである[39]。禁止すべき行為の違法性や反社会性とこれを禁止しなかった場合の社会的影響を比較衡量して、その結論に向けて合憲限定解釈を施す、いわば結

---

37) 芝原邦爾「刑罰法規の明確性・広汎性」刑法判例百選Ⅰ［第5版］7頁。
38) 前田雅英「法文の明確性と解釈の明確性」ジュリスト853号（1986）52頁。
39) 横田耕一「青少年に対する淫行の条例による規制と憲法」ジュリスト853号51頁もまた「実際には、いかなる規制が青少年に対する性行為について認められるかという実体判断がまず行われている」と述べているように、合憲限定解釈については実体的判断が先行問題として扱われているのである。

論に対するレトリックとしてこの基準が用いられてきたきらいがある。

　では、私たちは合憲限定解釈の許否をどのように判断すべきであろうか。おそらく二つの点が重要であろう。

　第一に合憲限定解釈という手法は文面審査の一方法であるということをあらためて認識すべきである。もちろん刑罰法規や規制法令の射程を定めるためには対象となる行為の違法性や反社会性を参照する必要はある。しかし、少なくとも「曖昧ゆえに無効」が争点となっている場面では問題とすべきは適用対象となる行為の状況ではなく適用すべき法文の文言であることをもう一度想起すべきではあるまいか。

　また、「過度に広汎」が争点となっている場合には、たしかに法文の文言とその法文が規制しようとした行為の性質、内容の相互関係を検討する必要がある。しかし、この場合でも争点となっている行為の反社会性が結論を左右することにはならない。「過度に広汎」の主張は第三者の権利主張を許容する文面審査の典型例というべきだからである。要するに合憲限定解釈の可否は問題となっている行為からいったん離れて文面に即した判断が求められよう[40]。

　このような観点から考えると、合憲限定解釈の可否はその解釈によって法令違憲を免れた「法文そのもの」から合憲限定解釈の結論を読み取ることが可能かどうかによって判定されるべきである。つまり、合憲限定解釈の成否はその法文から規制対象となる行為が何であるのかを読みとることができるかどうかによって判断されるべきであって、「合憲限定解釈」から読みとることができるものであるかどうかで判断されるべきではない。「通常の判断能力をもった一般人」は法解釈の専門家が行うようなアクロバット的解釈にまでは思いが至らないからである。

　第二に、これまで多くの憲法学説が指摘するように、法文の書き換えになるほどの合憲限定解釈はもはや解釈の域を超えている。それは立法権の簒奪に他ならない。違憲判断を回避するため立法に委ねられるべき仕事を裁判所が肩代

---

40) 阪本昌成『憲法2　基本権クラシック［第2版］』(2002) 66頁。

わりすることは本末転倒である。それは立法権限に対する裁判所の不適切な介入といわざるを得ない。福岡県条例事件において最高裁は「淫らな行為」を限定解釈したが、それは本来立法権限を有する機関の仕事である。

　合憲限定解釈は、司法部の自己抑制とりわけ違憲判断消極主義から派生してきたものと説明されることがある。しかし、わが国において繰り返し用いられてきた合憲限定解釈はむしろ合憲判断積極主義の観点から説明されるべきである。過度に広汎な法文や不明確な法文を裁判所の判断によって限定したり明確化するのが本来裁判所の役割といえるのかどうかを含めた判断が必要である。

4．結　　び

　以上の分析から、合憲限定解釈の可否を判断する「税関検査基準」は実体的判断部分と法文解釈にかかわる部分から構成されていることが理解できるであろう。最高裁が合憲限定解釈を施す場合には、そのうちの実体的判断部分の比重が重く、法文解釈に関する判断部分は実体的判断に左右される。

　しかし、合憲限定解釈の手法は文面上の審査方法なのであるから実体的判断を優先すべきではない。制約対象となる行為の反社会性に目を奪われ判決の結論を正当化しようとするあまり無理な法解釈が行われるとすれば、判決に対する信頼は損なわれることになろう。不明確な法文や過度に広汎な規定を救済するのではなく、文面上違憲とした上でその是正を思いきって立法者に委ねることが裁判所の役割なのではあるまいか。

5．追　　記

　本稿を公にして以降、広島市暴走族追放条例事件最高裁判決についての検討が活発になされている[41]。鑑定意見書の執筆を依頼され、この事件の推移を見

---

41) 渡辺康行「憲法訴訟の現状『ピアノ判決』と『暴走族判決』を素材として」法政研究 76 巻 1 号、同「集会の自由の制約と合憲限定解釈」法政研究 75 巻 2 号 159

守ってきた者としては、ある意味意外な展開であるようにも思える。最高裁判決が下された後、広島市からは暴走族が消え、本条例の効果が実証されたとの話も側聞する。そのこと自体は喜ばしいことであるが、本条例が暴走族以外の者に適用される危険性は残っている。それが、同市における集会を萎縮させ、集会の自由という民主主義の生命線ともいえる権利が蹂躙されることになれば、民主主義にとっての大きなコストといわざるを得ない。

頁、曽根威彦「暴走族追放条例と合憲限定解釈」判例時報 2036 号 180 頁、渋谷秀樹「広島市暴走族追放条例違反被告事件」立教法務研究 1 号 169 頁など参照。

初出一覧

第Ⅰ部　表現の自由における「理論」の役割
　　第1章　「表現の自由における「理論」の役割」書き下ろし（ただし、一部分は、『21世紀の法・福祉・医療』〔中央経済社、2002年〕に掲載したものに手を加えた）

第Ⅱ部　営利的言論理論の展開
　　第2章　「営利的言論」法学新報103巻1号　1996年、6号　1997年
　　第3章　「営利的言論法理の現在」法学新報112巻11・12号　2006年
　　第4章　「医師広告規制と表現の自由」日経広告研究所報187号　1999年

第Ⅲ部　表現内容規制・内容中立規制二分論をめぐって
　　第5章　「時間・場所・方式規制に対する司法審査」法学新報101巻8号　1995年
　　第6章　「表現内容規制・内容中立規制二分論」比較法雑誌45巻1号　2011年

第Ⅳ部　集会規制と司法審査
　　第7章　「公共施設管理権と集会規制」法学新報103巻2・3号　1995年
　　第8章　「広島市暴走族追放条例事件」意見書「集会規制における内容規制の諸問題」（広島地方裁判所提出、2005年）
　　第9章　「合憲限定解釈の限界」法学新報115巻5・6号　2008年

橋　本　基　弘
　　はし　もと　もと　ひろ

1959 年　徳島県生まれ。

1982 年　中央大学法学部法律学科卒業、1989 年中央大学大学院法学研究科博士後期課程単位取得、2002 年博士（法学　中央大学）。

1991 年　高知女子大学文学部（現高知県立大学文化学部）講師、1992 年同助教授、2002 年同教授。

2004 年　中央大学法学部教授、2009 年 11 月〜 2013 年 10 月同法学部長　学校法人中央大学理事。

1998 年〜 2004 年　高知県公文書開示審査会委員、2002 年〜 2004 年高知市行政情報公開審査会委員（会長）、2004 年〜現在　日野市情報公開・個人情報保護審査会委員（会長）、2014 年〜　八王子市情報公開・個人情報保護審議会委員　等歴任。

〈主な著書・共編著〉

『憲法の基礎』（北樹出版、2000 年）、『近代国家における団体と個人』（不磨書房、2004 年）、『プチゼミ憲法［人権］』（法学書院、2005 年）、『よくわかる地方自治法』（編著、ミネルヴァ書房、2009 年）、『新・判例ハンドブック憲法』（共著、日本評論社、2013 年）、『憲法［第 5 版］』（共著、不磨書房、2014 年）等。

表現の自由　理論と解釈

日本比較法研究所研究叢書（98）

2014 年 9 月 30 日　初版第 1 刷発行

著　者　橋　本　基　弘

発行者　神　﨑　茂　治

発行所　中 央 大 学 出 版 部

〒 192-0393
東京都八王子市東中野 742 番地 1
電話 042-674-2351・FAX 042-674-2354
http://www2.chuo-u.ac.jp/up/

© 2014　橋本基弘　　ISBN978-4-8057-0597-1　　㈱千秋社

日本比較法研究所研究叢書

1	小島武司 著	法律扶助・弁護士保険の比較法的研究	Ａ５判 2800円
2	藤本哲也 著	CRIME AND DELINQUENCY AMONG THE JAPANESE-AMERICANS	菊判 1600円
3	塚本重頼 著	アメリカ刑事法研究	Ａ５判 2800円
4	小島武司／外間寛 編	オムブズマン制度の比較研究	Ａ５判 3500円
5	田村五郎 著	非嫡出子に対する親権の研究	Ａ５判 3200円
6	小島武司 編	各国法律扶助制度の比較研究	Ａ５判 4500円
7	小島武司 著	仲裁・苦情処理の比較法的研究	Ａ５判 3800円
8	塚本重頼 著	英米民事法の研究	Ａ５判 4800円
9	桑田三郎 著	国際私法の諸相	Ａ５判 5400円
10	山内惟介 編	Beiträge zum japanischen und ausländischen Bank- und Finanzrecht	菊判 3600円
11	木内宜彦／M・ルッター 編著	日独会社法の展開	Ａ５判 (品切)
12	山内惟介 著	海事国際私法の研究	Ａ５判 2800円
13	渥美東洋 編	米国刑事判例の動向Ⅰ	Ａ５判 (品切)
14	小島武司 編著	調停と法	Ａ５判 (品切)
15	塚本重頼 著	裁判制度の国際比較	Ａ５判 (品切)
16	渥美東洋 編	米国刑事判例の動向Ⅱ	Ａ５判 4800円
17	日本比較法研究所 編	比較法の方法と今日的課題	Ａ５判 3000円
18	小島武司 編	Perspectives on Civil Justice and ADR : Japan and the U. S. A	菊判 5000円
19	小島／清水／渥美／外間 編	フランスの裁判法制	Ａ５判 (品切)
20	小杉末吉 著	ロシア革命と良心の自由	Ａ５判 4900円
21	小島／清水／渥美／外間 編	アメリカの大司法システム(上)	Ａ５判 2900円
22	小島／清水／渥美／外間 編	Système juridique français	菊判 4000円

日本比較法研究所研究叢書

23	小島・渥美 清水・外間 編	アメリカの大司法システム(下)	A5判 1800円
24	小島武司・韓相範編	韓　国　法　の　現　在(上)	A5判 4400円
25	小島・渥美・川添 清水・外間 編	ヨーロッパ裁判制度の源流	A5判 2600円
26	塚本重頼著	労使関係法制の比較法的研究	A5判 2200円
27	小島武司・韓相範編	韓　国　法　の　現　在(下)	A5判 5000円
28	渥美東洋編	米国刑事判例の動向Ⅲ	A5判 (品切)
29	藤本哲也著	Crime Problems in Japan	菊判 (品切)
30	小島・渥美 清水・外間 編	The Grand Design of America's Justice System	菊判 4500円
31	川村泰啓著	個人史としての民法学	A5判 4800円
32	白羽祐三著	民法起草者穂積陳重論	A5判 3300円
33	日本比較法研究所編	国際社会における法の普遍性と固有性	A5判 3200円
34	丸山秀平編著	ドイツ企業法判例の展開	A5判 2800円
35	白羽祐三著	プロパティと現代的契約自由	A5判 13000円
36	藤本哲也著	諸　外　国　の　刑　事　政　策	A5判 4000円
37	小島武司他編	Europe's Judicial Systems	菊判 (品切)
38	伊従寛著	独占禁止政策と独占禁止法	A5判 9000円
39	白羽祐三著	「日本法理研究会」の分析	A5判 5700円
40	伊従・山内・ヘイリー編	競争法の国際的調整と貿易問題	A5判 2800円
41	渥美・小島編	日韓における立法の新展開	A5判 4300円
42	渥美東洋編	組織・企業犯罪を考える	A5判 3800円
43	丸山秀平編著	続ドイツ企業法判例の展開	A5判 2300円
44	住吉博著	学生はいかにして法律家となるか	A5判 4200円

日本比較法研究所研究叢書

45	藤本哲也 著	刑事政策の諸問題	A5判 4400円
46	小島武司 編著	訴訟法における法族の再検討	A5判 7100円
47	桑田三郎 著	工業所有権法における国際的消耗論	A5判 5700円
48	多喜寛 著	国際私法の基本的課題	A5判 5200円
49	多喜寛 著	国際仲裁と国際取引法	A5判 6400円
50	眞田・松村 編著	イスラーム身分関係法	A5判 7500円
51	川添・小島 編	ドイツ法・ヨーロッパ法の展開と判例	A5判 1900円
52	西海・山野目 編	今日の家族をめぐる日仏の法的諸問題	A5判 2200円
53	加美和照 著	会社取締役法制度研究	A5判 7000円
54	植野妙実子 編著	21世紀の女性政策	A5判 (品切)
55	山内惟介 著	国際公序法の研究	A5判 4100円
56	山内惟介 著	国際私法・国際経済法論集	A5判 5400円
57	大内・西海 編	国連の紛争予防・解決機能	A5判 7000円
58	白羽祐三 著	日清・日露戦争と法律学	A5判 4000円
59	伊従・山内・ヘイリー・ネルソン 編	APEC諸国における競争政策と経済発展	A5判 4000円
60	工藤達朗 編	ドイツの憲法裁判	A5判 (品切)
61	白羽祐三 著	刑法学者牧野英一の民法論	A5判 2100円
62	小島武司 編	ADRの実際と理論 I	A5判 (品切)
63	大内・西海 編	United Nation's Contributions to the Prevention and Settlement of Conflicts	菊判 4500円
64	山内惟介 著	国際会社法研究 第一巻	A5判 4800円
65	小島武司 著	CIVIL PROCEDURE and ADR in JAPAN	菊判 (品切)
66	小堀憲助 著	「知的(発達)障害者」福祉思想とその潮流	A5判 2900円

日本比較法研究所研究叢書

67	藤本哲也 編著	諸外国の修復的司法	A5判 6000円
68	小島武司 編	ＡＤＲの実際と理論Ⅱ	A5判 5200円
69	吉田　豊 著	手付の研究	A5判 7500円
70	渥美東洋 編著	日韓比較刑事法シンポジウム	A5判 3600円
71	藤本哲也 著	犯罪学研究	A5判 4200円
72	多喜　寛 著	国家契約の法理論	A5判 3400円
73	石川・エーラース グロスフェルト・山内 編著	共演　ドイツ法と日本法	A5判 6500円
74	小島武司 編著	日本法制の改革：立法と実務の最前線	A5判 10000円
75	藤本哲也 著	性犯罪研究	A5判 3500円
76	奥田安弘 著	国際私法と隣接法分野の研究	A5判 7600円
77	只木　誠 著	刑事法学における現代的課題	A5判 2700円
78	藤本哲也 著	刑事政策研究	A5判 4400円
79	山内惟介 著	比較法研究　第一巻	A5判 4000円
80	多喜　寛 編著	国際私法・国際取引法の諸問題	A5判 2200円
81	日本比較法研究所 編	Future of Comparative Study in Law	菊判 11200円
82	植野妙実子 編著	フランス憲法と統治構造	A5判 4000円
83	山内惟介 著	Japanisches Recht im Vergleich	菊判 6700円
84	渥美東洋 編	米国刑事判例の動向Ⅳ	A5判 9000円
85	多喜　寛 著	慣習法と法的確信	A5判 2800円
86	長尾一紘 著	基本権解釈と利益衡量の法理	A5判 2500円
87	植野妙実子 編著	法・制度・権利の今日的変容	A5判 5900円
88	畑尻　剛 工藤達朗 編	ドイツの憲法裁判　第二版	A5判 8000円

日本比較法研究所研究叢書

89	大村雅彦 著	比較民事司法研究	A5判 3800円
90	中野目善則 編	国際刑事法	A5判 6700円
91	藤本哲也 著	犯罪学・刑事政策の新しい動向	A5判 4600円
92	山内惟介　ヴェルナー・F・エブケ 編著	国際関係私法の挑戦	A5判 5500円
93	森勇　米津孝司 編	ドイツ弁護士法と労働法の現在	A5判 3300円
94	多喜寛 著	国家（政府）承認と国際法	A5判 3300円
95	長尾一紘 著	外国人の選挙権ドイツの経験・日本の課題	A5判 2300円
96	只木誠　ハラルド・バウム 編	債権法改正に関する比較法的検討	A5判 5500円
97	鈴木博人 著	親子福祉法の比較法的研究Ⅰ	A5判 4500円

＊価格は本体価格です。別途消費税が必要です。